MW01405534

---- KEEP UP YOUR ----
Biblical Aramaic
IN TWO MINUTES A DAY

THE TWO MINUTES A DAY
BIBLICAL LANGUAGE SERIES
INCLUDES:

Keep Up Your Biblical Greek in Two Minutes a Day
Volume 1
365 Selections for Easy Review

Keep Up Your Biblical Greek in Two Minutes a Day
Volume 2
365 More Selections for Easy Review

Keep Up Your Biblical Hebrew in Two Minutes a Day
Volume 1
365 Selections for Easy Review

Keep Up Your Biblical Hebrew in Two Minutes a Day
Volume 2
365 More Selections for Easy Review

Keep Up Your Biblical Aramaic in Two Minutes a Day
365 Selections for Easy Review

KEEP UP YOUR
Biblical Aramaic
IN TWO MINUTES A DAY

365 SELECTIONS FOR EASY REVIEW

Compiled and edited by
Jonathan G. Kline

HENDRICKSON PUBLISHERS

Keep Up Your Biblical Aramaic in Two Minutes a Day

© 2017 by Hendrickson Publishers Marketing, LLC
P. O. Box 3473
Peabody, Massachusetts 01961-3473
www.hendrickson.com

ISBN 978-1-68307-065-8

All rights reserved. No part of this book may be reproduced or transmitted in any form or by any means, electronic or mechanical, including photocopying, recording, or by any information storage and retrieval system, without permission in writing from the publisher.

Scripture quotations marked (NIV) are taken from the Holy Bible, New International Version˚, NIV˚. Copyright © 1973, 1978, 1984, 2011 by Biblica, Inc.™ Used by permission of Zondervan. All rights reserved worldwide. www.zondervan.com. The "NIV" and "New International Version" are trademarks registered in the United States Patent and Trademark Office by Biblica, Inc.™

Scripture quotations marked (NRSV) are taken from the New Revised Standard Version of the Bible, copyright © 1989 by the Division of Christian Education of the National Council of the Churches of Christ in the United States of America, and are used by permission.

Scripture quotations marked (ESV) are taken from the Holy Bible, English Standard Version (ESV˚), copyright © 2001, by Crossway, a publishing ministry of Good News Publishers. Used by permission. All rights reserved.

Scripture quotations marked (NASB) are taken from the New American Standard Bible˚, Copyright © 1960, 1962, 1963, 1968, 1971, 1972, 1973, 1975, 1977, 1995 by The Lockman Foundation. Used by permission. (www.lockman.org)

Scripture quotations marked CSB, are taken from the Christian Standard Bible˚, Copyright © 1999, 2000, 2002, 2003, 2009, 2017 by Holman Bible Publishers. Used by permission. CSB˚ is a federally registered trademark of Holman Bible Publishers.

Scripture quotations marked MLB are taken from the Modern Language Bible, Copyright © 1959 by Hendrickson Publishers. Used by permission.

Book cover and jacket design by Maria Poulopoulos

Printed in the United States of America

First Printing—November 2017

Library of Congress Cataloging-in-Publication Data

A catalog record for this title is available from the Library of Congress
Hendrickson Publishers Marketing, LLC ISBN 978-1-68307-065-8

Contents

Preface	vii
Keep Up Your Biblical Aramaic in Two Minutes a Day	1
Index of Scripture References	367

Preface

Keep Up Your Biblical Aramaic in Two Minutes a Day has been specially designed to help you build on your previous study of Biblical Aramaic by reading a verse from the Aramaic portions of Daniel or Ezra every day in an easy, manageable, and spiritually enriching way. (Genesis 31:47 and Jeremiah 10:11 are also included, on Days 226 and 227.) This book does not do away with the need to consult traditional textbooks and to review paradigms and the fundamentals of Aramaic grammar, which are essential tasks for developing an enduring ability to read and understand these portions of the Bible in the original. Rather, this book complements such grammatical study by enabling you to build a robust vocabulary base and by encouraging you to work with the biblical text and review morphology and syntax in a largely inductive manner.

In order to help you reconnect with Aramaic in a direct and efficient way, this book contains no grammatical jargon or extraneous material—only verses from the Bible, in Aramaic and English, carefully selected and presented (along with brief vocabulary entries) in a manner intended to facilitate rapid and enjoyable learning. The book is designed to be used on a daily basis (ideally), or in any case with some measure of consistency. The page for each day includes the following:

- two new vocabulary words (for most of the book), with transliteration and definitions, beginning with the most common words and proceeding to the rarest
- the English text of a verse from Daniel or Ezra, with the day's two Aramaic words embedded in it, as they appear in the verse
- the Aramaic text of the verse, in full and then divided into phrases or clauses, with the corresponding English phrases or clauses next to them

To encourage you to spend a little time with Aramaic on a regular basis, each page is labeled with a day number (from 1 to 365), a date (from January 1 to December 31), and a week number (from Week 1 to Week 52). The book is thus designed so that you can work through it in a calendar year (whether starting on January 1 or any other date), though of course you need not use it according to this scheme. What is important, in any event, is not perfection or following a rigid schedule, but regular practice. There is no reason to feel bad if you miss a day or two, for example; the next time you have a chance to use the book, you can simply pick up where you left off, or skip to the page for the current date.

As the title *Keep Up Your Biblical Aramaic in Two Minutes a Day* indicates, spending at least two minutes with each day's page is recommended. Yet glancing at the page for a given day for even ten or fifteen seconds can still provide real benefits; and in any case this is better than not opening the book at all. Here are some suggestions for different ways you might wish to use this book, depending on how much time you have on a particular day:

10 seconds to 1 minute. *Activity:* Read the daily Bible verse in English, noticing the Aramaic words in parentheses. *Benefit:* You have read a Bible verse in English and have been quickly reminded of what a couple Aramaic words mean and perhaps of an aspect or two of Aramaic grammar. *Alternate activity:* Look at the Aramaic words for the day and read their definitions. *Benefit:* You have been reminded of the full range of meaning of two Aramaic words.

2 to 5 minutes. *Activity:* Read the daily Bible verse in English, noticing the Aramaic words in parentheses. Next, look at the Aramaic words for the day and their meanings. Finally, read the Aramaic text as best you can, perhaps only in the phrase/clause section on the lower half of the page, simply ignoring what you don't understand (even if this is all or most of the words). *Benefit:* You have read a Bible verse in English and (as much as you are able) in Aramaic. You have been reminded of what at least a couple, and perhaps many, Aramaic words mean, and perhaps also of certain principles of Aramaic phonology, morphology, and syntax.

10 to 20 minutes. *Activity:* Every day of a given week, look at all seven pages for the present week, spending whatever amount of time you desire on each page (perhaps skimming some pages and spending more time on others). *Benefit:* After the week is over, you will likely have developed a deep familiarity with the week's biblical texts and a lasting knowledge of the week's vocabulary words. You will also have deepened your familiarity with various principles of Aramaic phonology, morphology, and syntax.

As these suggestions indicate, although this book has been designed to provide substantial benefits if you use it for only two minutes a day, mulling over (and, as need be, puzzling through) its contents for longer periods of time can help you even further along the journey toward achieving a lasting mastery of Biblical Aramaic.

If the verse for a particular day is one that you would like to internalize or try to memorize in Aramaic, feel free to temporarily suspend your regular reading of a new page each day and instead spend several days, or perhaps even a week, reading the same page every day. By doing so, you may notice new things about the grammar or syntax of the verse, and at least some, if not all, of the verse will likely remain in your mind for a long time to come. If you take the time to meditate on a verse in this way, you may also wish to look up the verse in a technical commentary or two to see what scholars have said about it; or you may choose to look up the verse in the index of an advanced Aramaic grammar in order to learn about the morphology of the words the verse contains or about its syntax. Meditating on or memorizing even two or three Aramaic verses in this way over the course of a year can go a long way toward helping you internalize and become proficient in the language.

As the foregoing discussion indicates, the benefits you derive from using this book will obviously depend on how much time you spend with it and how often, the specific ways you choose to use it, your current level of Aramaic proficiency, and your ability to learn inductively. Nevertheless, I have done my best to design the book so that it can help you make substantial and enduring gains in learning even if you are able to use it for only short periods of time at most sittings and even if your Aramaic is at a rudimentary level when you begin.

The Vocabulary

Keep Up Your Biblical Aramaic in Two Minutes a Day presents, one day at a time and in order of descending frequency, every word in Biblical Aramaic. The lexical forms, their glosses, and their frequencies are taken from *Biblical Aramaic: A Reader & Handbook*, by Donald R. Vance, George Athas, Yael Avrahami, and Jonathan G. Kline (published by Hendrickson in 2016), though in a few cases I have edited the glosses slightly. The glosses are exhaustive; that is, every attested meaning a word has in Biblical Aramaic is listed. Except in the case of a brief number of the most frequently occurring words found at the beginning of the book, the glosses for a given word are given in order of frequency, with the most common meaning of a word coming first and the rarest last. Likewise, for verbal roots, stems are normally listed in order of the frequency in which they are attested for the root in question. For a verb that is a *hapax legomenon* (a word that occurs only once in Biblical Aramaic), no stem is listed, although the gloss provided is what the verb means in the stem in which it is attested (with a very few exceptions, in which an active gloss is provided for a verb attested in a passive stem).

More than one-third of the words in Biblical Aramaic are *hapax legomena*. When these words begin to be presented in this book (on Day 226), all that appear in a particular verse (whether this is one *hapax legomenon*, two, or several) are presented together as the new words for the day. (Two verses, Dan 4:24 [27] and Ezra 4:9, contain so many *hapax legomena*—seven and eight, respectively—that I have spread out these words, and thus the verses in which they occur, over two days.) The result is that—although there are approximately 720 unique vocabulary words in Biblical Aramaic—by the time you reach the end of this book you will have seen every single one of these words. And during this process, you will have read about 80 percent of the Aramaic verses found in the Bible.

The frequency for a given word is found to the right of the gray box containing the word's gloss(es) and is followed by an "x." I generated the frequency numbers by manually counting the occurrences of each word in the Biblical Aramaic corpus (with a few exceptions for very frequent words, such as the conjunction *waw*). I originally made these frequency computations for the volume *Biblical Aramaic: A Reader & Handbook* (cited above), and I have reproduced the numbers found in that book here.

For readers who are in the beginning stages of their knowledge of Aramaic grammar and who are accustomed to using Strong's concordance in their study of biblical vocabulary, I have also included the Strong's number for each daily vocabulary word. These numbers are prefixed with an "S" and are found below the frequency numbers.

Abbreviations Used

The following abbreviations appear among the glosses found in this book:

adj	adjective	G	Pe'al (פְּעַל) stem
adv	adverb	Gp	Pe'il (פְּעִיל) stem
conj	conjunction	tG	Hithpe'el (הִתְפְּעֵל) stem
dir obj	direct object	D	Pa"el (פַּעֵל) stem
disj	disjunctive	Dp	Pu"al (פֻּעַל) stem
inf	infinitive	tD	Hithpa"al (הִתְפַּעַל) stem
intrans	intransitive	H	A/Haph'el (אַ/הַפְעֵל) stem
prep	preposition	Hp	Ho/Huph'al (הָ/הֻפְעַל) stem
pron	pronoun	Š	Shaph'el (שַׁפְעֵל) stem
ptcp	participle	Št	Hishtaph'al (הִשְׁתַּפְעַל) stem
trans	transitive		
w/	with		

The Phrases and Clauses

In breaking up each day's verse into phrases and/or clauses, I have done my best to help you see the correspondence between brief elements in the day's Aramaic text and English translation. Naturally, however, a one-to-one correspondence does not always exist (and in a technical sense never completely exists) between an Aramaic word, phrase, or clause and its English translation. For this reason, you may occasionally find the way that I have matched up parts of the Aramaic and English verses to be slightly forced. It goes without saying that the correspondences shown are not meant to be completely scientific or precise in every case; rather, they are a pedagogical tool intended to help you work through each day's verse little by little and in a short amount of time, in order to arrive at a basic understanding of the grammar and syntax of the Aramaic.

Correlatively, in an attempt to be sensitive to the unique content of each day's verse and to help you understand it as well as possible, I have sometimes divided syntactically or grammatically identical structures found in different verses in different ways. Such inconsistencies are intentional and, again, are always the result of my trying to present the parts of a given day's verse in the way that I thought would be most helpful, as well as in a way that makes the most sense in light of the specific English translation used for the day in question. By breaking up the verses in different ways, in fact, I hope to have made the point that there is no rigid or single system that one ought to use for analyzing an Aramaic sentence's grammar in order to achieve understanding.

Highlighting and Bold Type

On each day's page, there are two (or, from Day 226 onward, a varying number of) Aramaic words embedded in the English verse, with the English equivalents marked in bold type. I have kept the number of English words in bold type to a minimum, since this formatting is intended primarily to remind you of a word's basic meaning, not (as a rule) to convey syntactic information communicated by the word in question.

Because of the differences between the morphology and syntax of English (an Indo-European language) and of Aramaic (a Semitic language in which discrete lexical and syntactic information is often communicated by means of prefixes and suffixes), in certain cases there is no perfect way to use bold type and highlighting in order to show the correlation between words, phrases, or clauses in the two languages. Two of the most frequently occurring instances of this are when one of the day's highlighted Aramaic words is either a construct form or a word with a pronominal suffix.

For example, the phrase חַכִּימֵי בָבֶל, "the wise men of Babylon," appears in Dan 2:24, which is quoted on Day 34. The genitive relationship in this phrase is signaled most visibly in Aramaic by the fact that the first noun, חַכִּימֵי (the so-called *nomen regens*), is in the construct state; thus, this word conveys the idea "the wise men of," and the word בָבֶל conveys the idea "Babylon." Because the point of this book is to help you focus on the essential *lexical* information communicated by a given day's highlighted words, however, in the English verse at the top of the page I have put only the words "wise men" in bold type in this and similar cases and have embedded the word חַכִּימֵי in parentheses immediately after this phrase—the result being "the **wise men** (חַכִּימֵי) of Babylon." (A similar, though slightly different, issue of presentation occurs in such cases as "night **visions** (חֶזְוֵי)," which appears, for example, on Day 45.) Although imperfect, this formatting seemed to me to be the best of the available alternatives, and I hope in any case that the main point is clear: namely, that the basic meaning of the word חַכִּימֵי is "wise men."

More awkward are the many cases found in this book that involve pronominal suffixes. Unlike many prefixes (e.g., בְּ, כְּ, לְ, and וְ), which I normally removed before embedding the Aramaic forms in the English text (since this could often be done without altering the morphology of the words in question), suffixes cannot usually be detached from the bases to which they are joined without turning the latter into nonsense forms. For this reason and for the sake of consistency, I decided to retain all suffixes on the Aramaic words that I embedded in the English verses, even though in some cases this results in a slightly odd presentation of the parallel between the relevant English and Aramaic words. This is not so striking when a form like "your **dominion** (שָׁלְטָנָךְ)" occurs (e.g., on Day 32), in which case the English pronoun reflecting the Aramaic pronominal suffix *precedes* the English word in question. But the situation is more pronounced in cases when the English pronoun *follows*: for example, in such phrases as "**decree** (דִּתְכוֹן) for you" (Day 36) and "**to deliver** (שֵׁיזָבוּתָךְ) you" (Day 62). Again, I hope that this presentation of the information, albeit imperfect, is clear enough and achieves its goal of helping you learn the meaning of the Aramaic words in question.

Rarely it happened that removing a prefix (such as the conjunction וְ when spelled וִ, as in וִיקָר in Dan 7:14, quoted on Day 69) would have resulted in a form that looked erroneous because of the absence of a vowel under the first consonant (e.g., יקָר, as opposed to יְקָר). In such cases, I therefore retained the prefix when embedding the word in the English verse text (thus, וִיקָר).

A few final clarifications on my method of highlighting: When a finite verb form appears as one of the marked words for the day, I have normally put the relevant English pronoun (if one is present) in bold type as a reminder of the fact that this information is encoded in the verb form (though admittedly this practice is slightly at odds with not highlighting grammatical information in connection with non-verbs). An exception to this, however, is that if an Aramaic personal pronoun accompanies a finite verbal form, I have not put the English pronoun in bold type—in order to draw your attention to the presence of the Aramaic pronoun. In addition, I have not highlighted the preposition לְ when it is prefixed to an infinitive construct, but I have made the corresponding "to" in English (if one is present) bold.

Such details as the foregoing, which occasionally result in apparent inconsistencies in formatting, reflect the fact, again, that a one-to-one correspondence does not exist between Aramaic and English (or, of course, between any two languages). I have done my best to be as consistent as possible in how I have formatted the text, and I was always guided by what I thought would be most helpful to you, the reader. As with the way I have broken up the text into phrases and clauses, the bold type and highlighting are meant not to reflect a "scientific" analysis of the Aramaic text but simply to help you quickly understand what the words mean.

Sources Used

The Aramaic text quoted in this book is taken from the Michigan-Claremont-Westminster Electronic Hebrew Bible, a popular electronic version that is based on the BHS and that has been revised by its creators on the basis of comparison with the Leningrad Codex. This electronic text is in the public domain and has been made available courtesy of the J. Alan Groves Center for Advanced Biblical Research. For ease of reading, I have removed the Masoretic accents and—for the same reason—in cases of Ketiv/Qere I have omitted the Ketiv form and included only the Qere.

The following English translations are used in this book: NRSV, ESV, NASB, NIV, CSB, and MLB. I chose these six translations because most of them are widely used, and I wanted to help provide a sense of different ways in which Aramaic can be rendered in English. Another reason I chose these particular translations is because most of them—especially the NASB, ESV, and NRSV—tend to be rather "literal" renderings; one indication of this is that their syntax often corresponds closely to that of the Aramaic, making it relatively easy to show which parts of the English text parallel which parts of the Aramaic text (a key feature of this book). The other translations used here—the NIV, CSB, and MLB—are often relatively literal but, in contrast to the NASB, ESV, and NRSV, they usually lie further toward the "dynamic equivalence" end of the translation spectrum. I hope that by seeing how each of these translations deals with a sampling of verses, you will grow in your familiarity with and appreciation of the translation philosophies that underlie them.

In addition to embedding Aramaic words in each day's English translation, I have made a number of minor modifications to the punctuation and formatting of the translations for the sake of clarity and consistency of presentation. The most common changes include the following: the change of a comma or semicolon at the end of a verse to a period; the insertion of an opening or closing quotation mark when a quotation is carried on from the previous verse or carries on into the next verse; and the capitalization of a lowercase letter at the beginning of a verse. When a verse constitutes a complete quotation, I have removed the quotation marks at the beginning and end of the verse. I have also removed the italics from words in the NASB that mark English words that do not explicitly correspond to a word in the Aramaic.

For the most part, I have cited entire verses. Occasionally, however, in order to make all the text fit on the page for the day, it was necessary to omit material. Material omitted from the middle of a verse is always marked with ellipses, but material omitted from the beginning or end of a verse is generally not marked. Occasionally I have used ellipses at the end of a verse not to indicate omitted material but to signal that the text that has been quoted constitutes an incomplete sentence.

In a few instances, I have inserted one or more words in brackets in the English Bible translation to indicate a word (or more than one) that is present in the Aramaic but not reflected in the translation. On a greater number of occasions, I have inserted a more literal rendering in brackets, prefixing it with "lit."

Because both the English and Aramaic verses quoted in this book are presented in isolation, I encourage you, as often as you are able, to look at them in their original contexts in order to gain a better understanding of their meaning and how they function in the passages from which they have been excerpted. Please note that when the Aramaic and English verse numbers differ, the former is listed first and the latter second, in square brackets.

* * * * *

I offer this book with empathy and in friendship to everyone who has spent countless hours studying Aramaic but who has experienced difficulty, principally on account of a lack of time, in keeping up with the language. May you receive encouragement, challenge, and hope from the time you spend with the biblical texts on these pages.

—Jonathan G. Kline, PhD

About that time Tatnai, the governor west of the River, **and** (וּ) Shethar-bozenai, **with** (וּ) their companions, came and asked them [lit., **to** (לְ) them], "Who gave you [lit., **to** (לְ) you] official permission **to** (לְ) build this house **and** (וְ) **to** (לְ) finish this wall?" (MLB)

וְ *vĕ*	(conj, disj) *and, but*	731x
לְ *lĕ*	*to, for, belonging to*	378x

בֵּהּ־זִמְנָא אֲתָא עֲלֵיהוֹן תַּתְּנַי פַּחַת עֲבַר־נַהֲרָה וּשְׁתַר בּוֹזְנַי וּכְנָוָתְהוֹן וְכֵן אָמְרִין לְהֹם מַן־שָׂם לְכֹם טְעֵם בַּיְתָא דְנָה לִבְּנֵא וְאֻשַּׁרְנָא דְנָה לְשַׁכְלָלָה׃

About that time	בֵּהּ־זִמְנָא
Tatnai, the governor west of the River . . . came	אֲתָא עֲלֵיהוֹן תַּתְּנַי פַּחַת עֲבַר־נַהֲרָה
and Shethar-bozenai, **with** their companions	וּשְׁתַר בּוֹזְנַי וּכְנָוָתְהוֹן
and asked them [lit., **to** them]	וְכֵן אָמְרִין לְהֹם
Who gave you [lit., **to** you] official permission	מַן־שָׂם לְכֹם טְעֵם
to build this house	בַּיְתָא דְנָה לִבְּנֵא
and to finish this wall?	וְאֻשַּׁרְנָא דְנָה לְשַׁכְלָלָה

DAY 2 ▪ WEEK 1 ▪ JAN 2 DAN 2:19

Then the mystery was revealed to Daniel **in** (בְּ) a vision **of** (דִּי) the night, and Daniel blessed the God of heaven. (MLB)

דִּי *dî*	(pron) *who, which, that;* (conj) *that, so that; for, because; when;* (particle) *of*	332x S1768
בְּ *bĕ*	*in, into; by, through, with*	226x

אֱדַיִן לְדָנִיֵּאל בְּחֶזְוָא דִּי־לֵילְיָא רָזָה גֲלִי אֱדַיִן דָּנִיֵּאל בָּרִךְ לֶאֱלָהּ שְׁמַיָּא׃

Then . . . to Daniel	אֱדַיִן לְדָנִיֵּאל
the mystery was revealed	רָזָה גֲלִי
in a vision	בְּחֶזְוָא
of the night	דִּי־לֵילְיָא
and Daniel	אֱדַיִן דָּנִיֵּאל
blessed	בָּרִךְ
the God of heaven	לֶאֱלָהּ שְׁמַיָּא

DAN 4:28 [31] JAN 3 ▪ WEEK 1 ▪ **DAY 3**

While the words were still in the **king**'s (מַלְכָּא) mouth, there fell a voice **from** (מִן) heaven, "O **King** (מַלְכָּא) Nebuchadnezzar, to you it is spoken: The kingdom has departed **from** (מִנָּךְ) you." (ESV)

מֶלֶךְ ***melek̲***	*king*	180x S4430
מִן *min*	(prep, adv) *from, away from, out of, some of, because of; than*	119x S4481

עוֹד מִלְּתָא בְּפֻם מַלְכָּא קָל מִן־שְׁמַיָּא נְפַל לָךְ אָמְרִין נְבוּכַדְנֶצַּר מַלְכָּא מַלְכוּתָה עֲדָת מִנָּךְ׃

While the words were still	עוֹד מִלְּתָא
in the **king**'s mouth	בְּפֻם **מַלְכָּא**
there fell a voice **from** heaven	קָל **מִן**־שְׁמַיָּא נְפַל
O **King** Nebuchadnezzar	נְבוּכַדְנֶצַּר **מַלְכָּא**
to you it is spoken	לָךְ אָמְרִין
The kingdom	מַלְכוּתָה
has departed **from** you	עֲדָת **מִנָּךְ**

DAY 4 ▪ WEEK 1 ▪ JAN 4   EZRA 7:14

Forasmuch as you are sent by the king and his seven counselors to inquire **concerning** (עַל) Judah and Jerusalem according to the law of your **God** (אֱלָהָךְ) which is in your hand, . . . (NASB)

עַל ʿal	on, upon, over, concerning, about, against; to, toward	104x S5922
אֱלָה ʾĕlāh	God; god, deity	95x S426

כָּל־קֳבֵל דִּי מִן־קֳדָם מַלְכָּא וְשִׁבְעַת יָעֲטֹהִי שְׁלִיחַ לְבַקָּרָא עַל־יְהוּד וְלִירוּשְׁלֶם בְּדָת אֱלָהָךְ דִּי בִידָךְ:

Forasmuch as	כָּל־קֳבֵל דִּי
you are sent	שְׁלִיחַ
by the king	מִן־קֳדָם מַלְכָּא
and his seven counselors	וְשִׁבְעַת יָעֲטֹהִי
to inquire	לְבַקָּרָא
concerning Judah and Jerusalem	עַל־יְהוּד וְלִירוּשְׁלֶם
according to the law of your **God**	בְּדָת אֱלָהָךְ
which is in your hand	דִּי בִידָךְ

Then the king was very pleased and gave orders for Daniel to be taken up out of the den. So Daniel was taken up out of the den and **no** (לָא) injury **whatever** (כָּל) was found on him, because he had trusted in his God. (NASB)

לָא *lāʾ*	*no, not*	82x S3809
כֹּל *kōl*	*all, each, every, the whole, the entirety*	80x S3606

בֵּאדַיִן מַלְכָּא שַׂגִּיא טְאֵב עֲלוֹהִי וּלְדָנִיֵּאל אֲמַר לְהַנְסָקָה מִן־גֻּבָּא
וְהֻסַּק דָּנִיֵּאל מִן־גֻּבָּא וְכָל־חֲבָל לָא־הִשְׁתְּכַח בֵּהּ דִּי הֵימִן בֵּאלָהֵהּ׃

Then	בֵּאדַיִן
the king was very pleased	מַלְכָּא שַׂגִּיא טְאֵב עֲלוֹהִי
and gave orders for Daniel	וּלְדָנִיֵּאל אֲמַר
to be taken up	לְהַנְסָקָה
out of the den	מִן־גֻּבָּא
So Daniel was taken up	וְהֻסַּק דָּנִיֵּאל
out of the den	מִן־גֻּבָּא
and **no** injury **whatever** was found on him	וְכָל־חֲבָל לָא־הִשְׁתְּכַח בֵּהּ
because he had trusted	דִּי הֵימִן
in his God	בֵּאלָהֵהּ

This is what **he said** (אֲמַר): "As for the fourth beast, **there shall be** (תֶּהֱוֵא) a fourth kingdom on earth that shall be different from all the other kingdoms; it shall devour the whole earth, and trample it down, and break it to pieces." (NRSV)

אמר *ʾămar*	(G) *say; order*	71x S560
הוה *hăvâ*	(G) *be, become, exist; occur, happen*	71x S1934

כֵּן אֲמַר חֵיוְתָא רְבִיעָיְתָא מַלְכוּ רְבִיעָאָה תֶּהֱוֵא בְּאַרְעָא דִּי תִשְׁנֵא מִן־כָּל־מַלְכְוָתָא וְתֵאכֻל כָּל־אַרְעָא וּתְדוּשִׁנַּהּ וְתַדִּקִנַּהּ׃

This is what **he said**	כֵּן אֲמַר
As for the fourth beast	חֵיוְתָא רְבִיעָיְתָא
there shall be a fourth kingdom	מַלְכוּ רְבִיעָאָה תֶּהֱוֵא
on earth	בְּאַרְעָא
that shall be different	דִּי תִשְׁנֵא
from all the other kingdoms	מִן־כָּל־מַלְכְוָתָא
it shall devour	וְתֵאכֻל
the whole earth	כָּל־אַרְעָא
and trample it down	וּתְדוּשִׁנַּהּ
and break it to pieces	וְתַדִּקִנַּהּ

DAN 7:6

After **this** (דְּנָה) I kept looking, and behold, another one, **like** (כְּ) a leopard, which had on its back four wings of a bird; the beast also had four heads, and dominion was given to it. (NASB)

כְּ kĕ	like, as; about, approximately; according to, corresponding with; (w/ inf) as soon as	63x
דְּנָה dĕnâ	(pron, adj) this	58x S1836

בָּאתַר דְּנָה חָזֵה הֲוֵית וַאֲרוּ אָחֳרִי כִּנְמַר וְלַהּ גַּפִּין אַרְבַּע דִּי־עוֹף עַל־גַּבַּהּ וְאַרְבְּעָה רֵאשִׁין לְחֵיוְתָא וְשָׁלְטָן יְהִיב לַהּ׃

After **this**	בָּאתַר דְּנָה
I kept looking	חָזֵה הֲוֵית
and behold, another one	וַאֲרוּ אָחֳרִי
like a leopard	כִּנְמַר
which had on its back	וְלַהּ . . . עַל־גַּבַּהּ
four wings	גַּפִּין אַרְבַּע
of a bird	דִּי־עוֹף
the beast also had four heads	וְאַרְבְּעָה רֵאשִׁין לְחֵיוְתָא
and dominion	וְשָׁלְטָן
was given to it	יְהִיב לַהּ

Then (אֱדַ֫יִן) this Daniel became distinguished above all the other high officials and satraps, because an excellent spirit was in him. And the king planned to set him over the whole **kingdom** (מַלְכוּתָא). (ESV)

אֱדַ֫יִן ʾ*ĕ**dayin***	(conj, adv) *then*	57x S116
מַלְכוּ *mal**k̠û***	*kingship, sovereignty, reign, kingdom, realm*	56x S4437

אֱדַ֫יִן דָּנִיֵּאל דְּנָה הֲוָא מִתְנַצַּח עַל־סָרְכַיָּא וַאֲחַשְׁדַּרְפְּנַיָּא כָּל־קֳבֵל דִּי
רוּחַ יַתִּירָא בֵּהּ וּמַלְכָּא עֲשִׁית לַהֲקָמוּתֵהּ עַל־כָּל־מַלְכוּתָא׃

Then	אֱדַ֫יִן
this Daniel	דָּנִיֵּאל דְּנָה
became distinguished	הֲוָא מִתְנַצַּח
above all the other high officials and satraps	עַל־סָרְכַיָּא וַאֲחַשְׁדַּרְפְּנַיָּא
because	כָּל־קֳבֵל דִּי
an excellent spirit was in him	רוּחַ יַתִּירָא בֵּהּ
And the king planned	וּמַלְכָּא עֲשִׁית
to set him	לַהֲקָמוּתֵהּ
over the whole **kingdom**	עַל־כָּל־מַלְכוּתָא

He asked Arioch, the king's officer, "Why is the decree from the king so harsh?" Then Arioch **explained** (הוֹדַע) the situation to **Daniel** (דָּנִיֵּאל). (CSB)

דָּנִיֵּאל *dāniyyēʾl*	*Daniel*	52x S1841
ידע *yĕdaʿ*	(G) *know, learn; understand;* (H) *make known, communicate*	47x S3046

עָנֵה וְאָמַר לְאַרְיוֹךְ שַׁלִּיטָא דִּי־מַלְכָּא עַל־מָה דָתָא מְהַחְצְפָה מִן־
קֳדָם מַלְכָּא אֱדַיִן מִלְּתָא הוֹדַע אַרְיוֹךְ לְדָנִיֵּאל׃

He asked	עָנֵה וְאָמַר
Arioch	לְאַרְיוֹךְ
the king's officer	שַׁלִּיטָא דִּי־מַלְכָּא
Why	עַל־מָה
is the decree	דָתָא
from the king	מִן־קֳדָם מַלְכָּא
so harsh?	מְהַחְצְפָה
Then Arioch	אֱדַיִן . . . אַרְיוֹךְ
explained the situation	מִלְּתָא הוֹדַע
to **Daniel**	לְדָנִיֵּאל

DAY 10 ▪ WEEK 2 ▪ JAN 10 — DAN 6:11 [10]

Although Daniel knew that the document had been signed, he continued to go to his **house** (בַּיְתֵהּ), which had windows in its upper room open toward Jerusalem, and to get down on his knees three times a day to pray **to** (קֳדָם) his God and praise him, just as he had done previously. (NRSV)

בַּיִת bayit	house, palace, temple	45x S1005
קֳדָם qŏdām	before, in the presence of	42x S6925

וְדָנִיֵּאל כְּדִי יְדַע דִּי־רְשִׁים כְּתָבָא עַל לְבַיְתֵהּ וְכַוִּין פְּתִיחָן לֵהּ בְּעִלִּיתֵהּ נֶגֶד יְרוּשְׁלֶם וְזִמְנִין תְּלָתָה בְיוֹמָא הוּא בָּרֵךְ עַל־בִּרְכוֹהִי וּמְצַלֵּא וּמוֹדֵא קֳדָם אֱלָהֵהּ כָּל־קֳבֵל דִּי־הֲוָא עָבֵד מִן־קַדְמַת דְּנָה:

Although Daniel knew that	וְדָנִיֵּאל כְּדִי יְדַע דִּי־
the document had been signed	רְשִׁים כְּתָבָא
he continued to go to his **house**	עַל לְבַיְתֵהּ
which had windows in its upper room open toward Jerusalem	וְכַוִּין פְּתִיחָן לֵהּ בְּעִלִּיתֵהּ נֶגֶד יְרוּשְׁלֶם
and to get down on his knees three times a day	וְזִמְנִין תְּלָתָה בְיוֹמָא הוּא בָּרֵךְ עַל־בִּרְכוֹהִי
to pray **to** his God and praise him	וּמְצַלֵּא וּמוֹדֵא קֳדָם אֱלָהֵהּ
just as	כָּל־קֳבֵל דִּי־
he had done previously	הֲוָא עָבֵד מִן־קַדְמַת דְּנָה

I saw in the night visions, and behold, with the clouds of **heaven** (שְׁמַיָּא) there came one like a son of man, and he came **to** (עַד) the Ancient of Days and was presented before him. (ESV)

שְׁמַיִן *šĕ**mayin***	*sky, heaven*	37x S8065
עַד *ʿad*	(prep) *as far as, until, up to; during, within;* (conj) *until*	35x S5705

חָזֵה הֲוֵית בְּחֶזְוֵי לֵילְיָא וַאֲרוּ עִם־עֲנָנֵי שְׁמַיָּא כְּבַר אֱנָשׁ אָתֵה הֲוָה
וְעַד־עַתִּיק יוֹמַיָּא מְטָה וּקְדָמוֹהִי הַקְרְבוּהִי׃

I saw	חָזֵה הֲוֵית
in the night visions	בְּחֶזְוֵי לֵילְיָא
and behold	וַאֲרוּ
with the clouds of **heaven**	עִם־עֲנָנֵי שְׁמַיָּא
there came	אָתֵה הֲוָה
one like a son of man	כְּבַר אֱנָשׁ
and . . . **to** the Ancient of Days	וְעַד־עַתִּיק יוֹמַיָּא
he came	מְטָה
and . . . before him	וּקְדָמוֹהִי
was presented	הַקְרְבוּהִי

I approached one of those **who stood** (קָאֲמַיָּא) there and asked him the truth concerning all this. So he told me and made known to me the **interpretation** (פְּשַׁר) of the things. (ESV)

קוּם *qûm*	(G) *arise, get up; be established, endure;* (H) *raise, erect; found, establish; appoint;* (Hp) *be set up, erected;* (D) *set up, erect*	35x S6966
פְּשַׁר *pěšar*	*interpretation*	33x S6591

קִרְבֵת עַל־חַד מִן־קָאֲמַיָּא וְיַצִּיבָא אֶבְעֵא־מִנֵּהּ עַל־כָּל־דְּנָה וַאֲמַר־לִי וּפְשַׁר מִלַּיָּא יְהוֹדְעִנַּנִי׃

I approached one	קִרְבֵת עַל־חַד
of those **who stood** there	מִן־קָאֲמַיָּא
and . . . the truth concerning all this	וְיַצִּיבָא . . . עַל־כָּל־דְּנָה
asked him	אֶבְעֵא־מִנֵּהּ
So he told me	וַאֲמַר־לִי
and . . . the **interpretation** of the things	וּפְשַׁר מִלַּיָּא
made known to me	יְהוֹדְעִנַּנִי

DAN 2:45 — JAN 13 • WEEK 2 • DAY 13

Inasmuch (כָּל־קֳבֵל) as **you saw** (חֲזַיְתָ) that a stone was cut out of the mountain without hands and that it crushed the iron, the bronze, the clay, the silver and the gold, the great God has made known to the king what will take place in the future. (NASB)

קֳבֵל qŏvēl	(noun) *that which is in front;* (prep) *facing, opposite, corresponding to;* (conj) *because*	32x S6903
חזה ḥăzâ	(G) *see, perceive;* (Gp ptcp) *proper, customary*	31x S2370

כָּל־קֳבֵל דִּי־חֲזַיְתָ דִּי מִטּוּרָא אִתְגְּזֶרֶת אֶבֶן דִּי־לָא בִידַיִן וְהַדֶּקֶת פַּרְזְלָא נְחָשָׁא חַסְפָּא כַּסְפָּא וְדַהֲבָא אֱלָהּ רַב הוֹדַע לְמַלְכָּא מָה דִּי לֶהֱוֵא אַחֲרֵי דְנָה

Inasmuch as **you saw** that	כָּל־קֳבֵל דִּי־חֲזַיְתָ דִּי
a stone was cut out of the mountain	מִטּוּרָא אִתְגְּזֶרֶת אֶבֶן
without hands	דִּי־לָא בִידַיִן
and that it crushed the iron	וְהַדֶּקֶת פַּרְזְלָא
the bronze, the clay	נְחָשָׁא חַסְפָּא
the silver and the gold	כַּסְפָּא וְדַהֲבָא
the great God	אֱלָהּ רַב
has made known to the king	הוֹדַע לְמַלְכָּא
what will take place	מָה דִּי לֶהֱוֵא
in the future	אַחֲרֵי דְנָה

Under the **influence** (טְעֵם) of the wine, Belshazzar gave orders to bring in the gold and silver vessels that his predecessor **Nebuchadnezzar** (נְבוּכַדְנֶצַּר) had taken from the temple in Jerusalem. (CSB)

נְבוּכַדְנֶצַּר *nĕvûḵadneṣṣar*	*Nebuchadnezzar*	31x S5020
טְעֵם *ṭĕʿēm*	*taste; good taste, sophistication, tact; statement, command; advice, report*	30x S2942

בֵּלְשַׁאצַּר אֲמַר בִּטְעֵם חַמְרָא לְהַיְתָיָה לְמָאנֵי דַּהֲבָא וְכַסְפָּא דִּי הַנְפֵּק נְבוּכַדְנֶצַּר אֲבוּהִי מִן־הֵיכְלָא דִּי בִירוּשְׁלֶם

Under the **influence** of the wine	בִּטְעֵם חַמְרָא
Belshazzar gave orders	בֵּלְשַׁאצַּר אֲמַר
to bring in	לְהַיְתָיָה
the gold and silver vessels	לְמָאנֵי דַּהֲבָא וְכַסְפָּא
that his predecessor **Nebuchadnezzar** had taken	דִּי הַנְפֵּק נְבוּכַדְנֶצַּר אֲבוּהִי
from the temple	מִן־הֵיכְלָא
in Jerusalem	דִּי בִירוּשְׁלֶם

Then Daniel **answered (עֲנֵה)** and said before the king, "Let your gifts be for yourself, and **give (הַב)** your rewards to another. Nevertheless, I will read the writing to the king and make known to him the interpretation." (ESV)

ענה ʿ*ănâ*	(G) *answer, reply; begin to speak*	30x S6032
יהב *yĕhav*	(G) *give;* (tG) *be given*	28x S3052

בֵּאדַיִן עָנֵה דָנִיֵּאל וְאָמַר קֳדָם מַלְכָּא מַתְּנָתָךְ לָךְ לֶהֶוְיָן וּנְבָזְבְּיָתָךְ לְאָחֳרָן הַב בְּרַם כְּתָבָא אֶקְרֵא לְמַלְכָּא וּפִשְׁרָא אֲהוֹדְעִנֵּהּ׃

Then Daniel **answered**	בֵּאדַיִן עָנֵה דָנִיֵּאל
and said before the king	וְאָמַר קֳדָם מַלְכָּא
Let your gifts be for yourself	מַתְּנָתָךְ לָךְ לֶהֶוְיָן
and **give** your rewards	וּנְבָזְבְּיָתָךְ . . . הַב
to another	לְאָחֳרָן
Nevertheless	בְּרַם
I will read the writing to the king	כְּתָבָא אֶקְרֵא לְמַלְכָּא
and make known to him the interpretation	וּפִשְׁרָא אֲהוֹדְעִנֵּהּ

DAY 16 ▪ WEEK 3 ▪ JAN 16 EZRA 6:12

May the God who has caused his name to dwell there overthrow any king or people who shall put out a hand to alter this, or to destroy this house of God that is in **Jerusalem** (בִּירוּשְׁלֶם). I Darius make a decree; **let it be done** (יִתְעֲבִד) with all diligence. (ESV)

עבד *ʿăvad*	(G) *do, make;* (tG) *be done; be turned into*	28x S5648
יְרוּשְׁלֶם *yĕrûšĕlem*	*Jerusalem*	26x S3390

וֵאלָהָא דִּי שַׁכִּן שְׁמֵהּ תַּמָּה יְמַגַּר כָּל־מֶלֶךְ וְעַם דִּי יִשְׁלַח יְדֵהּ
לְהַשְׁנָיָה לְחַבָּלָה בֵּית־אֱלָהָא דֵךְ דִּי בִירוּשְׁלֶם אֲנָה דָרְיָוֶשׁ שָׂמֶת
טְעֵם אָסְפַּרְנָא יִתְעֲבִד׃

May the God . . . overthrow	וֵאלָהָא . . . יְמַגַּר
who has caused his name to dwell there	דִּי שַׁכִּן שְׁמֵהּ תַּמָּה
any king or people	כָּל־מֶלֶךְ וְעַם
who shall put out a hand	דִּי יִשְׁלַח יְדֵהּ
to alter this	לְהַשְׁנָיָה
or to destroy this house of God that is in **Jerusalem**	לְחַבָּלָה בֵּית־אֱלָהָא דֵךְ דִּי בִירוּשְׁלֶם
I Darius make a decree	אֲנָה דָרְיָוֶשׁ שָׂמֶת טְעֵם
let it be done	יִתְעֲבִד
with all diligence	אָסְפַּרְנָא

EZRA 6:11

I also **issue** (שִׂים) a decree concerning any **man** (אֱנָשׁ) who interferes with this directive: Let a beam be torn from his house and raised up; he will be impaled on it, and his house will be made into a garbage dump because of this offense. (CSB)

שִׂים *śîm*	(G) *put, place, lay;* (tG) *be put; be turned into*	26x S7760
אֱנָשׁ *ʾĕnāš*	individual *person, human being;* collective *people, humanity*	25x S606

וּמִנִּי שִׂים טְעֵם דִּי כָל־אֱנָשׁ דִּי יְהַשְׁנֵא פִּתְגָמָא דְנָה יִתְנְסַח אָע מִן־בַּיְתֵהּ וּזְקִיף יִתְמְחֵא עֲלֹהִי וּבַיְתֵהּ נְוָלוּ יִתְעֲבֵד עַל־דְּנָה׃

I also **issue** a decree	וּמִנִּי שִׂים טְעֵם
concerning any **man** who	דִּי כָל־אֱנָשׁ דִּי
interferes with this directive	יְהַשְׁנֵא פִּתְגָמָא דְנָה
Let a beam be torn	יִתְנְסַח אָע
from his house	מִן־בַּיְתֵהּ
and raised up	וּזְקִיף
he will be impaled on it	יִתְמְחֵא עֲלֹהִי
and his house will be made into a garbage dump	וּבַיְתֵהּ נְוָלוּ יִתְעֲבֵד
because of this offense	עַל־דְּנָה

In the first year of Belshazzar king of **Babylon (בָּבֶל)**, Daniel saw a dream and visions of his head as he lay in his bed. Then he wrote down the dream and told the sum of the **matter (מִלִּין)**. (ESV)

בָּבֶל *bāvel*	*Babylon*	25x S895
מִלָּה *millâ*	*word, thing, matter*	24x S4406

בִּשְׁנַת חֲדָה לְבֵלְאשַׁצַּר מֶלֶךְ בָּבֶל דָּנִיֵּאל חֵלֶם חֲזָה וְחֶזְוֵי רֵאשֵׁהּ עַל־מִשְׁכְּבֵהּ בֵּאדַיִן חֶלְמָא כְתַב רֵאשׁ מִלִּין אֲמַר׃

In the first year	בִּשְׁנַת חֲדָה
of Belshazzar king of **Babylon**	לְבֵלְאשַׁצַּר מֶלֶךְ בָּבֶל
Daniel saw a dream	דָּנִיֵּאל חֵלֶם חֲזָה
and visions of his head	וְחֶזְוֵי רֵאשֵׁהּ
as he lay in his bed	עַל־מִשְׁכְּבֵהּ
Then he wrote down the dream	בֵּאדַיִן חֶלְמָא כְתַב
and told	אֲמַר
the sum of the **matter**	רֵאשׁ מִלִּין

Then the iron, the clay, the bronze, the silver, and the **gold** (דַּהֲבָא), were all broken in pieces and became like the chaff of the summer threshing floors . . . But the stone that struck the statue became a **great** (רַב) mountain and filled the whole earth. (NRSV)

דְּהַב	*gold*	23x
*dĕ**hav***		S1722
רַב	*great, chief, many*	23x
rav		S7229

בֵּאדַיִן דָּקוּ כַחֲדָה פַּרְזְלָא חַסְפָּא נְחָשָׁא כַּסְפָּא **וְדַהֲבָא** וַהֲווֹ כְּעוּר מִן־אִדְּרֵי־קַיִט . . . וְאַבְנָא דִּי־מְחָת לְצַלְמָא הֲוָת לְטוּר **רַב** וּמְלָת כָּל־אַרְעָא׃

Then the iron	בֵּאדַיִן . . . פַּרְזְלָא
the clay, the bronze	חַסְפָּא נְחָשָׁא
the silver, and the **gold**	כַּסְפָּא **וְדַהֲבָא**
were all broken in pieces	דָּקוּ כַחֲדָה
and became like the chaff	וַהֲווֹ כְּעוּר
of the summer threshing floors . . .	מִן־אִדְּרֵי־קַיִט . . .
But the stone that	וְאַבְנָא דִּי־
struck the statue	מְחָת לְצַלְמָא
became a **great** mountain	הֲוָת לְטוּר **רַב**
and filled the whole earth	וּמְלָת כָּל־אַרְעָא

Moreover I make a decree regarding what you shall do **for (עִם)** these elders of the Jews for the **rebuilding (מִבְנֵא)** of this house of God: the cost is to be paid to these people, in full and without delay, from the royal revenue, the tribute of the province Beyond the River. (NRSV)

בנה *bĕnâ*	(G) *build, rebuild;* (tG) *be rebuilt;* (tG ptcp) *being rebuilt*	22x S1124
עִם *ʿim*	*with*	22x S5974

וּמִנִּי שִׂים טְעֵם לְמָא דִּי־תַעַבְדוּן עִם־שָׂבֵי יְהוּדָיֵא אִלֵּךְ לְמִבְנֵא
בֵּית־אֱלָהָא דֵךְ וּמִנִּכְסֵי מַלְכָּא דִּי מִדַּת עֲבַר נַהֲרָה אָסְפַּרְנָא
נִפְקְתָא תֶּהֱוֵא מִתְיַהֲבָא לְגֻבְרַיָּא אִלֵּךְ דִּי־לָא לְבַטָּלָא׃

Moreover I make a decree	וּמִנִּי שִׂים טְעֵם
regarding what you shall do	לְמָא דִּי־תַעַבְדוּן
for these elders of the Jews	עִם־שָׂבֵי יְהוּדָיֵא אִלֵּךְ
for the **rebuilding** of	לְמִבְנֵא
this house of God	בֵּית־אֱלָהָא דֵךְ
the cost is to be paid	נִפְקְתָא תֶּהֱוֵא מִתְיַהֲבָא
to these people	לְגֻבְרַיָּא אִלֵּךְ
in full and without delay	אָסְפַּרְנָא . . . דִּי־לָא לְבַטָּלָא
from the royal revenue	וּמִנִּכְסֵי מַלְכָּא
the tribute of the province Beyond the River	דִּי מִדַּת עֲבַר נַהֲרָה

DAN 3:8 — JAN 21 • WEEK 3 • DAY 21

For (־כָּל) this reason at that time certain Chaldeans [lit., Chaldean **men** (גֻּבְרִין)] came forward and brought charges against [lit., ate the pieces of] the Jews. (NASB)

כָּל־ (= כְּ + לְ) kol	*according to*	22x S3606
גְּבַר gĕvar	*man, person*	21x S1400

כָּל־קֳבֵל דְּנָה בֵּהּ־זִמְנָא קְרִבוּ גֻּבְרִין כַּשְׂדָּאִין וַאֲכַלוּ קַרְצֵיהוֹן דִּי יְהוּדָיֵא:

For this reason	כָּל־קֳבֵל דְּנָה
at that time	בֵּהּ־זִמְנָא
certain Chaldeans [lit., Chaldean **men**] came forward	קְרִבוּ גֻּבְרִין כַּשְׂדָּאִין
and brought charges against [lit., ate the pieces of] the Jews	וַאֲכַלוּ קַרְצֵיהוֹן דִּי יְהוּדָיֵא

This is what he said: "As for the fourth beast, there shall be a fourth kingdom on **earth** (אַרְעָא) that **shall be different** (תִשְׁנֵא) from all the other kingdoms; it shall devour the whole **earth** (אַרְעָא), and trample it down, and break it to pieces." (NRSV)

אֲרַע *ʾăraʿ*	*earth, land*; (prep) *beneath, inferior*	21x S772
שׁנה *šĕnâ*	(H) trans *change;* (G) *be different;* intrans *change;* (G ptcp) intrans *changed;* (tD) intrans *change, be changed;* (D) trans *change (= violate);* (Dp) *be different*	21x S8133

כֵּן אֲמַר חֵיוְתָא רְבִיעָיְתָא מַלְכוּ רְבִיעָאָה תֶּהֱוֵא בְּאַרְעָא דִּי **תִשְׁנֵא**
מִן־כָּל־מַלְכְוָתָא וְתֵאכֻל כָּל־**אַרְעָא** וּתְדוּשִׁנַּהּ וְתַדְּקִנַּהּ׃

This is what he said	כֵּן אֲמַר
As for the fourth beast	חֵיוְתָא רְבִיעָיְתָא
there shall be a fourth kingdom	מַלְכוּ רְבִיעָאָה תֶּהֱוֵא
on **earth**	**בְּאַרְעָא**
that **shall be different**	דִּי **תִשְׁנֵא**
from all the other kingdoms	מִן־כָּל־מַלְכְוָתָא
it shall devour	וְתֵאכֻל
the whole **earth**	כָּל־**אַרְעָא**
and trample it down	וּתְדוּשִׁנַּהּ
and break it to pieces	וְתַדְּקִנַּהּ

The Chaldeans replied to the king in Aramaic: “O king, live forever [lit., to **eternity** (עָלְמִין)]! Tell your servants the **dream** (חֶלְמָא), and we will show its meaning.” (MLB)

חֵלֶם	*dream*	21x
ḥēlem		S2493
עָלַם	*eternity, antiquity*	20x
ʿālam		S5957

וְדַבְּרוּ הַכַּשְׂדִּים לְמַלְכָּא אֲרָמִית מַלְכָּא לְעָלְמִין חֱיִי אֱמַר חֶלְמָא לְעַבְדָךְ וּפִשְׁרָא נְחַוֵּא׃

The Chaldeans replied	וְדַבְּרוּ הַכַּשְׂדִּים
to the king	לְמַלְכָּא
in Aramaic	אֲרָמִית
O king	מַלְכָּא
live forever [lit., to **eternity**]!	לְעָלְמִין חֱיִי
Tell your servants the **dream**	אֱמַר חֶלְמָא לְעַבְדָךְ
and we will show its meaning	וּפִשְׁרָא נְחַוֵּא

He was driven from among the **children** (בְּנֵי) of mankind, and his mind was made like that of a **beast** (חֵיוְתָא), and his dwelling was with the wild donkeys. He was fed grass like an ox, and his body was wet with the dew of heaven. (ESV)

חֵיוָה *ḥêvâ*	*animal, beast*	20x S2423
בַּר *bar*	*son*	19x S1247

וּמִן־בְּנֵי אֲנָשָׁא טְרִיד וְלִבְבֵהּ עִם־חֵיוְתָא שַׁוִּיו וְעִם־עֲרָדַיָּא מְדוֹרֵהּ
עִשְׂבָּא כְתוֹרִין יְטַעֲמוּנֵּהּ וּמִטַּל שְׁמַיָּא גִּשְׁמֵהּ יִצְטַבַּע

He was driven from among the **children** of mankind	וּמִן־בְּנֵי אֲנָשָׁא טְרִיד
and his mind was made like that of a **beast**	וְלִבְבֵהּ עִם־חֵיוְתָא שַׁוִּיו
and his dwelling was with the wild donkeys	וְעִם־עֲרָדַיָּא מְדוֹרֵהּ
He was fed grass like an ox	עִשְׂבָּא כְתוֹרִין יְטַעֲמוּנֵּהּ
and his body was wet with the dew of heaven	וּמִטַּל שְׁמַיָּא גִּשְׁמֵהּ יִצְטַבַּע

You continued looking until a stone was cut out without hands, and it struck the **statue** (צַלְמָא) on its feet of **iron** (פַּרְזְלָא) and clay and crushed them. (NASB)

פַּרְזֶל	*iron*	19x
parzel		S6523
צְלֵם	*statue, image*	17x
ṣĕlēm		S6755

חָזֵה הֲוַיְתָ עַד דִּי הִתְגְּזֶרֶת אֶבֶן דִּי־לָא בִידַיִן וּמְחָת לְצַלְמָא עַל־רַגְלוֹהִי דִּי פַרְזְלָא וְחַסְפָּא וְהַדֵּקֶת הִמּוֹן׃

You continued looking	חָזֵה הֲוַיְתָ
until	עַד דִּי
a stone was cut out	הִתְגְּזֶרֶת אֶבֶן
without hands	דִּי־לָא בִידַיִן
and it struck the **statue**	וּמְחָת לְצַלְמָא
on its feet	עַל־רַגְלוֹהִי
of **iron** and clay	דִּי פַרְזְלָא וְחַסְפָּא
and crushed them	וְהַדֵּקֶת הִמּוֹן

DAY 26 ▪ WEEK 4 ▪ JAN 26 DAN 3:17

If the God we serve **exists (אִיתַי)**, then he can rescue us from the furnace of blazing **fire (נוּרָא)**, and he can rescue us from the power of you, the king. (CSB)

נוּר *nûr*	*fire*	18x S5135
אִיתַי *ʾîtay*	*there is, there are*	17x S383

הֵן אִיתַי אֱלָהַנָא דִּי־אֲנַחְנָא פָּלְחִין יָכִל לְשֵׁיזָבוּתַנָא מִן־אַתּוּן נוּרָא יָקִדְתָּא וּמִן־יְדָךְ מַלְכָּא יְשֵׁיזִב׃

If the God we serve **exists**	הֵן אִיתַי אֱלָהַנָא דִּי־אֲנַחְנָא פָּלְחִין
then he can rescue us	יָכִל לְשֵׁיזָבוּתַנָא
from the furnace of blazing **fire**	מִן־אַתּוּן נוּרָא יָקִדְתָּא
and he can rescue us from the power of you, the king	וּמִן־יְדָךְ מַלְכָּא יְשֵׁיזִב

EZRA 4:19 JAN 27 ▪ WEEK 4 ▪ **DAY 27**

I gave direction, search was made, and **it was found** (הַשְׁכַּחוּ) that this city in **days** (יוֹמָת) past did rise up against kings with rebellion and revolution being made therein. (MLB)

שׁכח *šĕkaḥ*	(tG) *be found;* (H) *find*	17x S7912
יוֹם *yôm*	*day*	16x S3118

וּמִנִּי שִׂים טְעֵם וּבַקַּרוּ וְהַשְׁכַּחוּ דִּי קִרְיְתָא דָךְ מִן־יוֹמָת עָלְמָא עַל־
מַלְכִין מִתְנַשְּׂאָה וּמְרַד וְאֶשְׁתַּדּוּר מִתְעֲבֶד־בַּהּ׃

I gave direction	וּמִנִּי שִׂים טְעֵם
search was made	וּבַקַּרוּ
and **it was found** that	וְהַשְׁכַּחוּ דִּי
this city	קִרְיְתָא דָךְ
in **days** past	מִן־יוֹמָת עָלְמָא
did rise up against kings	עַל־מַלְכִין מִתְנַשְּׂאָה
with rebellion and revolution	וּמְרַד וְאֶשְׁתַּדּוּר
being made therein	מִתְעֲבֶד־בַּהּ

DAY 28 ▪ WEEK 4 ▪ JAN 28 **EZRA 5:12**

But because our **ancestors** (אֲבָהֳתַנָא) had angered the God of heaven, he gave them into the **hand** (יַד) of King Nebuchadnezzar of Babylon, the Chaldean, who destroyed this house and carried away the people to Babylonia. (NRSV)

יַד *yad*	*hand*	17x S3028
אַב *ʾav*	*father*	9x S2

לָהֵן מִן־דִּי הַרְגִּזוּ אֲבָהֳתַנָא לֶאֱלָהּ שְׁמַיָּא יְהַב הִמּוֹ בְּיַד נְבוּכַדְנֶצַּר
מֶלֶךְ־בָּבֶל כַּסְדָּאָה וּבַיְתָה דְנָה סַתְרֵהּ וְעַמָּה הַגְלִי לְבָבֶל׃

But because	לָהֵן מִן־דִּי
our **ancestors** had angered	הַרְגִּזוּ אֲבָהֳתַנָא
the God of heaven	לֶאֱלָהּ שְׁמַיָּא
he gave them	יְהַב הִמּוֹ
into the **hand** of King Nebuchadnezzar of Babylon	בְּיַד נְבוּכַדְנֶצַּר מֶלֶךְ־בָּבֶל
the Chaldean	כַּסְדָּאָה
who destroyed this house	וּבַיְתָה דְנָה סַתְרֵהּ
and carried away the people to Babylonia	וְעַמָּה הַגְלִי לְבָבֶל

But **I** (אֲנָה) have heard of you, that you can give explanations and solve problems. Now, **if** (הֵן) you can read this writing and make known to me its meaning, you shall be clothed with purple, and have a chain of gold to wear around your neck, and shall be the third ruler in the kingdom. (MLB)

אֲנָה *ʾănâ*	*I*	16x S576
הֵן *hēn*	*if, whether*	16x S2006

וַאֲנָה שִׁמְעֵת עֲלָךְ דִּי־תִיכּוּל פִּשְׁרִין לְמִפְשַׁר וְקִטְרִין לְמִשְׁרֵא
כְּעַן הֵן תִּכוּל כְּתָבָא לְמִקְרֵא וּפִשְׁרֵהּ לְהוֹדָעֻתַנִי אַרְגְּוָנָא תִלְבַּשׁ
וְהַמְנִיכָא דִּי־דַהֲבָא עַל־צַוְּארָךְ וְתַלְתָּא בְמַלְכוּתָא תִּשְׁלַט׃

But **I** have heard of you	וַאֲנָה שִׁמְעֵת עֲלָךְ
that you can give explanations	דִּי־תִיכּוּל פִּשְׁרִין לְמִפְשַׁר
and solve problems	וְקִטְרִין לְמִשְׁרֵא
Now, **if** you can read this writing	כְּעַן הֵן תִּכוּל כְּתָבָא לְמִקְרֵא
and make known to me its meaning	וּפִשְׁרֵהּ לְהוֹדָעֻתַנִי
you shall be clothed with purple	אַרְגְּוָנָא תִלְבַּשׁ
and have a chain of gold to wear around your neck	וְהַמְנִיכָא דִּי־דַהֲבָא עַל־צַוְּארָךְ
and shall be the third ruler in the kingdom	וְתַלְתָּא בְמַלְכוּתָא תִּשְׁלַט

DAY 30 ▪ WEEK 5 ▪ JAN 30 — DAN 3:26

Then Nebuchadnezzar came near to the door of the burning fiery furnace; he declared, "**Shadrach** (שַׁדְרַךְ), Meshach, and Abednego, servants of the Most High God, come out, and **come here** (אֱתוֹ)!" Then **Shadrach** (שַׁדְרַךְ), Meshach, and Abednego came out from the fire. (ESV)

אתה ʾătâ	(G) come; (H) bring; (Hp) be brought	16x S858
שַׁדְרַךְ šadra**k**	Shadrach	14x S7715

בֵּאדַיִן קְרֵב נְבוּכַדְנֶצַּר לִתְרַע אַתּוּן נוּרָא יָקִדְתָּא עָנֵה וְאָמַר שַׁדְרַךְ מֵישַׁךְ וַעֲבֵד־נְגוֹ עַבְדוֹהִי דִּי־אֱלָהָא עִלָּאָה פֻּקוּ וֶאֱתוֹ בֵּאדַיִן נָפְקִין שַׁדְרַךְ מֵישַׁךְ וַעֲבֵד נְגוֹ מִן־גּוֹא נוּרָא׃

Then Nebuchadnezzar came near	בֵּאדַיִן קְרֵב נְבוּכַדְנֶצַּר
to the door of the burning fiery furnace	לִתְרַע אַתּוּן נוּרָא יָקִדְתָּא
he declared	עָנֵה וְאָמַר
Shadrach, Meshach, and Abednego	שַׁדְרַךְ מֵישַׁךְ וַעֲבֵד־נְגוֹ
servants of the Most High God	עַבְדוֹהִי דִּי־אֱלָהָא עִלָּאָה
come out, and **come here**!	פֻּקוּ וֶאֱתוֹ
Then **Shadrach**, Meshach, and Abednego	בֵּאדַיִן . . . שַׁדְרַךְ מֵישַׁךְ וַעֲבֵד נְגוֹ
came out from the fire	נָפְקִין . . . מִן־גּוֹא נוּרָא

Then King **Darius** (דָּרְיָוֶשׁ) wrote to all the **peoples** (עַמְמַיָּא), nations, and languages that dwell in all the earth: "Peace be multiplied to you." (ESV)

דָּרְיָוֶשׁ	*Darius*	15x
dāryāveš		S1868
עַם	*people*	15x
ʿam		S5972

בֵּאדַיִן דָּרְיָוֶשׁ מַלְכָּא כְּתַב לְכָל־עַמְמַיָּא אֻמַיָּא וְלִשָּׁנַיָּא דִּי־דָיְרִין בְּכָל־אַרְעָא שְׁלָמְכוֹן יִשְׂגֵּא׃

Then	בֵּאדַיִן
King **Darius** wrote	דָּרְיָוֶשׁ מַלְכָּא כְּתַב
to all the **peoples**	לְכָל־עַמְמַיָּא
nations, and languages	אֻמַיָּא וְלִשָּׁנַיָּא
that dwell	דִּי־דָיְרִין
in all the earth	בְּכָל־אַרְעָא
Peace be multiplied to you	שְׁלָמְכוֹן יִשְׂגֵּא

DAY 32 ▪ WEEK 5 ▪ FEB 1 — DAN 4:19 [22]

It is **you** (אַנְתְּ), O king, who have grown and become strong. Your greatness has grown and reaches to heaven, and your **dominion** (שָׁלְטָנָךְ) to the ends of the earth. (ESV)

אַנְתְּ	you	15x
ʾant		S607

שָׁלְטָן	empire, dominion	14x
šolṭān		S7985

אַנְתְּ־הוּא מַלְכָּא דִּי רְבַית וּתְקֵפְתְּ וּרְבוּתָךְ רְבָת וּמְטָת לִשְׁמַיָּא וְשָׁלְטָנָךְ לְסוֹף אַרְעָא:

It is **you**	אַנְתְּ־הוּא
O king	מַלְכָּא
who have grown	דִּי רְבַית
and become strong	וּתְקֵפְתְּ
Your greatness has grown	וּרְבוּתָךְ רְבָת
and reaches to heaven	וּמְטָת לִשְׁמַיָּא
and your **dominion**	וְשָׁלְטָנָךְ
to the ends of the earth	לְסוֹף אַרְעָא

As for the ten **horns** (קַרְנַיָּא), out of this kingdom ten kings will arise; and another will arise after them, and **he** (הוּא) will be different from the previous ones and will subdue three kings. (NASB)

הוּא	(pron) *he, it;* as copula *are, is*; (adj) *that*	15x
hûʾ		S1932
קֶרֶן	*horn*	14x
qeren		S7162

וְקַרְנַיָּא עֲשַׂר מִנַּהּ מַלְכוּתָה עַשְׂרָה מַלְכִין יְקֻמוּן וְאָחֳרָן יְקוּם אַחֲרֵיהוֹן וְהוּא יִשְׁנֵא מִן־קַדְמָיֵא וּתְלָתָה מַלְכִין יְהַשְׁפִּל׃

As for the ten **horns**	וְקַרְנַיָּא עֲשַׂר
out of this kingdom	מִנַּהּ מַלְכוּתָה
ten kings will arise	עַשְׂרָה מַלְכִין יְקֻמוּן
and another will arise	וְאָחֳרָן יְקוּם
after them	אַחֲרֵיהוֹן
and **he** will be different	וְהוּא יִשְׁנֵא
from the previous ones	מִן־קַדְמָיֵא
and will subdue three kings	וּתְלָתָה מַלְכִין יְהַשְׁפִּל

Therefore, Daniel went in to Arioch, whom the king had appointed to destroy the **wise men** (חַכִּימֵי) of Babylon; he went and spoke to him as follows: "Do not destroy the **wise men** (חַכִּימֵי) of Babylon! Take me into the king's presence, and **I will declare** (אֲחַוֵּא) the interpretation to the king." (NASB)

חוה	(H, D) *show, make known, declare*	15x
ḥăvâ		S2324
חַכִּים	*wise*	14x
ḥakkîm		S2445

כָּל־קֳבֵל דְּנָה דָּנִיֵּאל עַל עַל־אַרְיוֹךְ דִּי מַנִּי מַלְכָּא לְהוֹבָדָה לְחַכִּימֵי
בָבֶל אֲזַל וְכֵן אֲמַר־לֵהּ לְחַכִּימֵי בָבֶל אַל־תְּהוֹבֵד הַעֵלְנִי קֳדָם מַלְכָּא
וּפִשְׁרָא לְמַלְכָּא אֲחַוֵּא׃

Therefore	כָּל־קֳבֵל דְּנָה
Daniel went in to Arioch	דָּנִיֵּאל עַל עַל־אַרְיוֹךְ
whom the king had appointed	דִּי מַנִּי מַלְכָּא
to destroy the **wise men** of Babylon	לְהוֹבָדָה לְחַכִּימֵי בָבֶל
he went	אֲזַל
and spoke to him as follows	וְכֵן אֲמַר־לֵהּ
Do not destroy the **wise men** of Babylon!	לְחַכִּימֵי בָבֶל אַל־תְּהוֹבֵד
Take me into the king's presence	הַעֵלְנִי קֳדָם מַלְכָּא
and **I will declare** the interpretation to the king	וּפִשְׁרָא לְמַלְכָּא אֲחַוֵּא

EZRA 6:8 FEB 4 ▪ WEEK 5 ▪ **DAY 35**

Moreover I make a decree regarding what you shall do for **these** (אִלֵּךְ) elders of the Jews for the rebuilding of this house of God: the cost is to be paid to **these** (אִלֵּךְ) people, in full and without delay, from the royal revenue, the tribute of **the province Beyond the River** (עֲבַר נַהֲרָה). (NRSV)

אִלֵּךְ	*those*	14x
ʾillēḵ		S479
עֲבַר נַהֲרָה	*Beyond the River*	14x
ʿăvar nahărâ		S5675; S5103

וּמִנִּי שִׂים טְעֵם לְמָא דִּי־תַעַבְדוּן עִם־שָׂבֵי יְהוּדָיֵא אִלֵּךְ לְמִבְנֵא בֵּית־אֱלָהָא דֵךְ וּמִנִּכְסֵי מַלְכָּא דִּי מִדַּת עֲבַר נַהֲרָה אָסְפַּרְנָא נִפְקְתָא תֶּהֱוֵא מִתְיַהֲבָא לְגֻבְרַיָּא אִלֵּךְ דִּי־לָא לְבַטָּלָא׃

Moreover I make a decree	וּמִנִּי שִׂים טְעֵם
regarding what you shall do	לְמָא דִּי־תַעַבְדוּן
for **these** elders of the Jews	עִם־שָׂבֵי יְהוּדָיֵא אִלֵּךְ
for the rebuilding of this house of God	לְמִבְנֵא בֵּית־אֱלָהָא דֵךְ
the cost is to be paid to **these** people	נִפְקְתָא תֶּהֱוֵא מִתְיַהֲבָא לְגֻבְרַיָּא אִלֵּךְ
in full and without delay	אָסְפַּרְנָא . . . דִּי־לָא לְבַטָּלָא
from the royal revenue	וּמִנִּכְסֵי מַלְכָּא
the tribute of **the province Beyond the River**	דִּי מִדַּת עֲבַר נַהֲרָה

If you don't tell me the dream, there is **one** (חֲדָה) **decree** (דָּתְכוֹן) for you. You have conspired to tell me something false or fraudulent until the situation changes. So tell me the dream and I will know you can give me its interpretation. (CSB)

דָּת *dat*	*law, decree, verdict*	14x	S1882
חַד *ḥad*	*one;* as multiplicative *times;* (w/ כְּ) *as one, together*	14x	S2298

דִּי הֵן־חֶלְמָא לָא תְהוֹדְעֻנַּנִי חֲדָה־הִיא דָתְכוֹן וּמִלָּה כִדְבָה וּשְׁחִיתָה הִזְדְּמִנְתּוּן לְמֵאמַר קָדָמַי עַד דִּי עִדָּנָא יִשְׁתַּנֵּא לָהֵן חֶלְמָא אֱמַרוּ לִי וְאִנְדַּע דִּי פִשְׁרֵהּ תְּהַחֲוֻנַּנִי׃

If you don't tell me the dream	דִּי הֵן־חֶלְמָא לָא תְהוֹדְעֻנַּנִי
there is **one decree** for you	חֲדָה־הִיא דָתְכוֹן
You have conspired to tell me	הִזְדְּמִנְתּוּן לְמֵאמַר קָדָמַי
something false or fraudulent	וּמִלָּה כִדְבָה וּשְׁחִיתָה
until the situation changes	עַד דִּי עִדָּנָא יִשְׁתַּנֵּא
So tell me the dream	לָהֵן חֶלְמָא אֱמַרוּ לִי
and I will know	וְאִנְדַּע דִּי
you can give me its interpretation	פִשְׁרֵהּ תְּהַחֲוֻנַּנִי

Then the king promoted Shadrach, **Meshach** (מֵישַׁךְ) and **Abednego** (עֲבֵד נְגוֹ) in the province of Babylon. (NIV)

מֵישַׁךְ *mêšak̲*	*Meshach*	14x S4336
עֲבֵד נְגוֹ *ʿăvēd nĕgô*	*Abednego*	14x S5665

בֵּאדַיִן מַלְכָּא הַצְלַח לְשַׁדְרַךְ מֵישַׁךְ וַעֲבֵד נְגוֹ בִּמְדִינַת בָּבֶל׃

Then	בֵּאדַיִן
the king promoted	מַלְכָּא הַצְלַח
Shadrach	לְשַׁדְרַךְ
Meshach	מֵישַׁךְ
and **Abednego**	וַעֲבֵד נְגוֹ
in the province of Babylon	בִּמְדִינַת בָּבֶל

DAY 38 ▪ WEEK 6 ▪ FEB 7 — DAN 2:28

But there is a God in heaven who reveals mysteries, and he has disclosed to King Nebuchadnezzar **what** (מָה) will happen at the end of days. Your dream and the visions of your **head** (רֵאשָׁךְ) as you lay in bed were these: . . . (NRSV)

רֵאשׁ rēʾš	head	14x S7217
מָה mâ	that which, what, whatever; what?; (w/ לְ) concerning what, why? for what purpose?	12x S3964

בְּרַם אִיתַי אֱלָהּ בִּשְׁמַיָּא גָּלֵא רָזִין וְהוֹדַע לְמַלְכָּא נְבוּכַדְנֶצַּר מָה דִּי לֶהֱוֵא בְּאַחֲרִית יוֹמַיָּא חֶלְמָךְ וְחֶזְוֵי רֵאשָׁךְ עַל־מִשְׁכְּבָךְ דְּנָה הוּא׃

But there is	בְּרַם אִיתַי
a God in heaven	אֱלָהּ בִּשְׁמַיָּא
who reveals mysteries	גָּלֵא רָזִין
and he has disclosed to King Nebuchadnezzar	וְהוֹדַע לְמַלְכָּא נְבוּכַדְנֶצַּר
what will happen	מָה דִּי לֶהֱוֵא
at the end of days	בְּאַחֲרִית יוֹמַיָּא
Your dream and the visions of your **head**	חֶלְמָךְ וְחֶזְוֵי רֵאשָׁךְ
as you lay in bed	עַל־מִשְׁכְּבָךְ
were these	דְּנָה הוּא

So Daniel **went in** (עַל) and **requested** (וּבְעָה) of the king that he would give him time, in order that he might declare the interpretation to the king. (NASB)

עלל	(G) *enter;* (H) *bring;* (Hp) *be brought*	14x
ʿălal		S5954
בעה	(G) *seek, request;* (D) *seek*	12x
bĕʿâ		S1156

וְדָנִיֵּאל עַל וּבְעָה מִן־מַלְכָּא דִּי זְמָן יִנְתֵּן־לֵהּ וּפִשְׁרָא לְהַחֲוָיָה לְמַלְכָּא׃

So Daniel **went in**	וְדָנִיֵּאל עַל
and **requested**	וּבְעָה
of the king	מִן־מַלְכָּא
that he would give him time	דִּי זְמָן יִנְתֵּן־לֵהּ
in order that he might declare the interpretation	וּפִשְׁרָא לְהַחֲוָיָה
to the king	לְמַלְכָּא

Then from his presence [the palm of] the hand **was sent (שְׁלִיחַ)**, and this **writing (כְּתָבָא)** was inscribed. (ESV)

שׁלח *šĕlaḥ*	(G) *send;* (Gp) *sent*	14x S7973
כְּתָב *kĕtāv*	*writing, instruction*	12x S3792

בֵּאדַ֫יִן מִן־קֳדָמ֫וֹהִי שְׁלִיחַ פַּסָּא דִי־יְדָא וּכְתָבָא דְנָה רְשִׁים׃

Then	בֵּאדַ֫יִן
from his presence	מִן־קֳדָמ֫וֹהִי
[the palm of] the hand	פַּסָּא דִי־יְדָא
was sent	שְׁלִיחַ
and this **writing**	וּכְתָבָא דְנָה
was inscribed	רְשִׁים

DAN 3:15 FEB 10 ▪ WEEK 6 ▪ DAY 41

Now (כְּעַן) if you are ready when you hear the sound of the horn, pipe, lyre, trigon, harp, drum, and entire musical ensemble **to fall down** (תִּפְּלוּן) and worship the statue that I have made, . . . (NRSV)

כְּעַן *kĕʿēn*	(conj, adv) *now*	13x S3706
נפל *nĕfal*	(G) *fall*	11x S5308

כְּעַן הֵן אִיתֵיכוֹן עֲתִידִין דִּי בְעִדָּנָא דִּי־תִשְׁמְעוּן קָל קַרְנָא
מַשְׁרוֹקִיתָא קַתְרוֹס שַׂבְּכָא פְּסַנְתֵּרִין וְסוּמְפֹּנְיָה וְכֹל זְנֵי זְמָרָא
תִּפְּלוּן וְתִסְגְּדוּן לְצַלְמָא דִּי־עַבְדֵת

Now	כְּעַן
if you are ready	הֵן אִיתֵיכוֹן עֲתִידִין
when you hear	דִּי בְעִדָּנָא דִּי־תִשְׁמְעוּן
the sound of the horn	קָל קַרְנָא
pipe, lyre	מַשְׁרוֹקִיתָא קַתְרוֹס
trigon, harp, drum	שַׂבְּכָא פְּסַנְתֵּרִין וְסוּמְפֹּנְיָה
and entire musical ensemble	וְכֹל זְנֵי זְמָרָא
to fall down and worship	תִּפְּלוּן וְתִסְגְּדוּן
the statue that I have made	לְצַלְמָא דִּי־עַבְדֵת

He shall speak words against the Most High, shall wear out the **holy ones** (קַדִּישֵׁי) of the Most High, and shall attempt to change the sacred seasons and the law; and they shall be given into his power for a **time** (עִדָּן), two **times** (עִדָּנִין), and half a **time** (עִדָּן). (NRSV)

עִדָּן *ʿiddān*	*season, time*	13x S5732
קַדִּישׁ *qaddîš*	*holy*	13x S6922

וּמִלִּין לְצַד עִלָּאָה יְמַלִּל וּלְקַדִּישֵׁי עֶלְיוֹנִין יְבַלֵּא וְיִסְבַּר לְהַשְׁנָיָה זִמְנִין וְדָת וְיִתְיַהֲבוּן בִּידֵהּ עַד־עִדָּן וְעִדָּנִין וּפְלַג עִדָּן׃

He shall speak words against the Most High	וּמִלִּין לְצַד עִלָּאָה יְמַלִּל
shall wear out the **holy ones** of the Most High	וּלְקַדִּישֵׁי עֶלְיוֹנִין יְבַלֵּא
and shall attempt to change	וְיִסְבַּר לְהַשְׁנָיָה
the sacred seasons and the law	זִמְנִין וְדָת
and they shall be given into his power	וְיִתְיַהֲבוּן בִּידֵהּ
for a **time**, two **times**	עַד־עִדָּן וְעִדָּנִין
and half a **time**	וּפְלַג עִדָּן

Under the influence of the wine, Belshazzar gave orders to bring in the gold and **silver** (**כַּסְפָּא**) vessels that his predecessor Nebuchadnezzar had taken from the **temple** (**הֵיכְלָא**) in Jerusalem. (CSB)

כְּסַף *kĕsaf*	*silver*	13x S3702
הֵיכַל *hêkal*	*palace, temple, sanctuary*	12x S1965

בֵּלְשַׁאצַּר אֲמַר בִּטְעֵם חַמְרָא לְהַיְתָיָה לְמָאנֵי דַּהֲבָא **וְכַסְפָּא** דִּי הַנְפֵּק נְבוּכַדְנֶצַּר אֲבוּהִי מִן־**הֵיכְלָא** דִּי בִירוּשְׁלֶם

Under the influence of the wine	בִּטְעֵם חַמְרָא
Belshazzar gave orders	בֵּלְשַׁאצַּר אֲמַר
to bring in	לְהַיְתָיָה
the gold and **silver** vessels	לְמָאנֵי דַּהֲבָא **וְכַסְפָּא**
that his predecessor Nebuchadnezzar had taken	דִּי הַנְפֵּק נְבוּכַדְנֶצַּר אֲבוּהִי
from the **temple**	מִן־**הֵיכְלָא**
in Jerusalem	דִּי בִירוּשְׁלֶם

Then King Belshazzar **became greatly terrified** (שַׂגִּיא מִתְבָּהַל) and his face turned pale [lit., his splendor changed upon him], and his lords were perplexed. (NRSV)

שַׂגִּיא *śaggîʾ*	(adj) *great, very, abundant, much, many;* (adv) *greatly, very*	13x S7690
בהל *bĕhal*	(D) *terrify;* (tD) *be terrified*	8x S927

אֱדַיִן מַלְכָּא בֵּלְשַׁאצַּר שַׂגִּיא מִתְבָּהַל וְזִיוֹהִי שָׁנַיִן עֲלוֹהִי וְרַבְרְבָנוֹהִי מִשְׁתַּבְּשִׁין׃

Then King Belshazzar	אֱדַיִן מַלְכָּא בֵּלְשַׁאצַּר
became greatly terrified	שַׂגִּיא מִתְבָּהַל
and his face turned pale [lit., his splendor changed upon him]	וְזִיוֹהִי שָׁנַיִן עֲלוֹהִי
and his lords	וְרַבְרְבָנוֹהִי
were perplexed	מִשְׁתַּבְּשִׁין

After this I kept looking in the night **visions** (חֶזְוֵי), and behold, a fourth beast, dreadful and terrifying and extremely strong; and it had large iron teeth. It devoured and crushed and trampled down the **remainder** (שְׁאָרָא) with its feet. (NASB)

חֱזוּ	*vision, appearance*	12x
ḥĕzû		S2376
שְׁאָר	*rest, remainder*	12x
šĕʾār		S7606

בָּאתַר דְּנָה חָזֵה הֲוֵית **בְּחֶזְוֵי** לֵילְיָא וַאֲרוּ חֵיוָה רְבִיעָאָה דְּחִילָה
וְאֵימְתָנִי וְתַקִּיפָא יַתִּירָא וְשִׁנַּיִן דִּי־פַרְזֶל לַהּ רַבְרְבָן אָכְלָה וּמַדֱּקָה
וּשְׁאָרָא בְּרַגְלַהּ רָפְסָה

After this	בָּאתַר דְּנָה
I kept looking	חָזֵה הֲוֵית
in the night **visions**	**בְּחֶזְוֵי** לֵילְיָא
and behold, a fourth beast	וַאֲרוּ חֵיוָה רְבִיעָאָה
dreadful and terrifying	דְּחִילָה וְאֵימְתָנִי
and extremely strong	וְתַקִּיפָא יַתִּירָא
and it had large iron teeth	וְשִׁנַּיִן דִּי־פַרְזֶל לַהּ רַבְרְבָן
It devoured and crushed	אָכְלָה וּמַדֱּקָה
and trampled down the **remainder** with its feet	**וּשְׁאָרָא** בְּרַגְלַהּ רָפְסָה

Then King Nebuchadnezzar was astonished and rose up in haste. He declared to his counselors, "**Did we** not **cast** (רְמֵינָא) three men bound into [the **midst** (גּוֹא) of] the fire?" They answered and said to the king, "True, O king." (ESV)

גַּו *gav*	*midst*	13x S1459
רמה ***rěmâ***	(tG) *be thrown;* (G) *throw, impose;* (Gp) *be thrown, be placed*	12x S7412

אֱדַיִן נְבוּכַדְנֶצַּר מַלְכָּא תְּוַהּ וְקָם בְּהִתְבְּהָלָה עָנֵה וְאָמַר לְהַדָּבְרוֹהִי
הֲלָא גֻבְרִין תְּלָתָא רְמֵינָא לְגוֹא־נוּרָא מְכַפְּתִין עָנַיִן וְאָמְרִין לְמַלְכָּא
יַצִּיבָא מַלְכָּא׃

Then King Nebuchadnezzar	אֱדַיִן נְבוּכַדְנֶצַּר מַלְכָּא
was astonished	תְּוַהּ
and rose up in haste	וְקָם בְּהִתְבְּהָלָה
He declared to his counselors	עָנֵה וְאָמַר לְהַדָּבְרוֹהִי
Did we not **cast**	הֲלָא . . . רְמֵינָא
three men	גֻבְרִין תְּלָתָא
bound into [the **midst** of] the fire?	לְגוֹא־נוּרָא מְכַפְּתִין
They answered and said to the king	עָנַיִן וְאָמְרִין לְמַלְכָּא
True, O king	יַצִּיבָא מַלְכָּא

EZRA 5:14 FEB 16 ▪ WEEK 7 ▪ **DAY 47**

Moreover, the gold and silver vessels of the house of God, which Nebuchadnezzar **had taken out** (הַנְפֵּק) of the temple in Jerusalem and had brought into the temple of Babylon, these King Cyrus **took out** (הַנְפֵּק) of the temple of Babylon, and they were delivered to a man **named** (שְׁמֵהּ) Sheshbazzar. (NRSV)

שֻׁם *šūm*	*name*	12x S8036
נפק ***nĕfaq***	(H) *bring out;* (G) *go out (= be issued), come out*	11x S5312

וְאַף מָאנַיָּא דִּי־בֵית־אֱלָהָא דִּי דַהֲבָה וְכַסְפָּא דִּי נְבוּכַדְנֶצַּר הַנְפֵּק מִן־הֵיכְלָא דִּי בִירוּשְׁלֶם וְהֵיבֵל הִמּוֹ לְהֵיכְלָא דִּי בָבֶל הַנְפֵּק הִמּוֹ כּוֹרֶשׁ מַלְכָּא מִן־הֵיכְלָא דִּי בָבֶל וִיהִיבוּ לְשֵׁשְׁבַּצַּר שְׁמֵהּ

Moreover, the gold and silver vessels of the house of God	וְאַף מָאנַיָּא דִּי־בֵית־אֱלָהָא דִּי דַהֲבָה וְכַסְפָּא
which Nebuchadnezzar **had taken out** of the temple in Jerusalem	דִּי נְבוּכַדְנֶצַּר הַנְפֵּק מִן־הֵיכְלָא דִּי בִירוּשְׁלֶם
and had brought into the temple of Babylon	וְהֵיבֵל הִמּוֹ לְהֵיכְלָא דִּי בָבֶל
these King Cyrus **took out** of the temple of Babylon	הַנְפֵּק הִמּוֹ כּוֹרֶשׁ מַלְכָּא מִן־הֵיכְלָא דִּי בָבֶל
and they were delivered to a man **named** Sheshbazzar	וִיהִיבוּ לְשֵׁשְׁבַּצַּר שְׁמֵהּ

If our God whom we **serve** (פָּלְחִין) is **able** (יָכִל) to deliver us from the furnace of blazing fire and out of your hand, O king, let him deliver us. (NRSV)

יכל *yĕkēl*	(G) *be able, be more able, overpower*	12x S3202
פלח *pĕlaḥ*	(G) *serve;* (G ptcp) *servant*	10x S6399

הֵן אִיתַי אֱלָהַנָא דִּי־אֲנַחְנָא פָּלְחִין יָכִל לְשֵׁיזָבוּתַנָא מִן־אַתּוּן נוּרָא יָקִדְתָּא וּמִן־יְדָךְ מַלְכָּא יְשֵׁיזִב׃

If our God	הֵן . . . אֱלָהַנָא
is **able**	אִיתַי . . . יָכִל
whom we **serve**	דִּי־אֲנַחְנָא פָּלְחִין
to deliver us	לְשֵׁיזָבוּתַנָא
from the furnace of	מִן־אַתּוּן
blazing fire	נוּרָא יָקִדְתָּא
and out of your hand	וּמִן־יְדָךְ
O king	מַלְכָּא
let him deliver us	יְשֵׁיזִב

Therefore, [at that **time (זִמְנָא)**,] when all the people heard the sound of the horn, flute, zither, lyre, harp, and every kind of music, people of every nation and language fell down and **worshiped (סָגְדִין)** the gold statue that King Nebuchadnezzar had set up. (CSB)

זְמַן *zĕ***man**	*time, set time, appointment, moment, date, holiday*	11x S2166
סגד *sĕ***gid**	(G) *prostrate oneself, bow down to the ground*	11x S5457

כָּל־קֳבֵל דְּנָה בֵּהּ־**זִמְנָא** כְּדִי שָׁמְעִין כָּל־עַמְמַיָּא קָל קַרְנָא
מַשְׁרוֹקִיתָא קַתְרוֹס שַׂבְּכָא פְּסַנְטֵרִין וְכֹל זְנֵי זְמָרָא **נָפְלִין** כָּל־
עַמְמַיָּא אֻמַּיָּא וְלִשָּׁנַיָּא **סָגְדִין** לְצֶלֶם דַּהֲבָא דִּי הֲקֵים נְבוּכַדְנֶצַּר
מַלְכָּא׃

Therefore, [at that **time**,] when	כָּל־קֳבֵל דְּנָה בֵּהּ־**זִמְנָא** כְּדִי
all the people heard	שָׁמְעִין כָּל־עַמְמַיָּא
the sound of the horn, flute,	קָל קַרְנָא מַשְׁרוֹקִיתָא
zither, lyre	קַתְרוֹס שַׂבְּכָא
harp, and every kind of music	פְּסַנְטֵרִין וְכֹל זְנֵי זְמָרָא
people of every nation and language **fell down**	**נָפְלִין** כָּל־עַמְמַיָּא אֻמַּיָּא וְלִשָּׁנַיָּא
and **worshiped** the gold statue	**סָגְדִין** לְצֶלֶם דַּהֲבָא
that King Nebuchadnezzar had set up	דִּי הֲקֵים נְבוּכַדְנֶצַּר מַלְכָּא

And these **three** (תְּלָתֵהוֹן) men, Shadrach, Meshach, and Abednego fell, bound, into the **furnace** (אַתּוּן) of blazing fire. (CSB)

תְּלָת *tĕlāt*	*three*	11x S8532
אַתּוּן *ʾattûn*	*furnace*	10x S861

וְגֻבְרַיָּא אִלֵּךְ תְּלָתֵּהוֹן שַׁדְרַךְ מֵישַׁךְ וַעֲבֵד נְגוֹ נְפַלוּ לְגוֹא־אַתּוּן־נוּרָא יָקִדְתָּא מְכַפְּתִין׃

And these **three** men	וְגֻבְרַיָּא אִלֵּךְ תְּלָתֵּהוֹן
Shadrach	שַׁדְרַךְ
Meshach	מֵישַׁךְ
and Abednego	וַעֲבֵד נְגוֹ
fell	נְפַלוּ
bound	מְכַפְּתִין
into the **furnace of**	לְגוֹא־אַתּוּן־
blazing fire	נוּרָא יָקִדְתָּא

O Belteshazzar, chief of the magicians, because I know that the **spirit** (רוּחַ) of the holy gods is in you and that no **mystery** (רָז) is too difficult for you, tell me the visions of my dream that I saw and their interpretation. (ESV)

רוּחַ ***rûaḥ***	*spirit, wind*	11x S7308
רָזָה ***rāzâ***	*secret, mystery*	9x S7328

בֵּלְטְשַׁאצַּר רַב חַרְטֻמַיָּא דִּי אֲנָה יִדְעֵת דִּי רוּחַ אֱלָהִין קַדִּישִׁין בָּךְ וְכָל־רָז לָא־אָנֵס לָךְ חֶזְוֵי חֶלְמִי דִי־חֲזֵית וּפִשְׁרֵהּ אֱמַר׃

O Belteshazzar	בֵּלְטְשַׁאצַּר
chief of the magicians	רַב חַרְטֻמַיָּא
because I know that	דִּי אֲנָה יִדְעֵת דִּי
the **spirit** of the holy gods	רוּחַ אֱלָהִין קַדִּישִׁין
is in you	בָּךְ
and that no **mystery** is too difficult for you	וְכָל־רָז לָא־אָנֵס לָךְ
tell me	אֱמַר
the visions of my dream	חֶזְוֵי חֶלְמִי
that I saw	דִּי־חֲזֵית
and their interpretation	וּפִשְׁרֵהּ

Just now the wise men and the conjurers were brought in before me that **they might read** (יִקְרוֹן) this inscription and make its interpretation known to me, but **they could** (כָהֲלִין) not declare the interpretation of the message. (NASB)

קרא *qĕrā'*	(G) *read, be read; cry out, shout;* (tD) *be called*	11x S7123
כהל ***kĕhal***	(G) *be able*	4x S3546

וּכְעַן הֶעַלּוּ קָדָמַי חַכִּימַיָּא אָשְׁפַיָּא דִּי־כְתָבָה דְנָה **יִקְרוֹן** וּפִשְׁרֵהּ לְהוֹדָעֻתַנִי וְלָא־**כָהֲלִין** פְּשַׁר־מִלְּתָא לְהַחֲוָיָה׃

Just now	וּכְעַן
the wise men and the conjurers	חַכִּימַיָּא אָשְׁפַיָּא
were brought in before me	הֶעַלּוּ קָדָמַי
that **they might read** this inscription	דִּי־כְתָבָה דְנָה **יִקְרוֹן**
and make its interpretation known to me	וּפִשְׁרֵהּ לְהוֹדָעֻתַנִי
but **they could** not	וְלָא־**כָהֲלִין**
declare	לְהַחֲוָיָה
the interpretation of the message	פְּשַׁר־מִלְּתָא

with all the silver and gold that you shall find in the whole **province** (מְדִינַת) of Babylonia, and with the freewill offerings of the people and the priests, **given willingly** (מִתְנַדְּבִין) for the house of their God in Jerusalem. (NRSV)

מְדִינָה *mĕdînâ*	*district, province*	11x S4083
נדב *nĕdav*	(tD) *volunteer*	3x S5069

וְכֹל כְּסַף וּדְהַב דִּי תְהַשְׁכַּח בְּכֹל **מְדִינַת** בָּבֶל עִם הִתְנַדָּבוּת עַמָּא
וְכָהֲנַיָּא **מִתְנַדְּבִין** לְבֵית אֱלָהֲהֹם דִּי בִירוּשְׁלֶם׃

with all the silver and gold	וְכֹל כְּסַף וּדְהַב
that you shall find	דִּי תְהַשְׁכַּח
in the whole **province** of Babylonia	בְּכֹל **מְדִינַת** בָּבֶל
and with the freewill offerings of	עִם הִתְנַדָּבוּת
the people and the priests	עַמָּא וְכָהֲנַיָּא
given willingly	**מִתְנַדְּבִין**
for the house of their God	לְבֵית אֱלָהֲהֹם
in Jerusalem	דִּי בִירוּשְׁלֶם

The king then gave the command, and those men who had maliciously accused Daniel were brought and thrown into the lions' **den** (גֹּב)—they, their children, and their wives. They had not reached the bottom of the **den** (גֻּבָּא) before the lions overpowered them and **crushed** (הַדִּקוּ) all their bones. (CSB)

גֹּב *gōv*	*den*	10x S1358
דקק ***dĕqaq***	(H) *pulverize;* (G) *break*	10x S1855

וַאֲמַר מַלְכָּא וְהַיְתִיו גֻּבְרַיָּא אִלֵּךְ דִּי־אֲכַלוּ קַרְצוֹהִי דִּי דָנִיֵּאל וּלְגֹב אַרְיָוָתָא רְמוֹ אִנּוּן בְּנֵיהוֹן וּנְשֵׁיהוֹן וְלָא־מְטוֹ לְאַרְעִית גֻּבָּא עַד דִּי־שְׁלִטוּ בְהוֹן אַרְיָוָתָא וְכָל־גַּרְמֵיהוֹן הַדִּקוּ׃

The king then gave the command	וַאֲמַר מַלְכָּא
and . . . were brought	וְהַיְתִיו
those men who had maliciously accused Daniel	גֻּבְרַיָּא אִלֵּךְ דִּי־אֲכַלוּ קַרְצוֹהִי דִּי דָנִיֵּאל
and thrown into the lions' **den**	וּלְגֹב אַרְיָוָתָא רְמוֹ
they, their children, and their wives	אִנּוּן בְּנֵיהוֹן וּנְשֵׁיהוֹן
They had not reached	וְלָא־מְטוֹ
the bottom of the **den**	לְאַרְעִית גֻּבָּא
before the lions overpowered them	עַד דִּי־שְׁלִטוּ בְהוֹן אַרְיָוָתָא
and **crushed** all their bones	וְכָל־גַּרְמֵיהוֹן הַדִּקוּ

DAN 4:29 [32]

FEB 24 ■ WEEK 8 ■ DAY 55

You shall be made to eat grass like oxen, and seven times shall pass over you, until you have learned that the Most High has sovereignty over the kingdom of mortals and gives it to **whom** (מַן) **he will** (יִצְבֵּא). (NRSV)

מַן *man*	whoever; who?	10x S4479
צבה *ṣĕvâ*	(G) desire, wish	10x S6634

עִשְׂבָּא כְתוֹרִין לָךְ יְטַעֲמוּן וְשִׁבְעָה עִדָּנִין יַחְלְפוּן עֲלָךְ עַד דִּי־תִנְדַּע
דִּי־שַׁלִּיט עִלָּאָה בְּמַלְכוּת אֲנָשָׁא וּלְמַן־דִּי יִצְבֵּא יִתְּנִנַּהּ:

You shall be made to eat	לָךְ יְטַעֲמוּן
grass like oxen	עִשְׂבָּא כְתוֹרִין
and seven times	וְשִׁבְעָה עִדָּנִין
shall pass over you	יַחְלְפוּן עֲלָךְ
until you have learned	עַד דִּי־תִנְדַּע
that the Most High has sovereignty	דִּי־שַׁלִּיט עִלָּאָה
over the kingdom of mortals	בְּמַלְכוּת אֲנָשָׁא
and . . . to **whom he will**	וּלְמַן־דִּי יִצְבֵּא
gives it	יִתְּנִנַּהּ

DAY 56 ▪ WEEK 8 ▪ FEB 25 — DAN 4:14 [17]

The sentence is by the decree of the watchers, the decision by the word of the holy ones, to the end that the living may know that the **Most High** (עִלָּאָה) **rules** (שַׁלִּיט) the kingdom of men and gives it to whom he will and sets over it the lowliest of men. (ESV)

עִלָּי *ʿillāy*	most high	10x S5943
שַׁלִּיט *šallîṭ*	(adj) sovereign, mighty, powerful; lawful, permitted; (noun) official, ruler, sovereign	10x S7990

בִּגְזֵרַת עִירִין פִּתְגָמָא וּמֵאמַר קַדִּישִׁין שְׁאֵלְתָא עַד־דִּבְרַת דִּי יִנְדְּעוּן חַיַּיָּא דִּי־שַׁלִּיט עִלָּאָה בְּמַלְכוּת אֲנָשָׁא וּלְמַן־דִּי יִצְבֵּא יִתְּנִנַּהּ וּשְׁפַל אֲנָשִׁים יְקִים עֲלַהּ׃

The sentence is by the decree of the watchers	בִּגְזֵרַת עִירִין פִּתְגָמָא
the decision by the word of the holy ones	וּמֵאמַר קַדִּישִׁין שְׁאֵלְתָא
to the end that	עַד־דִּבְרַת דִּי
the living may know	יִנְדְּעוּן חַיַּיָּא
that the **Most High rules**	דִּי־שַׁלִּיט עִלָּאָה
the kingdom of men	בְּמַלְכוּת אֲנָשָׁא
and gives it to whom he will	וּלְמַן־דִּי יִצְבֵּא יִתְּנִנַּהּ
and sets over it the lowliest of men	וּשְׁפַל אֲנָשִׁים יְקִים עֲלַהּ

Moreover, the gold and silver vessels of the house of God, which Nebuchadnezzar . . . had brought [**them** (הִמּוֹ)] into the temple of Babylon, **these** (הִמּוֹ) King Cyrus took out of the temple of Babylon, and they were delivered to a man named Sheshbazzar, whom he had made **governor** (פֶּחָה). (NRSV)

פֶּחָה *peḥâ*	*governor*	10x S6347
הִמּוֹ *himmô*	as dir obj *them;* as copula *are*	9x S1992

וְאַף מָאנַיָּא דִּי־בֵית־אֱלָהָא דִּי דַהֲבָה וְכַסְפָּא דִּי נְבוּכַדְנֶצַּר . . . וְהֵיבֵל **הִמּוֹ** לְהֵיכְלָא דִּי בָבֶל הַנְפֵּק **הִמּוֹ** כּוֹרֶשׁ מַלְכָּא מִן־הֵיכְלָא דִּי בָבֶל וִיהִיבוּ לְשֵׁשְׁבַּצַּר שְׁמֵהּ דִּי **פֶחָה** שָׂמֵהּ׃

Moreover, the gold and silver vessels of the house of God	וְאַף מָאנַיָּא דִּי־בֵית־אֱלָהָא דִּי דַהֲבָה וְכַסְפָּא
which Nebuchadnezzar . . . had brought [**them**] into the temple of Babylon	דִּי נְבוּכַדְנֶצַּר . . . וְהֵיבֵל **הִמּוֹ** לְהֵיכְלָא דִּי בָבֶל
these King Cyrus took out	הַנְפֵּק **הִמּוֹ** כּוֹרֶשׁ מַלְכָּא
of the temple of Babylon	מִן־הֵיכְלָא דִּי בָבֶל
and they were delivered	וִיהִיבוּ
to a man named Sheshbazzar	לְשֵׁשְׁבַּצַּר שְׁמֵהּ
whom he had made **governor**	דִּי **פֶחָה** שָׂמֵהּ

Because the king's order was urgent and the furnace over**heated** (אֱזֵה), the flame of the fire killed [**them** (הִמּוֹן),] those men who took up Shadrach, Meshach, and Abednego. (ESV)

אזה	(G) *heat, stoke*	3x
ʾăzâ		S228
הִמּוֹן	as dir obj *them*	3x
himmôn		S1994

כָּל־קֳבֵל דְּנָה מִן־דִּי מִלַּת מַלְכָּא מַחְצְפָה וְאַתּוּנָא אֵזֵה יַתִּירָא גֻּבְרַיָּא אִלֵּךְ דִּי הַסִּקוּ לְשַׁדְרַךְ מֵישַׁךְ וַעֲבֵד נְגוֹ קַטִּל הִמּוֹן שְׁבִיבָא דִּי נוּרָא׃

Because	כָּל־קֳבֵל דְּנָה מִן־דִּי
the king's order	מִלַּת מַלְכָּא
was urgent	מַחְצְפָה
and the furnace over**heated**	וְאַתּוּנָא אֵזֵה יַתִּירָא
the flame	שְׁבִיבָא
of the fire	דִּי נוּרָא
killed [**them**,] those men	גֻּבְרַיָּא אִלֵּךְ . . . קַטִּל הִמּוֹן
who took up	דִּי הַסִּקוּ
Shadrach	לְשַׁדְרַךְ
Meshach	מֵישַׁךְ
and Abednego	וַעֲבֵד נְגוֹ

DAN 6:17 [16]

So the king gave the order, and they brought Daniel and threw him into the **lions'** (אַרְיָוָתָא) den. The king said to Daniel, "May your God, whom you serve **continually** (תְּדִירָא), rescue you!" (NIV)

אַרְיֵה	lion	10x
ʾaryê		S738
תְּדִיר	as adv *continually*	2x
tĕdîr		S8411

בֵּאדַיִן מַלְכָּא אֲמַר וְהַיְתִיו לְדָנִיֵּאל וּרְמוֹ לְגֻבָּא דִּי אַרְיָוָתָא עָנֵה מַלְכָּא וְאָמַר לְדָנִיֵּאל אֱלָהָךְ דִּי אַנְתְּ פָּלַח־לֵהּ בִּתְדִירָא הוּא יְשֵׁיזְבִנָּךְ:

So the king gave the order	בֵּאדַיִן מַלְכָּא אֲמַר
and they brought Daniel	וְהַיְתִיו לְדָנִיֵּאל
and threw him	וּרְמוֹ
into the **lions'** den	לְגֻבָּא דִּי אַרְיָוָתָא
The king said to Daniel	עָנֵה מַלְכָּא וְאָמַר לְדָנִיֵּאל
May your God . . . rescue you!	אֱלָהָךְ . . . הוּא יְשֵׁיזְבִנָּךְ
whom you serve	דִּי אַנְתְּ פָּלַח־לֵהּ
continually	בִּתְדִירָא

DAY 60 • WEEK 9 • MAR 1 — DAN 3:8

Accordingly, at this time certain Chaldeans came forward and denounced [lit., ate the **pieces** (קַרְצֵיהוֹן) of] the **Jews** (יְהוּדָיֵא). (NRSV)

יְהוּדָי yĕhûdāy	Jew, Judean	10x S3062
קְרַץ qĕraṣ	piece	2x S7171

כָּל־קֳבֵל דְּנָה בֵּהּ־זִמְנָא קְרִבוּ גֻּבְרִין כַּשְׂדָּאִין וַאֲכַלוּ קַרְצֵיהוֹן דִּי יְהוּדָיֵא׃

Accordingly	כָּל־קֳבֵל דְּנָה
at this time	בֵּהּ־זִמְנָא
certain Chaldeans came forward	קְרִבוּ גֻּבְרִין כַּשְׂדָּאִין
and denounced [lit., ate the **pieces** of]	וַאֲכַלוּ קַרְצֵיהוֹן דִּי
the **Jews**	יְהוּדָיֵא

DAN 5:23 MAR 2 ▪ WEEK 9 ▪ **DAY 61**

You have praised the gods of silver and gold, of **bronze** (נְחָשָׁא), iron, wood, and stone, which do not see or **hear** (שָׁמְעִין) or know; but the God in whose power is your very breath, and to whom belong all your ways, you have not honored. (NRSV)

נְחָשׁ *nĕḥāš*	*bronze*	9x S5174
שׁמע *šĕma*ʿ	(G) *hear;* (tD) *hear, heed*	9x S8086

וְלֵאלָהֵי כַסְפָּא־וְדַהֲבָא **נְחָשָׁא** פַּרְזְלָא אָעָא וְאַבְנָא דִּי לָא־חָזַיִן וְלָא־
שָׁמְעִין וְלָא יָדְעִין שַׁבַּחְתָּ וְלֵאלָהָא דִּי־נִשְׁמְתָךְ בִּידֵהּ וְכָל־אֹרְחָתָךְ
לֵהּ לָא הַדַּרְתָּ׃

You have praised	שַׁבַּחְתָּ
the gods of silver and gold	וְלֵאלָהֵי כַסְפָּא־וְדַהֲבָא
of **bronze**, iron	**נְחָשָׁא** פַּרְזְלָא
wood, and stone	אָעָא וְאַבְנָא
which do not see	דִּי לָא־חָזַיִן
or **hear** or know	וְלָא־**שָׁמְעִין** וְלָא יָדְעִין
but the God in whose power is your very breath	וְלֵאלָהָא דִּי־נִשְׁמְתָךְ בִּידֵהּ
and to whom belong all your ways	וְכָל־אֹרְחָתָךְ לֵהּ
you have not honored	לָא הַדַּרְתָּ

When **he had come near** (מִקְרְבֵהּ) the den to Daniel, he cried out with a troubled voice. The king spoke and said to Daniel, "Daniel, servant of the living God, has your God, whom you constantly serve, been able **to deliver** (שֵׁיזָבוּתָךְ) you from the lions?" (NASB)

קרב *qĕrēv*	(G) *approach;* (H) *offer, present;* (D) *offer*	9x S7127
שׁיזב *šêziv*	(Š) *rescue*	9x S7804

וּכְמִקְרְבֵהּ לְגֻבָּא לְדָנִיֵּאל בְּקָל עֲצִיב זְעִק עָנֵה מַלְכָּא וְאָמַר לְדָנִיֵּאל
דָּנִיֵּאל עֲבֵד אֱלָהָא חַיָּא אֱלָהָךְ דִּי אַנְתְּ פָּלַח־לֵהּ בִּתְדִירָא הַיְכִל
לְשֵׁיזָבוּתָךְ מִן־אַרְיָוָתָא׃

When **he had come near** the den to Daniel	וּכְמִקְרְבֵהּ לְגֻבָּא לְדָנִיֵּאל
he cried out with a troubled voice	בְּקָל עֲצִיב זְעִק
The king spoke and said to Daniel	עָנֵה מַלְכָּא וְאָמַר לְדָנִיֵּאל
Daniel, servant of the living God	דָּנִיֵּאל עֲבֵד אֱלָהָא חַיָּא
has your God . . . been able	אֱלָהָךְ . . . הַיְכִל
whom you constantly serve	דִּי אַנְתְּ פָּלַח־לֵהּ בִּתְדִירָא
to deliver you from the lions?	לְשֵׁיזָבוּתָךְ מִן־אַרְיָוָתָא

DAN 6:2 [1]

It pleased Darius to set over the kingdom **one hundred** (מְאָה) twenty **satraps** (אֲחַשְׁדַּרְפְּנַיָּא), stationed throughout the whole kingdom. (NRSV)

אֲחַשְׁדַּרְפַּן	satrap	9x
ʾăḥašdar**pan**		S324
מְאָה	hundred	8x
mĕʾâ		S3969

שְׁפַר קֳדָם דָּרְיָוֶשׁ וַהֲקִים עַל־מַלְכוּתָא לַאֲחַשְׁדַּרְפְּנַיָּא מְאָה וְעֶשְׂרִין דִּי לֶהֱוֹן בְּכָל־מַלְכוּתָא:

It pleased Darius	שְׁפַר קֳדָם דָּרְיָוֶשׁ
to set over the kingdom	וַהֲקִים עַל־מַלְכוּתָא
one hundred twenty **satraps**	לַאֲחַשְׁדַּרְפְּנַיָּא מְאָה וְעֶשְׂרִין
stationed	דִּי לֶהֱוֹן
throughout the whole kingdom	בְּכָל־מַלְכוּתָא

To you, O king, as you lay in bed **came** (סְלִקוּ) thoughts of what would be after this, and **he who reveals** (גָּלֵא) mysteries made known to you what is to be. (ESV)

גלה *gĕlâ*	(G) *reveal;* (G ptcp) *revealer;* (Gp) *be revealed;* (H) *deport, exile*	9x S1541
סלק *sĕlēq*	(G) *come up;* (H) *bring up;* (Hp) *be brought up*	8x S5559

אַנְתְּ מַלְכָּא רַעְיוֹנָךְ עַל־מִשְׁכְּבָךְ **סְלִקוּ** מָה דִּי לֶהֱוֵא אַחֲרֵי דְנָה
וְגָלֵא רָזַיָּא הוֹדְעָךְ מָה־דִי לֶהֱוֵא׃

To you, O king	אַנְתְּ מַלְכָּא
as you lay in bed	עַל־מִשְׁכְּבָךְ
came thoughts	רַעְיוֹנָךְ . . . **סְלִקוּ**
of what would be	מָה דִּי לֶהֱוֵא
after this	אַחֲרֵי דְנָה
and **he who reveals** mysteries	**וְגָלֵא** רָזַיָּא
made known to you	הוֹדְעָךְ
what is to be	מָה־דִי לֶהֱוֵא

DAN 2:45

Inasmuch as you saw that a **stone** (אֶבֶן) was cut out of the mountain without hands and that it crushed the iron, the bronze, the **clay** (חַסְפָּא), the silver and the gold, the great God has made known to the king what will take place in the future. (NASB)

חֲסַף ḥăsaf	clay	9x S2635
אֶבֶן ʾeven	stone	8x S69

כָּל־קֳבֵל דִּי־חֲזַיְתָ דִּי מִטּוּרָא אִתְגְּזֶרֶת אֶבֶן דִּי־לָא בִידַיִן וְהַדֶּקֶת פַּרְזְלָא נְחָשָׁא חַסְפָּא כַּסְפָּא וְדַהֲבָא אֱלָהּ רַב הוֹדַע לְמַלְכָּא מָה דִּי לֶהֱוֵא אַחֲרֵי דְנָה

Inasmuch as you saw that	כָּל־קֳבֵל דִּי־חֲזַיְתָ דִּי
a **stone** was cut out of the mountain	מִטּוּרָא אִתְגְּזֶרֶת אֶבֶן
without hands	דִּי־לָא בִידַיִן
and that it crushed the iron, the bronze	וְהַדֶּקֶת פַּרְזְלָא נְחָשָׁא
the **clay**, the silver, and the gold	חַסְפָּא כַּסְפָּא וְדַהֲבָא
the great God has made known to the king	אֱלָהּ רַב הוֹדַע לְמַלְכָּא
what will take place in the future	מָה דִּי לֶהֱוֵא אַחֲרֵי דְנָה

DAY 66 ▪ WEEK 10 ▪ MAR 7 　　　　　　　　　　　　　**DAN 7:12**

As for the rest of the beasts, their dominion **was removed** (הֶעְדִּיו), but an extension of **life** (חַיִּין) was granted to them for a certain period of time. (CSB)

עדה ʿădâ	(H) *remove, depose;* (G) *pass away, be annulled, touch* (w/ בְּ), *pass* (w/ מִן) *out of*	9x S5709
חַיִּין ḥayyîn	*life*	2x S2417

וּשְׁאָר חֵיוָתָא הֶעְדִּיו שָׁלְטָנְהוֹן וְאַרְכָה בְחַיִּין יְהִיבַת לְהוֹן עַד־זְמַן וְעִדָּן׃

As for the rest of the beasts	וּשְׁאָר חֵיוָתָא
their dominion **was removed**	הֶעְדִּיו שָׁלְטָנְהוֹן
but an extension of **life**	וְאַרְכָה בְחַיִּין
was granted to them	יְהִיבַת לְהוֹן
for a certain period of time	עַד־זְמַן וְעִדָּן

And the elders of the Jews built and prospered through the prophesying of Haggai the prophet and Zechariah the son of Iddo. They finished their building by decree of the God of **Israel** (יִשְׂרָאֵל) and by decree of **Cyrus** (כּוֹרֶשׁ) and Darius and Artaxerxes king of Persia. (ESV)

יִשְׂרָאֵל	*Israel*	8x
yiśrāʾēl		S3479
כּוֹרֶשׁ	*Cyrus*	8x
kôreš		S3567

וְשָׂבֵי יְהוּדָיֵא בָּנַיִן וּמַצְלְחִין בִּנְבוּאַת חַגַּי נְבִיָּא וּזְכַרְיָה בַּר־
עִדּוֹא וּבְנוֹ וְשַׁכְלִלוּ מִן־טַעַם אֱלָהּ יִשְׂרָאֵל וּמִטְּעֵם כּוֹרֶשׁ וְדָרְיָוֶשׁ
וְאַרְתַּחְשַׁשְׂתְּא מֶלֶךְ פָּרָס׃

And the elders of the Jews built and prospered	וְשָׂבֵי יְהוּדָיֵא בָּנַיִן וּמַצְלְחִין
through the prophesying of Haggai the prophet	בִּנְבוּאַת חַגַּי נְבִיָּא
and Zechariah the son of Iddo	וּזְכַרְיָה בַּר־עִדּוֹא
They finished their building	וּבְנוֹ וְשַׁכְלִלוּ
by decree of the God of **Israel**	מִן־טַעַם אֱלָהּ **יִשְׂרָאֵל**
and by decree of **Cyrus** and Darius	וּמִטְּעֵם **כּוֹרֶשׁ** וְדָרְיָוֶשׁ
and Artaxerxes king of Persia	וְאַרְתַּחְשַׁשְׂתְּא מֶלֶךְ פָּרָס

DAY 68 ▪ WEEK 10 ▪ MAR 9 EZRA 6:2

And in Ecbatana, the citadel that is in the province of Media, a scroll was found on which **this** (כֵּן) **was written** (כְּתִיב): "A record. . . ." (ESV)

כֵּן	*thus*		8x
kēn			S3652
כתב	(G) *write;* (Gp) *be written*		8x
kětav			S3790

וְהִשְׁתְּכַח בְּאַחְמְתָא בְּבִירְתָא דִּי בְּמָדַי מְדִינְתָּה מְגִלָּה חֲדָה וְכֵן־כְּתִיב בְּגַוַּהּ דִּכְרוֹנָה׃

And . . . a scroll was found	וְהִשְׁתְּכַח . . . מְגִלָּה חֲדָה
in Ecbatana	בְּאַחְמְתָא
the citadel	בְּבִירְתָא
that is in the province of Media	דִּי בְּמָדַי מְדִינְתָּה
on which **this was written**	וְכֵן־כְּתִיב בְּגַוַּהּ
A record	דִּכְרוֹנָה

DAN 7:14

MAR 10 ■ WEEK 10 ■ DAY 69

And to Him was given dominion and **glory** (וִיקָר) and a kingdom, so that all peoples, **nations** (אֻמַיָּא), and languages should serve Him; His dominion is an everlasting dominion which shall not pass away and His kingdom one that shall not be destroyed. (MLB)

אֻמָּה	nation	8x
ʾummâ		S524
יְקָר	honor	7x
yĕqār		S3367

וְלֵהּ יְהִיב שָׁלְטָן וִיקָר וּמַלְכוּ וְכֹל עַמְמַיָּא אֻמַיָּא וְלִשָּׁנַיָּא לֵהּ יִפְלְחוּן שָׁלְטָנֵהּ שָׁלְטָן עָלַם דִּי־לָא יֶעְדֵּה וּמַלְכוּתֵהּ דִּי־לָא תִתְחַבַּל:

And to Him was given	וְלֵהּ יְהִיב
dominion and **glory** and a kingdom	שָׁלְטָן וִיקָר וּמַלְכוּ
so that all peoples	וְכֹל עַמְמַיָּא
nations, and languages	אֻמַיָּא וְלִשָּׁנַיָּא
should serve Him	לֵהּ יִפְלְחוּן
His dominion	שָׁלְטָנֵהּ
is an everlasting dominion	שָׁלְטָן עָלַם
which shall not pass away	דִּי־לָא יֶעְדֵּה
and His kingdom	וּמַלְכוּתֵהּ
one that shall not be destroyed	דִּי־לָא תִתְחַבַּל

But as for me, this mystery has not been revealed to me because of any **wisdom** (חָכְמָה) that I have more than any other living being, **but** (לָהֵן) in order that the interpretation may be known to the king and that you may understand the thoughts of your mind. (NRSV)

חָכְמָה *ḥokmâ*	*wisdom*	8x S2452
לָהֵן *lāhēn*	(prep) *except;* (disj) *but, unless*	7x S3861

וַאֲנָה לָא בְחָכְמָה דִּי־אִיתַי בִּי מִן־כָּל־חַיַּיָּא רָזָא דְנָה גֱּלִי לִי לָהֵן
עַל־דִּבְרַת דִּי פִשְׁרָא לְמַלְכָּא יְהוֹדְעוּן וְרַעְיוֹנֵי לִבְבָךְ תִּנְדַּע׃

But as for me	וַאֲנָה
this mystery	רָזָא דְנָה
has not been revealed to me	לָא . . . גֱּלִי לִי
because of any **wisdom**	בְחָכְמָה
that I have	דִּי־אִיתַי בִּי
more than any other living being	מִן־כָּל־חַיַּיָּא
but in order that	לָהֵן עַל־דִּבְרַת דִּי
the interpretation may be known to the king	פִשְׁרָא לְמַלְכָּא יְהוֹדְעוּן
and that you may understand the thoughts of your mind	וְרַעְיוֹנֵי לִבְבָךְ תִּנְדַּע

Now if you are ready when you hear the **sound** (קָל) of the horn, pipe, lyre, . . . to fall down and worship the statue that I have made, well and good. But if you do not worship, you shall immediately be thrown into a furnace of **blazing** (יָקִדְתָּא) fire. (NRSV)

יקד *yĕqēd*	(G) *burn*	8x S3345
קָל *qāl*	*sound, voice*	7x S7032

כְּעַן הֵן אִיתֵיכוֹן עֲתִידִין דִּי בְעִדָּנָא דִּי־תִשְׁמְעוּן **קָל** קַרְנָא
מַשְׁרוֹקִיתָא קַתְרוֹס . . . תִּפְּלוּן וְתִסְגְּדוּן לְצַלְמָא דִּי־עַבְדֵת וְהֵן לָא
תִסְגְּדוּן בַּהּ־שַׁעֲתָה תִתְרְמוֹן לְגוֹא־אַתּוּן נוּרָא **יָקִדְתָּא**

Now if you are ready	כְּעַן הֵן אִיתֵיכוֹן עֲתִידִין
when you hear	דִּי בְעִדָּנָא דִּי־תִשְׁמְעוּן
the sound of the horn	**קָל** קַרְנָא
pipe, lyre, . . .	מַשְׁרוֹקִיתָא קַתְרוֹס . . .
to fall down and worship	תִּפְּלוּן וְתִסְגְּדוּן
the statue that I have made, well and good	לְצַלְמָא דִּי־עַבְדֵת
But if you do not worship	וְהֵן לָא תִסְגְּדוּן
you shall immediately be thrown	בַּהּ־שַׁעֲתָה תִתְרְמוֹן
into a furnace of **blazing** fire	לְגוֹא־אַתּוּן נוּרָא **יָקִדְתָּא**

This was because an **extraordinary** (יַתִּירָה) spirit, knowledge and insight, interpretation of dreams, explanation of enigmas and solving of difficult problems were found in this Daniel, whom the king named **Belteshazzar** (בֵּלְטְשַׁאצַּר). Let Daniel now be summoned and he will declare the interpretation. (NASB)

יַתִּיר *yattîr*	(adj) *extraordinary, excessive;* (adv) *excessively*	8x S3493
בֵּלְטְשַׁאצַּר *bēlṭĕšaʾṣṣar*	*Belteshazzar*	7x S1096

כָּל־קֳבֵל דִּי רוּחַ יַתִּירָה וּמַנְדַּע וְשָׂכְלְתָנוּ מְפַשַּׁר חֶלְמִין וַאַחֲוָיַת אֲחִידָן וּמְשָׁרֵא קִטְרִין הִשְׁתְּכַחַת בֵּהּ בְּדָנִיֵּאל דִּי־מַלְכָּא שָׂם־שְׁמֵהּ בֵּלְטְשַׁאצַּר כְּעַן דָּנִיֵּאל יִתְקְרֵי וּפִשְׁרָה יְהַחֲוֵה׃

This was because an **extraordinary** spirit	כָּל־קֳבֵל דִּי רוּחַ יַתִּירָה
knowledge and insight, interpretation of dreams	וּמַנְדַּע וְשָׂכְלְתָנוּ מְפַשַּׁר חֶלְמִין
explanation of enigmas and solving of difficult problems	וַאַחֲוָיַת אֲחִידָן וּמְשָׁרֵא קִטְרִין
were found in this Daniel	הִשְׁתְּכַחַת בֵּהּ בְּדָנִיֵּאל
whom the king named **Belteshazzar**	דִּי־מַלְכָּא שָׂם־שְׁמֵהּ בֵּלְטְשַׁאצַּר
Let Daniel now be summoned	כְּעַן דָּנִיֵּאל יִתְקְרֵי
and he will declare the interpretation	וּפִשְׁרָה יְהַחֲוֵה

EZRA 6:9 MAR 14 ▪ WEEK 11 ▪ **DAY 73**

Whatever is needed—young **bulls** (**תוֹרִין**), rams, and lambs for burnt offerings to the God of the heavens, or wheat, salt, wine, and oil, as requested by the **priests** (**כָּהֲנַיָּא**) in Jerusalem—let it be given to them every day without fail. (CSB)

כָּהֵן *kāhēn*	*priest*	8x S3549
תּוֹר *tôr*	*bull*	7x S8450

וּמָה חַשְׁחָן וּבְנֵי **תוֹרִין** וְדִכְרִין וְאִמְּרִין לַעֲלָוָן לֶאֱלָהּ שְׁמַיָּא חִנְטִין
מְלַח חֲמַר וּמְשַׁח כְּמֵאמַר **כָּהֲנַיָּא** דִי־בִירוּשְׁלֶם לֶהֱוֵא מִתְיְהֵב לְהֹם
יוֹם בְּיוֹם דִּי־לָא שָׁלוּ׃

Whatever is needed	וּמָה חַשְׁחָן
young **bulls**, rams, and lambs	וּבְנֵי **תוֹרִין** וְדִכְרִין וְאִמְּרִין
for burnt offerings to the God of the heavens	לַעֲלָוָן לֶאֱלָהּ שְׁמַיָּא
or wheat, salt, wine, and oil	חִנְטִין מְלַח חֲמַר וּמְשַׁח
as requested by the **priests** in Jerusalem	כְּמֵאמַר **כָּהֲנַיָּא** דִי־בִירוּשְׁלֶם
let it be given to them	לֶהֱוֵא מִתְיְהֵב לְהֹם
every day	יוֹם בְּיוֹם
without fail	דִּי־לָא שָׁלוּ

DAY 74 ▪ WEEK 11 ▪ MAR 15 EZRA 5:11

This is the answer **they gave (הֲתִיבוּנָא)** us [, saying]: "We are the **servants (עַבְדוֹהִי)** of the God of heaven and earth, and we are rebuilding the temple that was built many years ago, one that a great king of Israel built and finished." (NIV)

תוב *tûv*	(G) intrans *return;* (H) trans *return* (w/ suffix) *to; give a reply* (w/ suffix) *to*	8x S8421
עֲבֵד *ʿăvēd*	*slave, servant*	7x S5649

וּכְנֵמָא פִתְגָמָא **הֲתִיבוּנָא** לְמֵמַר אֲנַחְנָא הִמּוֹ **עַבְדוֹהִי** דִי־אֱלָהּ
שְׁמַיָּא וְאַרְעָא וּבָנַיִן בַּיְתָא דִּי־הֲוָא בְנֵה מִקַּדְמַת דְּנָה שְׁנִין שַׂגִּיאָן
וּמֶלֶךְ לְיִשְׂרָאֵל רַב בְּנָהִי וְשַׁכְלְלֵהּ׃

This is the answer **they gave** us [, saying]	וּכְנֵמָא פִתְגָמָא **הֲתִיבוּנָא** לְמֵמַר
We are the **servants**	אֲנַחְנָא הִמּוֹ **עַבְדוֹהִי**
of the God of heaven and earth	דִּי־אֱלָהּ שְׁמַיָּא וְאַרְעָא
and we are rebuilding the temple	וּבָנַיִן בַּיְתָא
that was built	דִּי־הֲוָא בְנֵה
many years ago	מִקַּדְמַת דְּנָה שְׁנִין שַׂגִּיאָן
one that a great king of Israel	וּמֶלֶךְ לְיִשְׂרָאֵל רַב
built and finished	בְּנָהִי וְשַׁכְלְלֵהּ

Then the magicians, the enchanters, the **Chaldeans** (כַּשְׂדָּאֵי), and the **astrologers** (גָּזְרַיָּא) came in, and I told them the dream, but they could not make known to me its interpretation. (ESV)

כַּשְׂדַּי *kaśdāy*	*Babylonian astrologer* or *sage; Chaldean*	8x S3779
גזר *gĕzar*	(G ptcp) *diviner;* (tG) *cut out, be cut out*	6x S1505

בֵּאדַיִן עָלִּין חַרְטֻמַיָּא אָשְׁפַיָּא כַּשְׂדָּאֵי וְגָזְרַיָּא וְחֶלְמָא אָמַר אֲנָה קֳדָמֵיהוֹן וּפִשְׁרֵהּ לָא־מְהוֹדְעִין לִי׃

Then	בֵּאדַיִן
the magicians, the enchanters	חַרְטֻמַיָּא אָשְׁפַיָּא
the **Chaldeans**, and the **astrologers**	כַּשְׂדָּאֵי וְגָזְרַיָּא
came in	עָלִּין
and I told them the dream	וְחֶלְמָא אָמַר אֲנָה קֳדָמֵיהוֹן
but . . . its interpretation	וּפִשְׁרֵהּ
they could not make known to me	לָא־מְהוֹדְעִין לִי

The tree **grew great** (רְבָה) and strong, its top **reached** (יִמְטֵא) to heaven, and it was visible to the ends of the whole earth. (NRSV)

מטא *mĕṭāʾ*	(G) *reach, arrive*	8x S4291
רבה *rĕvâ*	(G) *grow, become great;* (D) *make great, promote*	6x S7236

רְבָה אִילָנָא וּתְקִף וְרוּמֵהּ יִמְטֵא לִשְׁמַיָּא וַחֲזוֹתֵהּ לְסוֹף כָּל־אַרְעָא׃

The tree **grew great**	רְבָה אִילָנָא
and strong	וּתְקִף
its top **reached**	וְרוּמֵהּ יִמְטֵא
to heaven	לִשְׁמַיָּא
and it was visible	וַחֲזוֹתֵהּ
to the ends of	לְסוֹף
the whole earth	כָּל־אַרְעָא

DAN 5:1 — MAR 18 • WEEK 11 • **DAY 77**

King Belshazzar made a great feast for a thousand of his **lords** (רַבְרְבָנוֹהִי) and drank **wine** (חַמְרָא) in front of the thousand. (ESV)

רַבְרְבָנִין	lord	8x
ravrĕvā**nîn**		S7262
חֲמַר	wine	6x
ḥă**mar**		S2562

בֵּלְשַׁאצַּר מַלְכָּא עֲבַד לְחֶם רַב לְרַבְרְבָנוֹהִי אֲלַף וְלָקֳבֵל אַלְפָּא חַמְרָא שָׁתֵה:

King Belshazzar	בֵּלְשַׁאצַּר מַלְכָּא
made	עֲבַד
a great feast	לְחֶם רַב
for a thousand of his **lords**	לְרַבְרְבָנוֹהִי אֲלַף
and . . . in front of the thousand	וְלָקֳבֵל אַלְפָּא
drank **wine**	חַמְרָא שָׁתֵה

Now may it be known to the king that, if this **city** (קִרְיְתָא) is rebuilt and the walls finished, they will not pay **tribute** (מִנְדָּה), custom, or toll, and the royal revenue will be reduced. (NRSV)

קִרְיָה *qiryâ*	*city*	8x S7149
מִדָּה *middâ*	*tribute, tax*	4x S4061

כְּעַן יְדִיעַ לֶהֱוֵא לְמַלְכָּא דִּי הֵן קִרְיְתָא דָךְ תִּתְבְּנֵא וְשׁוּרַיָּה יְשְׁתַּכְלְלוּן מִנְדָּה־בְלוֹ וַהֲלָךְ לָא יִנְתְּנוּן וְאַפְּתֹם מַלְכִים תְּהַנְזִק׃

Now may it be known	כְּעַן יְדִיעַ לֶהֱוֵא
to the king that	לְמַלְכָּא דִּי
if this **city**	הֵן קִרְיְתָא דָךְ
is rebuilt	תִּתְבְּנֵא
and the walls finished	וְשׁוּרַיָּה יְשְׁתַּכְלְלוּן
they will not pay	לָא יִנְתְּנוּן
tribute, custom, or toll	מִנְדָּה־בְלוֹ וַהֲלָךְ
and the royal revenue	וְאַפְּתֹם מַלְכִים
will be reduced	תְּהַנְזִק

He answered and said, "But I see **four** (אַרְבְּעָה) men unbound, walking in the midst of the fire, and they are not hurt; and the appearance of the fourth **is like** (דָּמֵה) a son of the gods." (ESV)

אַרְבַּע *ʾarbaʿ*	*four*	8x S703
דמה *dĕmâ*	(G) *resemble*	2x S1821

עָנֵה וְאָמַר הָא־אֲנָה חָזֵה גֻּבְרִין אַרְבְּעָה שְׁרַיִן מַהְלְכִין בְּגוֹא־נוּרָא
וַחֲבָל לָא־אִיתַי בְּהוֹן וְרֵוֵהּ דִּי רְבִיעָאָה דָּמֵה לְבַר־אֱלָהִין׃

He answered and said	עָנֵה וְאָמַר
But I see	הָא־אֲנָה חָזֵה
four men	גֻּבְרִין אַרְבְּעָה
unbound	שְׁרַיִן
walking	מַהְלְכִין
in the midst of the fire	בְּגוֹא־נוּרָא
and they are not hurt	וַחֲבָל לָא־אִיתַי בְּהוֹן
and the appearance	וְרֵוֵהּ
of the fourth	דִּי רְבִיעָאָה
is like a son of the gods	דָּמֵה לְבַר־אֱלָהִין

After this I kept looking in the night visions, and behold, a fourth beast, dreadful and terrifying and extremely strong; and it had large iron teeth. It **devoured** (אָכְלָה) and crushed and trampled down the remainder with its **feet** (רַגְלַהּ). (NASB)

אכל	(G) *eat*	7x
ʾăḵal		S399
רְגַל	*foot*	7x
rĕḡal		S7272

בָּאתַר דְּנָה חָזֵה הֲוֵית בְּחֶזְוֵי לֵילְיָא וַאֲרוּ חֵיוָה רְבִיעָאָה דְּחִילָה וְאֵימְתָנִי וְתַקִּיפָא יַתִּירָא וְשִׁנַּיִן דִּי־פַרְזֶל לַהּ רַבְרְבָן אָכְלָה וּמַדֱּקָה וּשְׁאָרָא בְּרַגְלַהּ רָפְסָה

After this	בָּאתַר דְּנָה
I kept looking	חָזֵה הֲוֵית
in the night visions	בְּחֶזְוֵי לֵילְיָא
and behold, a fourth beast	וַאֲרוּ חֵיוָה רְבִיעָאָה
dreadful and terrifying	דְּחִילָה וְאֵימְתָנִי
and extremely strong	וְתַקִּיפָא יַתִּירָא
and it had large iron teeth	וְשִׁנַּיִן דִּי־פַרְזֶל לַהּ רַבְרְבָן
It **devoured** and crushed	אָכְלָה וּמַדֱּקָה
and trampled down the remainder with its **feet**	וּשְׁאָרָא בְּרַגְלַהּ רָפְסָה

All the **inhabitants** (דָּיְרֵי) of the earth are counted as nothing, and he does what he wants with the **army** (חֵיל) of heaven and the **inhabitants** (דָּיְרֵי) of the earth. There is no one who can block his hand or say to him, "What have you done?" (CSB)

דור	(G) *dwell*	7x
dôr		S1753
חַיִל	*power, army*	7x
ḥayil		S2429

וְכָל־דָּיְרֵי אַרְעָא כְּלָה חֲשִׁיבִין וּכְמִצְבְּיֵהּ עָבֵד בְּחֵיל שְׁמַיָּא וְדָיְרֵי אַרְעָא וְלָא אִיתַי דִּי־יְמַחֵא בִידֵהּ וְיֵאמַר לֵהּ מָה עֲבַדְתְּ׃

All the **inhabitants** of the earth	וְכָל־דָּיְרֵי אַרְעָא
are counted as nothing	כְּלָה חֲשִׁיבִין
and he does what he wants	וּכְמִצְבְּיֵהּ עָבֵד
with the **army** of heaven	בְּחֵיל שְׁמַיָּא
and the **inhabitants** of the earth	וְדָיְרֵי אַרְעָא
There is no one	וְלָא אִיתַי
who can block his hand	דִּי־יְמַחֵא בִידֵהּ
or say to him	וְיֵאמַר לֵהּ
What have you done?	מָה עֲבַדְתְּ

This temple was completed on the third day of the month Adar; **it** (הִיא) was the sixth **year** (שְׁנַת) of the reign of King Darius. (NASB)

הִיא	*she, it;* as copula *is, are*	7x
hîʾ		S1932
שְׁנָה	*year*	7x
šĕnâ		S8140

וְשֵׁיצִיא בַּיְתָה דְנָה עַד יוֹם תְּלָתָה לִירַח אֲדָר דִּי־הִיא שְׁנַת־שֵׁת
לְמַלְכוּת דָּרְיָוֶשׁ מַלְכָּא׃

This temple was completed	וְשֵׁיצִיא בַּיְתָה דְנָה
on the third day	עַד יוֹם תְּלָתָה
of the month Adar	לִירַח אֲדָר
it was	דִּי־הִיא
the sixth **year**	שְׁנַת־שֵׁת
of the reign of	לְמַלְכוּת
King Darius	דָּרְיָוֶשׁ מַלְכָּא

EZRA 4:13 MAR 24 ▪ WEEK 12 ▪ DAY 83

Now may it be known to the king that, if this city is rebuilt and the walls **finished** (יִשְׁתַּכְלְלוּן), **they will** not **pay** (יִנְתְּנוּן) tribute, custom, or toll, and the royal revenue will be reduced. (NRSV)

כלל	(Š) *finish, complete;* (Št) *be finished;* (H) *finish*	7x
kĕlal		S3635
נתן	(G) *give*	7x
nĕtan		S5415

כְּעַן יְדִיעַ לֶהֱוֵא לְמַלְכָּא דִּי הֵן קִרְיְתָא דָךְ תִּתְבְּנֵא וְשׁוּרַיָּה
יִשְׁתַּכְלְלוּן מִנְדָּה־בְלוֹ וַהֲלָךְ לָא יִנְתְּנוּן וְאַפְּתֹם מַלְכִים תְּהַנְזִק׃

Now	כְּעַן
may it be known	יְדִיעַ לֶהֱוֵא
to the king that	לְמַלְכָּא דִּי
if this city	הֵן קִרְיְתָא דָךְ
is rebuilt	תִּתְבְּנֵא
and the walls **finished**	וְשׁוּרַיָּה יִשְׁתַּכְלְלוּן
they will not **pay**	לָא יִנְתְּנוּן
tribute, custom, or toll	מִנְדָּה־בְלוֹ וַהֲלָךְ
and the royal revenue	וְאַפְּתֹם מַלְכִים
will be reduced	תְּהַנְזִק

The queen, **because of** (לָקֳבֵל) the words of the king and his lords, came into the banqueting hall, and the queen declared, "O king, **live** (חֱיִי) forever! Let not your thoughts alarm you or your color change." (ESV)

לקבל *loqŏvēl*	*to the front of (= before); to what is in front (= according to); in the face of (= because)*	7x S6903
חיה *ḥăyâ*	(G) *live;* (H) *let live*	6x S2418

מַלְכְּתָא לָקֳבֵל מִלֵּי מַלְכָּא וְרַבְרְבָנוֹהִי לְבֵית מִשְׁתְּיָא עַלַּת עֲנָת
מַלְכְּתָא וַאֲמֶרֶת מַלְכָּא לְעָלְמִין חֱיִי אַל־יְבַהֲלוּךְ רַעְיוֹנָךְ וְזִיוָיךְ
אַל־יִשְׁתַּנּוֹ׃

The queen	מַלְכְּתָא
because of the words of	לָקֳבֵל מִלֵּי
the king and his lords	מַלְכָּא וְרַבְרְבָנוֹהִי
came into the banqueting hall	לְבֵית מִשְׁתְּיָא עַלַּת
and the queen declared	עֲנָת מַלְכְּתָא וַאֲמֶרֶת
O king	מַלְכָּא
live forever!	לְעָלְמִין חֱיִי
Let not your thoughts alarm you	אַל־יְבַהֲלוּךְ רַעְיוֹנָךְ
or your color change	וְזִיוָיךְ אַל־יִשְׁתַּנּוֹ

But the court **will sit** (יְתִב), and his power will be taken away and completely destroyed [lit., to annihilate (it) and **to destroy** (הוֹבָדָה) (it)] forever. (NIV)

אבד *ʾăvad*	(H) *kill, destroy;* (G) *perish;* (Hp) *be destroyed*	7x S6
יתב *yĕtiv*	(G) *sit, dwell;* (D) *sit;* (H) *make dwell, settle*	5x S3488

וְדִינָא **יְתִב** וְשָׁלְטָנֵהּ יְהַעְדּוֹן לְהַשְׁמָדָה וּלְ**הוֹבָדָה** עַד־סוֹפָא׃

But the court **will sit**	וְדִינָא **יְתִב**
and his power	וְשָׁלְטָנֵהּ
will be taken away	יְהַעְדּוֹן
and completely destroyed [lit., to annihilate (it) and **to destroy** (it)]	לְהַשְׁמָדָה וּלְ**הוֹבָדָה**
forever	עַד־סוֹפָא

Therefore Daniel went in to Arioch, whom the king **had appointed** (מַנִּי) to destroy the wise men of Babylon. **He went** (אֲזַל) and said thus to him: "Do not destroy the wise men of Babylon; bring me in before the king, and I will show the king the interpretation." (ESV)

אזל	(G) *go*	7x
ʾăzal		S236
מנה	(D) *appoint;* (G) *count*	5x
mĕnâ		S4483

כָּל־קֳבֵל דְּנָה דָּנִיֵּאל עַל עַל־אַרְיוֹךְ דִּי מַנִּי מַלְכָּא לְהוֹבָדָה לְחַכִּימֵי בָבֶל אֲזַל וְכֵן אֲמַר־לֵהּ לְחַכִּימֵי בָבֶל אַל־תְּהוֹבֵד הַעֵלְנִי קֳדָם מַלְכָּא וּפִשְׁרָא לְמַלְכָּא אֲחַוֵּא׃

Therefore	כָּל־קֳבֵל דְּנָה
Daniel went in	דָּנִיֵּאל עַל
to Arioch	עַל־אַרְיוֹךְ
whom the king **had appointed**	דִּי מַנִּי מַלְכָּא
to destroy the wise men of Babylon	לְהוֹבָדָה לְחַכִּימֵי בָבֶל
He went and said thus to him	אֲזַל וְכֵן אֲמַר־לֵהּ
Do not destroy the wise men of Babylon	לְחַכִּימֵי בָבֶל אַל־תְּהוֹבֵד
bring me in before the king	הַעֵלְנִי קֳדָם מַלְכָּא
and I will show the king the interpretation	וּפִשְׁרָא לְמַלְכָּא אֲחַוֵּא

DAN 6:13 [12]

"Did you not sign an **interdict** (אֱסָר), that anyone who prays to anyone, divine or human, within thirty days except to you, O king, shall be thrown into a den of lions?" The king answered, "The thing **stands fast** (יַצִּיבָא)." (NRSV)

אֱסָר ʾĕsār	prohibition	7x S633
יַצִּיב yaṣṣîv	(adj) certain, firm, correct; (adv) certainly	5x S3330

הֲלָא אֱסָר רְשַׁמְתָּ דִּי כָל־אֱנָשׁ דִּי־יִבְעֵה מִן־כָּל־אֱלָהּ וֶאֱנָשׁ עַד־יוֹמִין תְּלָתִין לָהֵן מִנָּךְ מַלְכָּא יִתְרְמֵא לְגוֹב אַרְיָוָתָא עָנֵה מַלְכָּא וְאָמַר יַצִּיבָא מִלְּתָא

Did you not sign an **interdict**	הֲלָא אֱסָר רְשַׁמְתָּ
that anyone who prays	דִּי כָל־אֱנָשׁ דִּי־יִבְעֵה
to anyone, divine or human	מִן־כָּל־אֱלָהּ וֶאֱנָשׁ
within thirty days	עַד־יוֹמִין תְּלָתִין
except to you, O king	לָהֵן מִנָּךְ מַלְכָּא
shall be thrown	יִתְרְמֵא
into a den of lions?	לְגוֹב אַרְיָוָתָא
The king answered	עָנֵה מַלְכָּא וְאָמַר
The thing **stands fast**	יַצִּיבָא מִלְּתָא

King **Belshazzar** (בֵּלְשַׁאצַּר) made a great feast for a thousand of his rulers and **drank** (שָׁתֵה) wine before the thousand. (MLB)

בֵּלְשַׁאצַּר	*Belshazzar*	7x
bēlšaʾṣṣar		S1113
שׁתה	(G) *drink* (w/ בְּ) *from*	5x
šĕtâ		S8355

בֵּלְשַׁאצַּר מַלְכָּא עֲבַד לְחֶם רַב לְרַבְרְבָנוֹהִי אֲלַף וְלָקֳבֵל אַלְפָּא
חַמְרָא שָׁתֵה׃

King **Belshazzar**	בֵּלְשַׁאצַּר מַלְכָּא
made	עֲבַד
a great feast	לְחֶם רַב
for a thousand of his rulers	לְרַבְרְבָנוֹהִי אֲלַף
and . . . before the thousand	וְלָקֳבֵל אַלְפָּא
drank wine	חַמְרָא שָׁתֵה

But **leave** (שְׁבֻקוּ) the stump of its roots in the earth, bound with a band of iron and bronze, amid the tender grass of the **field** (בָרָא). Let him be wet with the dew of heaven. Let his portion be with the beasts in the grass of the earth. (ESV)

בַּר *bar*	*field*	7x S1251
שׁבק *šĕvaq*	(G) *leave* (w/ לְ) something *alone, unencumbered;* (tG) *be left* (w/ לְ) *to*	5x S7662

בְּרַם עִקַּר שָׁרְשׁוֹהִי בְּאַרְעָא **שְׁבֻקוּ** וּבֶאֱסוּר דִּי־פַרְזֶל וּנְחָשׁ בְּדִתְאָא
דִּי **בָרָא** וּבְטַל שְׁמַיָּא יִצְטַבַּע וְעִם־חֵיוְתָא חֲלָקֵהּ בַּעֲשַׂב אַרְעָא׃

But	בְּרַם
leave . . . in the earth	בְּאַרְעָא שְׁבֻקוּ
the stump of its roots	עִקַּר שָׁרְשׁוֹהִי
bound with a band	וּבֶאֱסוּר
of iron and bronze	דִּי־פַרְזֶל וּנְחָשׁ
amid the tender grass of the **field**	בְּדִתְאָא דִּי בָרָא
Let him be wet with the dew of heaven	וּבְטַל שְׁמַיָּא יִצְטַבַּע
Let his portion be with the beasts	וְעִם־חֵיוְתָא חֲלָקֵהּ
in the grass of the earth	בַּעֲשַׂב אַרְעָא

EZRA 5:3

At the same time Tattenai the governor of the province Beyond the River and **Shethar-bozenai** (שְׁתַר בּוֹזְנַי) and their **associates** (כְּנָוָתְהוֹן) came to them and spoke to them thus, "Who gave you a decree to build this house and to finish this structure?" (NRSV)

כְּנָת kĕnāt	associate, colleague	7x S3675
שְׁתַר בּוֹזְנַי šĕtar bôzĕnay	Shethar-bozenai	4x S8370

בֵּהּ־זִמְנָא אֲתָא עֲלֵיהוֹן תַּתְּנַי פַּחַת עֲבַר־נַהֲרָה וּשְׁתַר בּוֹזְנַי
וּכְנָוָתְהוֹן וְכֵן אָמְרִין לְהֹם מַן־שָׂם לְכֹם טְעֵם בַּיְתָא דְנָה לִבְּנֵא
וְאֻשַּׁרְנָא דְנָה לְשַׁכְלָלָה:

At the same time	בֵּהּ־זִמְנָא
Tattenai the governor of the province Beyond the River	תַּתְּנַי פַּחַת עֲבַר־נַהֲרָה
and **Shethar-bozenai** and their **associates**	וּשְׁתַר בּוֹזְנַי וּכְנָוָתְהוֹן
came to them	אֲתָא עֲלֵיהוֹן
and spoke to them thus	וְכֵן אָמְרִין לְהֹם
Who gave you a decree	מַן־שָׂם לְכֹם טְעֵם
to build this house	בַּיְתָא דְנָה לִבְּנֵא
and to finish this structure?	וְאֻשַּׁרְנָא דְנָה לְשַׁכְלָלָה

With this money, then, you shall **with all diligence (אָסְפַּרְנָא)** buy bulls, rams, and **lambs (אִמְּרִין)**, with their grain offerings and their drink offerings, and you shall offer them on the altar of the house of your God that is in Jerusalem. (ESV)

אָסְפַּרְנָא *ʾosparnāʾ*	*diligently*	7x S629
אִמַּר *ʾimmēr*	*lamb*	3x S563

כָּל־קֳבֵל דְּנָה אָסְפַּרְנָא תִקְנֵא בְּכַסְפָּא דְנָה תּוֹרִין דִּכְרִין אִמְּרִין וּמִנְחָתְהוֹן וְנִסְכֵּיהוֹן וּתְקָרֵב הִמּוֹ עַל־מַדְבְּחָה דִּי בֵּית אֱלָהֲכֹם דִּי בִירוּשְׁלֶם׃

With this money	בְּכַסְפָּא דְנָה
then	כָּל־קֳבֵל דְּנָה
you shall . . . buy	תִקְנֵא
with all diligence	**אָסְפַּרְנָא**
bulls, rams, and **lambs**	תּוֹרִין דִּכְרִין **אִמְּרִין**
with their grain offerings and their drink offerings	וּמִנְחָתְהוֹן וְנִסְכֵּיהוֹן
and you shall offer them on the altar	וּתְקָרֵב הִמּוֹ עַל־מַדְבְּחָה
of the house of your God	דִּי בֵּית אֱלָהֲכֹם
that is in Jerusalem	דִּי בִירוּשְׁלֶם

DAY 92 ▪ WEEK 14 ▪ APR 2 DAN 7:4

The first was like a lion and had **wings** (גַּפַּהּ) like an eagle. As I looked, its wings were plucked off and it was lifted from the ground and made to stand on two feet like a man, and the **mind** (לְבַב) of a man was given to it. (MLB)

לְבַב *lĕvav*	*heart*	7x S3825
גַּף *gaf*	*wing*	3x S1611

קַדְמָיְתָא כְאַרְיֵה וְגַפִּין דִּי־נְשַׁר לַהּ חָזֵה הֲוֵית עַד דִּי־מְּרִיטוּ גַּפַּהּ
וּנְטִילַת מִן־אַרְעָא וְעַל־רַגְלַיִן כֶּאֱנָשׁ הֳקִימַת וּלְבַב אֱנָשׁ יְהִיב לַהּ׃

The first was like a lion	קַדְמָיְתָא כְאַרְיֵה
and had **wings** like an eagle	וְגַפִּין דִּי־נְשַׁר לַהּ
As I looked	חָזֵה הֲוֵית עַד דִּי־
its wings were plucked off	מְּרִיטוּ גַּפַּהּ
and it was lifted from the ground	וּנְטִילַת מִן־אַרְעָא
and made to stand on two feet like a man	וְעַל־רַגְלַיִן כֶּאֱנָשׁ הֳקִימַת
and the **mind** of a man was given to it	וּלְבַב אֱנָשׁ יְהִיב לַהּ

Then King Darius wrote to all the peoples, nations, and **languages (לִשָּׁנַיָּא)** that dwell in all the earth: "Peace **be multiplied (יִשְׂגֵּא)** to you." (ESV)

לִשָּׁן *liššān*	*tongue*	7x S3961
שׂגא *śĕgā'*	(G) *become great, grow*	3x S7680

בֵּאדַיִן דָּרְיָוֶשׁ מַלְכָּא כְּתַב לְכָל־עַמְמַיָּא אֻמַיָּא **וְלִשָּׁנַיָּא** דִּי־דָיְרִין בְּכָל־אַרְעָא שְׁלָמְכוֹן **יִשְׂגֵּא**׃

Then	בֵּאדַיִן
King Darius wrote	דָּרְיָוֶשׁ מַלְכָּא כְּתַב
to all the peoples, nations, and **languages**	לְכָל־עַמְמַיָּא אֻמַיָּא **וְלִשָּׁנַיָּא**
that dwell in all the earth	דִּי־דָיְרִין בְּכָל־אַרְעָא
Peace **be multiplied** to you	שְׁלָמְכוֹן **יִשְׂגֵּא**

The decree was issued that the wise men **were to be executed** (מִתְקַטְּלִין), and they searched for Daniel and his **friends** (חַבְרוֹהִי), **to execute** (הִתְקְטָלָה) them. (CSB)

קטל	(Gp, tG, tD) *be killed; (G, D) kill*	7x
qĕṭal		S6992
חֲבַר	*friend, companion*	3x
ḥăvar		S2269

וְדָתָא נֶפְקַת וְחַכִּימַיָּא מִתְקַטְּלִין וּבְעוֹ דָּנִיֵּאל וְחַבְרוֹהִי לְהִתְקְטָלָה׃

The decree was issued	וְדָתָא נֶפְקַת
that the wise men **were to be executed**	וְחַכִּימַיָּא מִתְקַטְּלִין
and they searched for Daniel and his **friends**	וּבְעוֹ דָּנִיֵּאל וְחַבְרוֹהִי
to execute them	לְהִתְקְטָלָה

DAN 6:25 [24] APR 5 ▪ WEEK 14 ▪ **DAY 95**

The king then gave the command, and those men who had maliciously accused Daniel were brought and thrown into the lions' den—**they** (אִנּוּן), their children, and their wives. They had not reached the bottom of the den before the lions **overpowered** (שְׁלִטוּ) them and crushed all their bones. (CSB)

שׁלט *šĕlēṭ*	(G) *rule, have power* (w/ בְּ) *over;* (H) *make rule*	7x S7981
אנּוּן *ʾinnûn*	(pron) *they; as copula are;* (adj) *those*	3x S581

וַאֲמַר מַלְכָּא וְהַיְתִיו גֻּבְרַיָּא אִלֵּךְ דִּי־אֲכַלוּ קַרְצוֹהִי דִּי דָנִיֵּאל וּלְגֹב
אַרְיָוָתָא רְמוֹ **אִנּוּן** בְּנֵיהוֹן וּנְשֵׁיהוֹן וְלָא־מְטוֹ לְאַרְעִית גֻּבָּא עַד דִּי־
שְׁלִטוּ בְהוֹן אַרְיָוָתָא וְכָל־גַּרְמֵיהוֹן הַדִּקוּ׃

The king then gave the command	וַאֲמַר מַלְכָּא
and . . . were brought and thrown into the lions' den	וְהַיְתִיו . . . וּלְגֹב אַרְיָוָתָא רְמוֹ
those men who had maliciously accused Daniel	גֻּבְרַיָּא אִלֵּךְ דִּי־אֲכַלוּ קַרְצוֹהִי דִּי דָנִיֵּאל
they, their children, and their wives	**אִנּוּן** בְּנֵיהוֹן וּנְשֵׁיהוֹן
They had not reached the bottom of the den	וְלָא־מְטוֹ לְאַרְעִית גֻּבָּא
before the lions **overpowered** them	עַד דִּי־**שְׁלִטוּ** בְהוֹן אַרְיָוָתָא
and crushed all their bones	וְכָל־גַּרְמֵיהוֹן הַדִּקוּ

DAY 96 ▪ WEEK 14 ▪ APR 6 **EZRA 5:14**

Moreover, the gold and silver **vessels** (מָאנַיָּא) of the house of God . . . these King Cyrus took out of the temple of Babylon, and they were delivered to a man named **Sheshbazzar** (שֵׁשְׁבַּצַּר), whom he had made governor. (NRSV)

מָאן	*vessel*	7x
māʾn		S3984
שֵׁשְׁבַּצַּר	*Sheshbazzar*	2x
šēšbaṣṣar		S8340

וְאַף מָאנַיָּא דִּי־בֵית־אֱלָהָא דִּי דַהֲבָה וְכַסְפָּא . . . הַנְפֵּק הִמּוֹ כּוֹרֶשׁ מַלְכָּא מִן־הֵיכְלָא דִּי בָבֶל וִיהִיבוּ לְשֵׁשְׁבַּצַּר שְׁמֵהּ דִּי פֶחָה שָׂמֵהּ׃

Moreover	וְאַף
the gold and silver **vessels**	מָאנַיָּא . . . דִּי דַהֲבָה וְכַסְפָּא . . .
of the house of God . . .	דִּי־בֵית־אֱלָהָא
these King Cyrus took out	הַנְפֵּק הִמּוֹ כּוֹרֶשׁ מַלְכָּא
of the temple of Babylon	מִן־הֵיכְלָא דִּי בָבֶל
and they were delivered to a man named **Sheshbazzar**	וִיהִיבוּ לְשֵׁשְׁבַּצַּר שְׁמֵהּ
whom he had made governor	דִּי פֶחָה שָׂמֵהּ

Then from his presence [the **palm (פַּסָּא)** of] the hand was sent, and this writing **was inscribed (רְשִׁים)**. (ESV)

רשׁם *rĕšam*	(G) *write;* (Gp) *be written*	7x S7560
פַּס *pas*	*palm*	2x S6447

בֵּאדַיִן מִן־קֳדָמוֹהִי שְׁלִיחַ **פַּסָּא** דִי־יְדָא וּכְתָבָא דְנָה **רְשִׁים**׃

Then	בֵּאדַיִן
from his presence	מִן־קֳדָמוֹהִי
[the **palm** of] the hand	**פַּסָּא** דִי־יְדָא
was sent	שְׁלִיחַ
and this writing	וּכְתָבָא דְנָה
was inscribed	**רְשִׁים**

The visions of my head as I lay in [my] **bed** (מִשְׁכְּבִי) were these: I saw, and behold, a **tree** (אִילָן) in the midst of the earth, and its height was great. (ESV)

אִילָן	*tree*	6x
ʾîlān		S363
מִשְׁכַּב	*bed*	6x
miškav		S4903

וְחֶזְוֵי רֵאשִׁי עַל־מִשְׁכְּבִי חָזֵה הֲוֵית וַאֲלוּ אִילָן בְּגוֹא אַרְעָא וְרוּמֵהּ שַׂגִּיא׃

The visions of my head	וְחֶזְוֵי רֵאשִׁי
as I lay in [my] **bed** were these	עַל־מִשְׁכְּבִי
I saw	חָזֵה הֲוֵית
and behold	וַאֲלוּ
a **tree**	אִילָן
in the midst of the earth	בְּגוֹא אַרְעָא
and its height was great	וְרוּמֵהּ שַׂגִּיא

EZRA 4:8

Rehum the commanding officer and Shimshai the **secretary** (סָפְרָא) wrote a letter against Jerusalem to **Artaxerxes** (אַרְתַּחְשַׁשְׂתְּא) the king as follows: . . . (NIV)

אַרְתַּחְשַׁשְׂתְּא	Artaxerxes	6x
ʾartaḥšastĕʾ		S783
סָפַר	scribe	6x
sāfar		S5613

רְחוּם בְּעֵל־טְעֵם וְשִׁמְשַׁי סָפְרָא כְּתַבוּ אִגְּרָה חֲדָה עַל־יְרוּשְׁלֶם לְאַרְתַּחְשַׁשְׂתְּא מַלְכָּא כְּנֵמָא:

Rehum the commanding officer	רְחוּם בְּעֵל־טְעֵם
and Shimshai the **secretary**	וְשִׁמְשַׁי סָפְרָא
wrote a letter	כְּתַבוּ אִגְּרָה חֲדָה
against Jerusalem	עַל־יְרוּשְׁלֶם
to **Artaxerxes** the king	לְאַרְתַּחְשַׁשְׂתְּא מַלְכָּא
as follows	כְּנֵמָא

The king reflected and said, "Is **this** not (הֲלָא דָא) Babylon the great, which I myself have built as a royal residence by the might of my power and for the glory of my majesty?" (NASB)

דָּא *dā'*	(pron, adj) *this*	6x S1668
הֲ *hă*	marks a question	6x

עָנֵה מַלְכָּא וְאָמַר הֲלָא **דָא**־הִיא בָּבֶל רַבְּתָא דִּי־אֲנָה בֱנַיְתַהּ לְבֵית מַלְכוּ בִּתְקַף חִסְנִי וְלִיקָר הַדְרִי׃

The king reflected and said	עָנֵה מַלְכָּא וְאָמַר
Is **this** not	הֲלָא **דָא**־הִיא
Babylon the great	בָּבֶל רַבְּתָא
which I myself have built	דִּי־אֲנָה בֱנַיְתַהּ
as a royal residence	לְבֵית מַלְכוּ
by the might of my power	בִּתְקַף חִסְנִי
and for the glory of my majesty?	וְלִיקָר הַדְרִי

He answered and said, "But I see four men **unbound** (שְׁרַיִן), walking in the midst of the fire, and they are not hurt; and the appearance of the **fourth** (רְבִיעָאָה) is like a son of the gods." (ESV)

רְבִיעָי *rĕvîˁāy*	(adj, noun) *fourth*	6x S7244
שרה *šĕrâ*	(G) *loosen;* (D) *loosen, begin;* (Gp) *dwell; untied;* (tD) *giving away*	6x S8271

עָנֵה וְאָמַר הָא־אֲנָה חָזֵה גֻּבְרִין אַרְבְּעָה שְׁרַיִן מַהְלְכִין בְּגוֹא־נוּרָא
וַחֲבָל לָא־אִיתַי בְּהוֹן וְרֵוֵהּ דִּי רְבִיעָאָה דָּמֵה לְבַר־אֱלָהִין׃

He answered and said	עָנֵה וְאָמַר
But I see	הָא־אֲנָה חָזֵה
four men **unbound**	גֻּבְרִין אַרְבְּעָה שְׁרַיִן
walking in the midst of the fire	מַהְלְכִין בְּגוֹא־נוּרָא
and they are not hurt	וַחֲבָל לָא־אִיתַי בְּהוֹן
and the appearance of the **fourth**	וְרֵוֵהּ דִּי **רְבִיעָאָה**
is like a son of the gods	דָּמֵה לְבַר־אֱלָהִין

While I was thinking about the horns, there before me was **another** (אָחֳרִי) horn, a little one, which came up among them; and three of the first horns were uprooted before it. This horn had **eyes** (עַיְנִין) like the **eyes** (עַיְנֵי) of a human being and a mouth that spoke boastfully. (NIV)

אָחֳרִי *ʾoḥŏrî*	(adj, noun) *another*	6x S317
עַיִן *ʿayin*	*eye*	5x S5870

מִשְׂתַּכַּל הֲוֵית בְּקַרְנַיָּא וַאֲלוּ קֶרֶן אָחֳרִי זְעֵירָה סִלְקָת בֵּינֵיהֵן וּתְלָת מִן־קַרְנַיָּא קַדְמָיָתָא אֶתְעֲקַרָה מִן־קֳדָמַהּ וַאֲלוּ עַיְנִין כְּעַיְנֵי אֲנָשָׁא בְּקַרְנָא־דָא וּפֻם מְמַלִּל רַבְרְבָן׃

While I was thinking about the horns	מִשְׂתַּכַּל הֲוֵית בְּקַרְנַיָּא
there before me was **another** horn	וַאֲלוּ קֶרֶן אָחֳרִי
a little one, which came up among them	זְעֵירָה סִלְקָת בֵּינֵיהֵן
and three of the first horns	וּתְלָת מִן־קַרְנַיָּא קַדְמָיָתָא
were uprooted before it	אֶתְעֲקַרָה מִן־קֳדָמַהּ
This horn had **eyes** like the **eyes** of a human being	וַאֲלוּ עַיְנִין כְּעַיְנֵי אֲנָשָׁא בְּקַרְנָא־דָא
and a mouth that spoke boastfully	וּפֻם מְמַלִּל רַבְרְבָן

After this I kept looking in the **night** (לֵילְיָא) visions, and behold, a fourth beast, **dreadful** (דְּחִילָה) and terrifying and extremely strong; and it had large iron teeth. It devoured and crushed and trampled down the remainder with its feet. (NASB)

דחל *dĕḥal*	(Gp ptcp) *feared;* (G) *fear;* (D) *frighten*	6x S1763
לֵילֵי *lêlê*	*night*	5x S3916

בָּאתַר דְּנָה חָזֵה הֲוֵית בְּחֶזְוֵי **לֵילְיָא** וַאֲרוּ חֵיוָה רְבִיעָאָה **דְּחִילָה**
וְאֵימְתָנִי וְתַקִּיפָא יַתִּירָא וְשִׁנַּיִן דִּי־פַרְזֶל לַהּ רַבְרְבָן אָכְלָה וּמַדֱּקָה
וּשְׁאָרָא בְּרַגְלַהּ רָפְסָה

After this I kept looking in the **night** visions	בָּאתַר דְּנָה חָזֵה הֲוֵית בְּחֶזְוֵי **לֵילְיָא**
and behold, a fourth beast	וַאֲרוּ חֵיוָה רְבִיעָאָה
dreadful and terrifying and extremely strong	**דְּחִילָה** וְאֵימְתָנִי וְתַקִּיפָא יַתִּירָא
and it had large iron teeth	וְשִׁנַּיִן דִּי־פַרְזֶל לַהּ רַבְרְבָן
It devoured and crushed	אָכְלָה וּמַדֱּקָה
and trampled down the remainder with its feet	וּשְׁאָרָא בְּרַגְלַהּ רָפְסָה

DAY 104 ▪ WEEK 15 ▪ APR 14 — DAN 6:27 [26]

I make a decree, that in all my royal dominion people are to tremble and fear before the God of Daniel, for he is the **living** (חַיָּא) God, enduring forever; his kingdom **shall** never **be destroyed** (תִתְחַבַּל), and his dominion shall be to the end. (ESV)

חבל ḥăval	(D) destroy; (tD) be destroyed	6x S2255
חַי ḥay	(adj, noun) living	5x S2417

מִן־קֳדָמַי שִׂים טְעֵם דִּי בְּכָל־שָׁלְטָן מַלְכוּתִי לֶהֱוֺן זָיְעִין וְדָחֲלִין מִן־קֳדָם אֱלָהֵהּ דִּי־דָנִיֵּאל דִּי־הוּא אֱלָהָא **חַיָּא** וְקַיָּם לְעָלְמִין וּמַלְכוּתֵהּ דִּי־לָא **תִתְחַבַּל** וְשָׁלְטָנֵהּ עַד־סוֹפָא׃

I make a decree	מִן־קֳדָמַי שִׂים טְעֵם
that in all my royal dominion	דִּי בְּכָל־שָׁלְטָן מַלְכוּתִי
people are to tremble and fear	לֶהֱוֺן זָיְעִין וְדָחֲלִין
before the God of Daniel	מִן־קֳדָם אֱלָהֵהּ דִּי־דָנִיֵּאל
for he is the **living** God	דִּי־הוּא אֱלָהָא **חַיָּא**
enduring forever	וְקַיָּם לְעָלְמִין
his kingdom **shall** never **be destroyed**	וּמַלְכוּתֵהּ דִּי־לָא **תִתְחַבַּל**
and his dominion shall be to the end	וְשָׁלְטָנֵהּ עַד־סוֹפָא

Then **Arioch** (אַרְיוֹךְ) hurriedly brought Daniel into the king's presence and spoke to him as follows: "I have found a man among the exiles from **Judah** (יְהוּד) who can make the interpretation known to the king!" (NASB)

יְהוּד *yĕhûd*	*Judah*	6x S3061
אַרְיוֹךְ *ʾaryôḵ*	*Arioch*	5x S746

אֱדַיִן אַרְיוֹךְ בְּהִתְבְּהָלָה הַנְעֵל לְדָנִיֵּאל קֳדָם מַלְכָּא וְכֵן אֲמַר־לֵהּ דִּי־
הַשְׁכַּחַת גְּבַר מִן־בְּנֵי גָלוּתָא דִּי יְהוּד דִּי פִשְׁרָא לְמַלְכָּא יְהוֹדַע׃

Then **Arioch** hurriedly	אֱדַיִן אַרְיוֹךְ בְּהִתְבְּהָלָה
brought Daniel into the king's presence	הַנְעֵל לְדָנִיֵּאל קֳדָם מַלְכָּא
and spoke to him as follows	וְכֵן אֲמַר־לֵהּ דִּי־
I have found a man	הַשְׁכַּחַת גְּבַר
among the exiles	מִן־בְּנֵי גָלוּתָא
from **Judah**	דִּי יְהוּד
who can make the interpretation known to the king!	דִּי פִשְׁרָא לְמַלְכָּא יְהוֹדַע

But **when** (כְּדִי) his heart was lifted up and his spirit was hardened so that he acted proudly, **he was deposed** (הָנְחַת) from his kingly throne, and his glory was stripped from him. (NRSV)

נחת *nĕḥat*	(G) *descend;* (H) *deposit;* (Hp) *be brought down, deposed; deposited*	6x S5182
כְּדִי (= כְּ + דִּי) *kĕdî*	*when*	5x S1768

וּכְדִי רִם לִבְבֵהּ וְרוּחֵהּ תִּקְפַת לַהֲזָדָה **הָנְחַת** מִן־כָּרְסֵא מַלְכוּתֵהּ וִיקָרָה הֶעְדִּיו מִנֵּהּ׃

But **when**	וּכְדִי
his heart was lifted up	רִם לִבְבֵהּ
and his spirit was hardened	וְרוּחֵהּ תִּקְפַת
so that he acted proudly	לַהֲזָדָה
he was deposed	**הָנְחַת**
from his kingly throne	מִן־כָּרְסֵא מַלְכוּתֵהּ
and his glory was stripped from him	וִיקָרָה הֶעְדִּיו מִנֵּהּ

Daniel answered the king and said, "No wise men, enchanters, **magicians** (חַרְטֻמִּין), or astrologers can show to the king the mystery that the king **has asked** (שָׁאֵל)." (ESV)

שׁאל *šĕʾēl*	(G) *ask*	6x S7593
חַרְטֹם *ḥarṭōm*	*magician*	5x S2749

עָנֵה דָנִיֵּאל קֳדָם מַלְכָּא וְאָמַר רָזָה דִּי־מַלְכָּא שָׁאֵל לָא חַכִּימִין אָשְׁפִין חַרְטֻמִּין גָּזְרִין יָכְלִין לְהַחֲוָיָה לְמַלְכָּא׃

Daniel answered the king and said	עָנֵה דָנִיֵּאל קֳדָם מַלְכָּא וְאָמַר
No wise men	לָא חַכִּימִין
enchanters, **magicians**, or astrologers	אָשְׁפִין חַרְטֻמִּין גָּזְרִין
can show to the king	יָכְלִין לְהַחֲוָיָה לְמַלְכָּא
the mystery that the king **has asked**	רָזָה דִּי־מַלְכָּא שָׁאֵל

We (אֲנַחְנָה) make known to the king that, if **this** (דָךְ) city is rebuilt and its walls finished, you will then have no possession in the province Beyond the River. (NRSV)

דָּךְ	*that, this*	6x
dāḵ		S1791
אֲנַחְנָה	*we*	4x
ʾănaḥnâ		S586

מְהוֹדְעִין אֲנַחְנָה לְמַלְכָּא דִּי הֵן קִרְיְתָא דָךְ תִּתְבְּנֵא וְשׁוּרַיָּה
יְשְׁתַּכְלְלוּן לָקֳבֵל דְּנָה חֲלָק בַּעֲבַר נַהֲרָא לָא אִיתַי לָךְ׃

We make known	מְהוֹדְעִין אֲנַחְנָה
to the king that	לְמַלְכָּא דִּי
if **this** city is rebuilt	הֵן קִרְיְתָא דָךְ תִּתְבְּנֵא
and its walls finished	וְשׁוּרַיָּה יְשְׁתַּכְלְלוּן
you will . . . have no possession	חֲלָק . . . לָא אִיתַי לָךְ
then	לָקֳבֵל דְּנָה
in the province Beyond the River	בַּעֲבַר נַהֲרָא

The king called loudly to bring in the **enchanters** (אָשְׁפַיָּא), the Chaldeans, and the astrologers. The king declared to the wise men of Babylon, “Whoever reads this writing, and shows me its interpretation, . . . shall be the **third ruler** (תַלְתִּי) in the kingdom.” (ESV)

אָשַׁף *ʾāšaf*	*conjurer, exorcist*	6x S826
תַּלְתָּא *taltāʾ*	*triumvir* (official of the third rank), *rank third*	3x S8523

קָרֵא מַלְכָּא בְּחַיִל לְהֶעָלָה **לְאָשְׁפַיָּא** כַּשְׂדָּאֵי וְגָזְרַיָּא עָנֵה מַלְכָּא וְאָמַר לְחַכִּימֵי בָבֶל דִּי כָל־אֱנָשׁ דִּי־יִקְרֵה כְּתָבָה דְנָה וּפִשְׁרֵהּ יְחַוִּנַּנִי . . . **וְתַלְתִּי** בְמַלְכוּתָא יִשְׁלַט׃

The king called loudly	קָרֵא מַלְכָּא בְּחַיִל
to bring in the **enchanters**	לְהֶעָלָה **לְאָשְׁפַיָּא**
the Chaldeans, and the astrologers	כַּשְׂדָּאֵי וְגָזְרַיָּא
The king declared to the wise men of Babylon	עָנֵה מַלְכָּא וְאָמַר לְחַכִּימֵי בָבֶל דִּי
Whoever reads this writing	כָל־אֱנָשׁ דִּי־יִקְרֵה כְּתָבָה דְנָה
and shows me its interpretation, . . .	וּפִשְׁרֵהּ יְחַוִּנַּנִי . . .
shall be the **third ruler** in the kingdom	**וְתַלְתִּי** בְמַלְכוּתָא יִשְׁלַט

DAY 110 ▪ WEEK 16 ▪ APR 20 **EZRA 5:16**

Then **this** (דֵּךְ) Sheshbazzar came and laid the foundations of the house of God in Jerusalem; and from that time until now it has been under construction, and it is not yet **finished** (שְׁלִם). (NRSV)

דֵּךְ *dēḵ*	*that, this*	6x S1791
שׁלם *šĕlēm*	(H) *complete, finish off; fully deliver;* (Gp) *be finished*	3x S8000

אֱדַיִן שֵׁשְׁבַּצַּר דֵּךְ אֲתָא יְהַב אֻשַּׁיָּא דִּי־בֵית אֱלָהָא דִּי בִירוּשְׁלֶם
וּמִן־אֱדַיִן וְעַד־כְּעַן מִתְבְּנֵא וְלָא שְׁלִם׃

Then **this** Sheshbazzar came	אֱדַיִן שֵׁשְׁבַּצַּר דֵּךְ אֲתָא
and laid the foundations	יְהַב אֻשַּׁיָּא
of the house of God in Jerusalem	דִּי־בֵית אֱלָהָא דִּי בִירוּשְׁלֶם
and from that time	וּמִן־אֱדַיִן
until now	וְעַד־כְּעַן
it has been under construction	מִתְבְּנֵא
and it is not yet **finished**	וְלָא שְׁלִם

DAN 4:16 [19]

Then Daniel (also called Belteshazzar) was greatly perplexed for a time, and his **thoughts** (רַעְיֹנֹהִי) terrified him. So the king said, "Belteshazzar, do **not** (אַל) let the dream or its meaning alarm you." (NIV)

רַעְיוֹן	thought		6x
ra'yôn			S7476
אַל	not		3x
'al			S409

אֱדַיִן דָּנִיֵּאל דִּי־שְׁמֵהּ בֵּלְטְשַׁאצַּר אֶשְׁתּוֹמַם כְּשָׁעָה חֲדָה וְרַעְיֹנֹהִי יְבַהֲלֻנֵּהּ עָנֵה מַלְכָּא וְאָמַר בֵּלְטְשַׁאצַּר חֶלְמָא וּפִשְׁרֵא אַל־יְבַהֲלָךְ

Then Daniel	אֱדַיִן דָּנִיֵּאל
(also called Belteshazzar)	דִּי־שְׁמֵהּ בֵּלְטְשַׁאצַּר
was greatly perplexed	אֶשְׁתּוֹמַם
for a time	כְּשָׁעָה חֲדָה
and his **thoughts** terrified him	וְרַעְיֹנֹהִי יְבַהֲלֻנֵּהּ
So the king said	עָנֵה מַלְכָּא וְאָמַר
Belteshazzar	בֵּלְטְשַׁאצַּר
do **not** let the dream or its meaning alarm you	חֶלְמָא וּפִשְׁרֵא אַל־יְבַהֲלָךְ

Now the construction of God's house in Jerusalem **had stopped** (בְּטֵלַת) and remained **at a standstill** (בָּטְלָא) until the second year [lit., year of **two** (תַּרְתֵּין)] of the reign of King Darius of Persia. (CSB)

בטל *bĕṭal*	(D) trans *stop;* (G) intrans *cease(d)*	6x S989
תְּרֵין *tĕrên*	*two*	2x S8648

בֵּאדַיִן בְּטֵלַת עֲבִידַת בֵּית־אֱלָהָא דִּי בִּירוּשְׁלֶם וַהֲוָת בָּטְלָא עַד שְׁנַת תַּרְתֵּין לְמַלְכוּת דָּרְיָוֶשׁ מֶלֶךְ־פָּרָס׃

Now	בֵּאדַיִן
the construction of God's house	עֲבִידַת בֵּית־אֱלָהָא
in Jerusalem	דִּי בִּירוּשְׁלֶם
had stopped	בְּטֵלַת
and remained **at a standstill**	וַהֲוָת בָּטְלָא
until the second year [lit., year of **two**]	עַד שְׁנַת תַּרְתֵּין
of the reign of King Darius of Persia	לְמַלְכוּת דָּרְיָוֶשׁ מֶלֶךְ־פָּרָס

The **queen** (**מַלְכְּתָא**), because of the words of the king and his lords, came into the banqueting hall, and the **queen** (**מַלְכְּתָא**) declared, "O king, live forever! Let not your thoughts alarm you or your **color** (**זִיוָיךְ**) change." (ESV)

זִיו	*splendor, radiance, brightness*	6x
zîv		S2122
מַלְכָּה	*queen*	2x
*mal**kâ***		S4433

מַלְכְּתָא לָקֳבֵל מִלֵּי מַלְכָּא וְרַבְרְבָנוֹהִי לְבֵית מִשְׁתְּיָא עַלַּת עֲנָת מַלְכְּתָא וַאֲמֶרֶת מַלְכָּא לְעָלְמִין חֱיִי אַל־יְבַהֲלוּךְ רַעְיוֹנָךְ וְזִיוָיךְ אַל־יִשְׁתַּנּוֹ׃

The **queen**	מַלְכְּתָא
because of the words of the king and his lords	לָקֳבֵל מִלֵּי מַלְכָּא וְרַבְרְבָנוֹהִי
came into the banqueting hall	לְבֵית מִשְׁתְּיָא עַלַּת
and the **queen** declared	עֲנָת מַלְכְּתָא וַאֲמֶרֶת
O king, live forever!	מַלְכָּא לְעָלְמִין חֱיִי
Let not your thoughts alarm you	אַל־יְבַהֲלוּךְ רַעְיוֹנָךְ
or your **color** change	וְזִיוָיךְ אַל־יִשְׁתַּנּוֹ

Daniel made a request of the king, and he appointed Shadrach, Meshach, and Abednego over the **affairs** (**עֲבִידְתָּא**) of the province of Babylon. But Daniel remained at the king's court [lit., **gate** (**תְּרַע**)]. (NRSV)

עֲבִידָה *ʿăvîdâ*	*work, administration*	6x S5673
תְּרַע *tĕraʿ*	*door, gate, opening*	2x S8179

וְדָנִיֵּאל בְּעָא מִן־מַלְכָּא וּמַנִּי עַל **עֲבִידְתָּא** דִּי מְדִינַת בָּבֶל לְשַׁדְרַךְ מֵישַׁךְ וַעֲבֵד נְגוֹ וְדָנִיֵּאל בִּתְרַע מַלְכָּא׃

Daniel made a request	וְדָנִיֵּאל בְּעָא
of the king	מִן־מַלְכָּא
and he appointed Shadrach, Meshach, and Abednego	וּמַנִּי . . . לְשַׁדְרַךְ מֵישַׁךְ וַעֲבֵד נְגוֹ
over the **affairs**	עַל עֲבִידְתָּא
of the province of Babylon	דִּי מְדִינַת בָּבֶל
But Daniel remained	וְדָנִיֵּאל
at the king's court [lit., **gate**]	בִּתְרַע מַלְכָּא

DAN 6:18 [17] — APR 25 — WEEK 17 — **DAY 115**

A stone was brought and placed over the **mouth** (פֻּם) of the den, and the king sealed it with his own **signet ring** (עִזְקְתֵהּ) and with the **rings** (עִזְקָת) of his nobles, so that Daniel's situation might not be changed. (NIV)

פֻּם pūm	mouth	6x S6433
עִזְקָה ʿizqâ	signet ring	2x S5824

וְהֵיתָיִת אֶבֶן חֲדָה וְשֻׂמַת עַל־פֻּם גֻּבָּא וְחַתְמַהּ מַלְכָּא בְּעִזְקְתֵהּ
וּבְעִזְקָת רַבְרְבָנוֹהִי דִּי לָא־תִשְׁנֵא צְבוּ בְּדָנִיֵּאל׃

A stone was brought	וְהֵיתָיִת אֶבֶן חֲדָה
and placed over the **mouth** of the den	וְשֻׂמַת עַל־פֻּם גֻּבָּא
and the king sealed it	וְחַתְמַהּ מַלְכָּא
with his own **signet ring**	בְּעִזְקְתֵהּ
and with the **rings** of his nobles	וּבְעִזְקָת רַבְרְבָנוֹהִי
so that Daniel's situation	דִּי . . . צְבוּ בְּדָנִיֵּאל
might not be changed	לָא־תִשְׁנֵא

DAY 116 ▪ WEEK 17 ▪ APR 26 — DAN 6:16 [15]

Then these men came by agreement to the king and said to the king, "Recognize, O king, that it is a law of the Medes and **Persians** (פָּרַס) that no injunction or **statute** (קְיָם) which the king establishes may be changed." (NASB)

פָּרַס pārās	Persia	6x S6540
קְיָם qĕyām	statute	2x S7010

בֵּאדַיִן גֻּבְרַיָּא אִלֵּךְ הַרְגִּשׁוּ עַל־מַלְכָּא וְאָמְרִין לְמַלְכָּא דַּע מַלְכָּא דִּי־דָת לְמָדַי וּפָרַס דִּי־כָל־אֱסָר וּקְיָם דִּי־מַלְכָּא יְהָקֵים לָא לְהַשְׁנָיָה׃

Then these men	בֵּאדַיִן גֻּבְרַיָּא אִלֵּךְ
came by agreement to the king	הַרְגִּשׁוּ עַל־מַלְכָּא
and said to the king	וְאָמְרִין לְמַלְכָּא
Recognize, O king	דַּע מַלְכָּא
that it is a law of the Medes and **Persians**	דִּי־דָת לְמָדַי וּפָרַס
that no injunction or **statute** . . . may be changed	דִּי־כָל־אֱסָר וּקְיָם . . . לָא לְהַשְׁנָיָה
which the king establishes	דִּי־מַלְכָּא יְהָקֵים

The **sentence** (פִּתְגָמָא) is by the decree of the watchers, the decision by the word of the holy ones, to the end [lit., **matter** (דִּבְרַת)] that the living may know that the Most High rules the kingdom of men and gives it to whom he will and sets over it the lowliest of men. (ESV)

פִּתְגָם *pitgām*	*word, answer, sentence, report, edict*	6x S6600
דִּבְרָה *divrâ*	*matter*	2x S1701

בִּגְזֵרַת עִירִין **פִּתְגָמָא** וּמֵאמַר קַדִּישִׁין שְׁאֵלְתָא עַד־**דִּבְרַת** דִּי יִנְדְּעוּן חַיַּיָּא דִּי־שַׁלִּיט עִלָּאָה בְּמַלְכוּת אֲנָשָׁא וּלְמַן־דִּי יִצְבֵּא יִתְּנִנַּהּ וּשְׁפַל אֲנָשִׁים יְקִים עֲלַהּ׃

The **sentence** is by the decree of the watchers	בִּגְזֵרַת עִירִין **פִּתְגָמָא**
the decision by the word of the holy ones	וּמֵאמַר קַדִּישִׁין שְׁאֵלְתָא
to the end [lit., **matter**] that the living may know	עַד־**דִּבְרַת** דִּי יִנְדְּעוּן חַיַּיָּא
that the Most High rules the kingdom of men	דִּי־שַׁלִּיט עִלָּאָה בְּמַלְכוּת אֲנָשָׁא
and gives it to whom he will	וּלְמַן־דִּי יִצְבֵּא יִתְּנִנַּהּ
and sets over it the lowliest of men	וּשְׁפַל אֲנָשִׁים יְקִים עֲלַהּ

Then Nebuchadnezzar was filled with **rage** (חֱמָא), and the expression on his face changed toward Shadrach, Meshach, and Abednego. He gave orders to heat the furnace **seven** (שִׁבְעָה) times more than was customary [to heat it]. (CSB)

שְׁבַע *šĕva*ʿ	*seven*	6x S7655
חֱמָה *ḥĕmâ*	*fury*	2x S2528

בֵּאדַיִן נְבוּכַדְנֶצַּר הִתְמְלִי חֱמָא וּצְלֵם אַנְפּוֹהִי אֶשְׁתַּנִּי עַל־שַׁדְרַךְ מֵישַׁךְ וַעֲבֵד נְגוֹ עָנֵה וְאָמַר לְמֵזֵא לְאַתּוּנָא חַד־שִׁבְעָה עַל דִּי חֲזֵה לְמֵזְיֵהּ׃

Then Nebuchadnezzar was filled with **rage**	בֵּאדַיִן נְבוּכַדְנֶצַּר הִתְמְלִי חֱמָא
and the expression on his face	וּצְלֵם אַנְפּוֹהִי
changed toward Shadrach, Meshach, and Abednego	אֶשְׁתַּנִּי עַל־שַׁדְרַךְ מֵישַׁךְ וַעֲבֵד נְגוֹ
He gave orders	עָנֵה וְאָמַר
to heat the furnace	לְמֵזֵא לְאַתּוּנָא
seven times	חַד־שִׁבְעָה
more than was customary [to heat it]	עַל דִּי חֲזֵה לְמֵזְיֵהּ

DAN 7:8 — APR 29 • WEEK 17 • DAY 119

While I was contemplating the horns, **behold** (אֲלוּ), another horn, a little one, came up among them, and three of the first horns were pulled out by the roots before it; and **behold** (אֲלוּ), this horn possessed eyes like the eyes of a man and a mouth **uttering** (מְמַלִּל) great boasts. (NASB)

| אֲלוּ | *behold!* | 5x |
| ʾălû | | S431 |

| מלל | (D) *speak* | 5x |
| mĕlal | | S4449 |

מִשְׂתַּכַּל הֲוֵית בְּקַרְנַיָּא וַאֲלוּ קֶרֶן אָחֳרִי זְעֵירָה סִלְקָת בֵּינֵיהֵן וּתְלָת מִן־קַרְנַיָּא קַדְמָיָתָא אֶתְעֲקַרָה מִן־קֳדָמַהּ וַאֲלוּ עַיְנִין כְּעַיְנֵי אֲנָשָׁא בְּקַרְנָא־דָא וּפֻם מְמַלִּל רַבְרְבָן׃

While I was contemplating the horns	מִשְׂתַּכַּל הֲוֵית בְּקַרְנַיָּא
behold, another horn, a little one	וַאֲלוּ קֶרֶן אָחֳרִי זְעֵירָה
came up among them	סִלְקָת בֵּינֵיהֵן
and three of the first horns	וּתְלָת מִן־קַרְנַיָּא קַדְמָיָתָא
were pulled out by the roots before it	אֶתְעֲקַרָה מִן־קֳדָמַהּ
and **behold**, this horn possessed eyes like the eyes of a man	וַאֲלוּ עַיְנִין כְּעַיְנֵי אֲנָשָׁא בְּקַרְנָא־דָא
and a mouth **uttering** great boasts	וּפֻם מְמַלִּל רַבְרְבָן

Immediately the sentence was fulfilled against Nebuchadnezzar. He was driven away from human society, ate grass like oxen, and his **body** (גִּשְׁמֵהּ) **was bathed** (יִצְטַבַּע) with the dew of heaven, until his hair grew as long as eagles' feathers and his nails became like birds' claws. (NRSV)

גְּשֵׁם	*body*	5x
gěšēm		S1655
צבע	(tD) *be drenched, be soaked;* (D) *drench*	5x
ṣěvaʿ		S6648

בַּהּ־שַׁעֲתָא מִלְּתָא סָפַת עַל־נְבוּכַדְנֶצַּר וּמִן־אֲנָשָׁא טְרִיד וְעִשְׂבָּא כְתוֹרִין יֵאכֻל וּמִטַּל שְׁמַיָּא גִּשְׁמֵהּ יִצְטַבַּע עַד דִּי שַׂעְרֵהּ כְּנִשְׁרִין רְבָה וְטִפְרוֹהִי כְצִפְּרִין׃

Immediately	בַּהּ־שַׁעֲתָא
the sentence was fulfilled against Nebuchadnezzar	מִלְּתָא סָפַת עַל־נְבוּכַדְנֶצַּר
He was driven away from human society	וּמִן־אֲנָשָׁא טְרִיד
ate grass like oxen	וְעִשְׂבָּא כְתוֹרִין יֵאכֻל
and . . . with the dew of heaven	וּמִטַּל שְׁמַיָּא
his **body was bathed**	גִּשְׁמֵהּ יִצְטַבַּע
until his hair grew as long as eagles' feathers	עַד דִּי שַׂעְרֵהּ כְּנִשְׁרִין רְבָה
and his nails became like birds' claws	וְטִפְרוֹהִי כְצִפְּרִין

DAN 4:12 [15]

But leave the stump of its roots in the earth, bound with a band of iron and bronze, amid the tender grass of the field. Let him be wet with the **dew** (טַל) of heaven. Let his portion be with the beasts in the **grass** (עֲשַׂב) of the earth. (ESV)

טַל ṭal	dew	5x S2920
עֲשַׂב ʿăśav	vegetation, plants	5x S6211

בְּרַם עִקַּר שָׁרְשׁוֹהִי בְּאַרְעָא שְׁבֻקוּ וּבֶאֱסוּר דִּי־פַרְזֶל וּנְחָשׁ בְּדִתְאָא דִּי בָרָא וּבְטַל שְׁמַיָּא יִצְטַבַּע וְעִם־חֵיוְתָא חֲלָקֵהּ בַּעֲשַׂב אַרְעָא:

But leave . . . in the earth	בְּרַם . . . בְּאַרְעָא שְׁבֻקוּ
the stump of its roots	עִקַּר שָׁרְשׁוֹהִי
bound with a band of iron and bronze	וּבֶאֱסוּר דִּי־פַרְזֶל וּנְחָשׁ
amid the tender grass of the field	בְּדִתְאָא דִּי בָרָא
Let him be wet with the **dew** of heaven	וּבְטַל שְׁמַיָּא יִצְטַבַּע
Let his portion be with the beasts	וְעִם־חֵיוְתָא חֲלָקֵהּ
in the **grass** of the earth	בַּעֲשַׂב אַרְעָא

DAY 122 ▪ WEEK 18 ▪ MAY 2 **DAN 7:24**

As for the ten horns, out of this kingdom ten kings will arise; and **another** (אָחֳרָן) will arise after them, and he will be different from the previous ones and **will subdue** (יְהַשְׁפִּל) three kings. (NASB)

אָחֳרָן	*another*	5x
ʾoḥŏrān		S321
שׁפל	(H) *humble, humiliate, bring low*	4x
šĕfēl		S8214

וְקַרְנַיָּא עֲשַׂר מִנַּהּ מַלְכוּתָה עַשְׂרָה מַלְכִין יְקֻמוּן וְאָחֳרָן יְקוּם
אַחֲרֵיהוֹן וְהוּא יִשְׁנֵא מִן־קַדְמָיֵא וּתְלָתָה מַלְכִין יְהַשְׁפִּל׃

As for the ten horns	וְקַרְנַיָּא עֲשַׂר
out of this kingdom	מִנַּהּ מַלְכוּתָה
ten kings will arise	עַשְׂרָה מַלְכִין יְקֻמוּן
and **another** will arise after them	וְאָחֳרָן יְקוּם אַחֲרֵיהוֹן
and he will be different	וְהוּא יִשְׁנֵא
from the previous ones	מִן־קַדְמָיֵא
and **will subdue** three kings	וּתְלָתָה מַלְכִין יְהַשְׁפִּל

EZRA 6:11

MAY 3 • WEEK 18 • DAY 123

I also issue a decree concerning any man who interferes with this directive: Let a **beam** (אָע) be torn from his house and raised up; **he will be impaled** (יִתְמְחֵא) on it, and his house will be made into a garbage dump because of this offense. (CSB)

אָע ʾāʿ	timber	5x S636
מחא mĕḥāʾ	(G, D) *strike*; (tG) *be impaled*	4x S4223

וּמִנִּי שִׂים טְעֵם דִּי כָל־אֱנָשׁ דִּי יְהַשְׁנֵא פִּתְגָמָא דְנָה יִתְנְסַח אָע מִן־בַּיְתֵהּ וּזְקִיף יִתְמְחֵא עֲלֹהִי וּבַיְתֵהּ נְוָלוּ יִתְעֲבֵד עַל־דְּנָה:

I also issue a decree	וּמִנִּי שִׂים טְעֵם
concerning any man who interferes with this directive	דִּי כָל־אֱנָשׁ דִּי יְהַשְׁנֵא פִּתְגָמָא דְנָה
Let a **beam** be torn from his house	יִתְנְסַח אָע מִן־בַּיְתֵהּ
and raised up	וּזְקִיף
he will be impaled on it	יִתְמְחֵא עֲלֹהִי
and his house will be made into a garbage dump	וּבַיְתֵהּ נְוָלוּ יִתְעֲבֵד
because of this offense	עַל־דְּנָה

But (בְּרַם) leave its stump and roots in the ground, with a band of iron and bronze, in the grass of the field; and let him be bathed with the dew of heaven, and let his lot be with the animals of the field, until seven times **pass** (יַחְלְפוּן) over him. (NRSV)

בְּרַם	*but, however*	5x
běram		S1297
חלף	(G) *pass over*	4x
ḥălaf		S2499

בְּרַם עִקַּר שָׁרְשׁוֹהִי בְּאַרְעָא שְׁבֻקוּ וּבֶאֱסוּר דִּי־פַרְזֶל וּנְחָשׁ בְּדִתְאָא
דִּי בָרָא וּבְטַל שְׁמַיָּא יִצְטַבַּע וְעִם־חֵיוַת בָּרָא חֲלָקֵהּ עַד דִּי־שִׁבְעָה
עִדָּנִין יַחְלְפוּן עֲלוֹהִי׃

But . . . its stump and roots	בְּרַם עִקַּר שָׁרְשׁוֹהִי
leave . . . in the ground	בְּאַרְעָא שְׁבֻקוּ
with a band of iron and bronze	וּבֶאֱסוּר דִּי־פַרְזֶל וּנְחָשׁ
in the grass of the field	בְּדִתְאָא דִּי בָרָא
and let him be bathed with the dew of heaven	וּבְטַל שְׁמַיָּא יִצְטַבַּע
and let his lot be with the animals of the field	וְעִם־חֵיוַת בָּרָא חֲלָקֵהּ
until seven times	עַד דִּי־שִׁבְעָה עִדָּנִין
pass over him	יַחְלְפוּן עֲלוֹהִי

A river of fire was flowing, coming out from before him. **Thousands upon thousands** (אֶלֶף אַלְפִין) attended him; ten thousand times ten thousand stood before him. The **court** (דִּינָא) was seated, and the books were opened. (NIV)

דִּין *dîn*	*court, justice*	5x S1780
אֲלַף *ʾălaf*	*thousand*	4x S506

נְהַר דִּי־נוּר נָגֵד וְנָפֵק מִן־קֳדָמוֹהִי **אֶלֶף אַלְפִין** יְשַׁמְּשׁוּנֵּהּ וְרִבּוֹ רִבְבָן
קֳדָמוֹהִי יְקוּמוּן **דִּינָא** יְתִב וְסִפְרִין פְּתִיחוּ׃

A river of fire was flowing	נְהַר דִּי־נוּר נָגֵד
coming out from before him	וְנָפֵק מִן־קֳדָמוֹהִי
Thousands upon thousands attended him	**אֶלֶף אַלְפִין** יְשַׁמְּשׁוּנֵּהּ
ten thousand times ten thousand	וְרִבּוֹ רִבְבָן
stood before him	קֳדָמוֹהִי יְקוּמוּן
The **court** was seated	**דִּינָא** יְתִב
and the books were opened	וְסִפְרִין פְּתִיחוּ

Then the satraps, the **prefects** (סִגְנַיָּא) and the governors, the counselors, the treasurers, the judges, the magistrates and all the rulers of the provinces were assembled for the **dedication** (חֲנֻכַּת) of the image that Nebuchadnezzar the king had set up. (NASB)

סְגַן *sĕgan*	*prefect*	5x S5460
חֲנֻכָּה *ḥănukkâ*	*dedication*	4x S2598

בֵּאדַיִן מִתְכַּנְּשִׁין אֲחַשְׁדַּרְפְּנַיָּא סִגְנַיָּא וּפַחֲוָתָא אֲדַרְגָּזְרַיָּא גְדָבְרַיָּא דְּתָבְרַיָּא תִּפְתָּיֵא וְכֹל שִׁלְטֹנֵי מְדִינָתָא לַחֲנֻכַּת צַלְמָא דִּי הֲקֵים נְבוּכַדְנֶצַּר מַלְכָּא

Then the satraps	בֵּאדַיִן . . . אֲחַשְׁדַּרְפְּנַיָּא
the **prefects** and the governors	סִגְנַיָּא וּפַחֲוָתָא
the counselors, the treasurers	אֲדַרְגָּזְרַיָּא גְדָבְרַיָּא
the judges, the magistrates	דְּתָבְרַיָּא תִּפְתָּיֵא
and all the rulers of the provinces	וְכֹל שִׁלְטֹנֵי מְדִינָתָא
were assembled	מִתְכַּנְּשִׁין
for the **dedication** of the image	לַחֲנֻכַּת צַלְמָא
that Nebuchadnezzar the king had set up	דִּי הֲקֵים נְבוּכַדְנֶצַּר מַלְכָּא

King Nebuchadnezzar made a golden statue whose **height** (רוּמֵהּ) was sixty **cubits** (אַמִּין) and whose width was six **cubits** (אַמִּין); he set it up on the plain of Dura in the province of Babylon. (NRSV)

רוּם *rûm*	*height*	5x S7314
אַמָּה *ʾammâ*	*cubit*	4x S521

נְבוּכַדְנֶצַּר מַלְכָּא עֲבַד צְלֵם דִּי־דְהַב **רוּמֵהּ אַמִּין** שִׁתִּין פְּתָיֵהּ **אַמִּין**
שִׁת אֲקִימֵהּ בְּבִקְעַת דּוּרָא בִּמְדִינַת בָּבֶל׃

King Nebuchadnezzar	נְבוּכַדְנֶצַּר מַלְכָּא
made a golden statue	עֲבַד צְלֵם דִּי־דְהַב
whose **height** was sixty **cubits**	רוּמֵהּ אַמִּין שִׁתִּין
and whose width was six **cubits**	פְּתָיֵהּ אַמִּין שִׁת
he set it up	אֲקִימֵהּ
on the plain of Dura	בְּבִקְעַת דּוּרָא
in the province of Babylon	בִּמְדִינַת בָּבֶל

Now if you are ready, at the moment you hear the sound of the horn, **flute** (מַשְׁרוֹקִיתָא), lyre, . . . to fall down and worship the image that I have made, very well. But if you do not worship, you will immediately [lit., at that **moment** (שַׁעֲתָה)] be cast into the midst of a furnace of blazing fire. (NASB)

שָׁעָה *šāʿâ*	*hour (= moment)*	5x S8160
מַשְׁרוֹקִי *mašrôqî*	*pipe*	4x S4953

כְּעַן הֵן אִיתֵיכוֹן עֲתִידִין דִּי בְעִדָּנָא דִּי־תִשְׁמְעוּן קָל קַרְנָא מַשְׁרוֹקִיתָא קַתְרוֹס . . . תִּפְּלוּן וְתִסְגְּדוּן לְצַלְמָא דִּי־עַבְדֵת וְהֵן לָא תִסְגְּדוּן בַּהּ־שַׁעֲתָה תִתְרְמוֹן לְגוֹא־אַתּוּן נוּרָא יָקִדְתָּא

Now if you are ready	כְּעַן הֵן אִיתֵיכוֹן עֲתִידִין
at the moment you hear	דִּי בְעִדָּנָא דִּי־תִשְׁמְעוּן
the sound of the horn, **flute**, lyre, . . .	קָל קַרְנָא מַשְׁרוֹקִיתָא קַתְרוֹס . . .
to fall down and worship the image that I have made, very well	תִּפְּלוּן וְתִסְגְּדוּן לְצַלְמָא דִּי־עַבְדֵת
But if you do not worship	וְהֵן לָא תִסְגְּדוּן
you will immediately [lit., at that **moment**] be cast	בַּהּ־שַׁעֲתָה תִתְרְמוֹן
into the midst of a furnace of blazing fire	לְגוֹא־אַתּוּן נוּרָא יָקִדְתָּא

The kingdom, dominion, and greatness of the kingdoms **under** (תְּחוֹת) all of heaven will be given to the people, the holy ones of the **Most High** (עֶלְיוֹנִין). His kingdom will be an everlasting kingdom, and all rulers will serve and obey him. (CSB)

תְּחוֹת *těḥôt*	*under*	5x S8460
עֶלְיוֹן *ʿelyôn*	*Most High*	4x S5946

וּמַלְכוּתָה וְשָׁלְטָנָא וּרְבוּתָא דִּי מַלְכְוָת **תְּחוֹת** כָּל־שְׁמַיָּא יְהִיבַת לְעַם קַדִּישֵׁי **עֶלְיוֹנִין** מַלְכוּתֵהּ מַלְכוּת עָלַם וְכֹל שָׁלְטָנַיָּא לֵהּ יִפְלְחוּן וְיִשְׁתַּמְּעוּן׃

The kingdom, dominion	וּמַלְכוּתָה וְשָׁלְטָנָא
and greatness of the kingdoms	וּרְבוּתָא דִּי מַלְכְוָת
under all of heaven	**תְּחוֹת** כָּל־שְׁמַיָּא
will be given to the people, the holy ones of the **Most High**	יְהִיבַת לְעַם קַדִּישֵׁי **עֶלְיוֹנִין**
His kingdom will be an everlasting kingdom	מַלְכוּתֵהּ מַלְכוּת עָלַם
and all rulers	וְכֹל שָׁלְטָנַיָּא
will serve and obey him	לֵהּ יִפְלְחוּן וְיִשְׁתַּמְּעוּן

Then **these** (אִלֵּן) high officials and satraps **came by agreement** (הַרְגִּשׁוּ) to the king and said to him, “O King Darius, live forever!” (ESV)

אִלֵּין *ʾillên*	(adj, pron) *these*	5x S459
רגשׁ *rĕgaš*	(H) *throng (= conspire [?])*	3x S7284

אֱדַיִן סָרְכַיָּא וַאֲחַשְׁדַּרְפְּנַיָּא אִלֵּן הַרְגִּשׁוּ עַל־מַלְכָּא וְכֵן אָמְרִין לֵהּ
דָּרְיָוֶשׁ מַלְכָּא לְעָלְמִין חֱיִי׃

Then	אֱדַיִן
these high officials and satraps	סָרְכַיָּא וַאֲחַשְׁדַּרְפְּנַיָּא אִלֵּן
came by agreement to the king	הַרְגִּשׁוּ עַל־מַלְכָּא
and said to him	וְכֵן אָמְרִין לֵהּ
O King Darius	דָּרְיָוֶשׁ מַלְכָּא
live forever!	לְעָלְמִין חֱיִי

I gave direction, **search was made** (בַּקַּרוּ), and it was found that this city in days past **did rise up** (מִתְנַשְּׂאָה) against kings with rebellion and revolution being made therein. (MLB)

בקר	(D) *search;* (tD) *be searched*	5x
bĕqar		S1240
נשׂא	(G) *carry, lift, take;* (tD) *rise up against*	3x
nĕśāʾ		S5376

וּמִנִּי שִׂים טְעֵם **וּבַקַּרוּ** וְהַשְׁכַּחוּ דִּי קִרְיְתָא דָךְ מִן־יוֹמָת עָלְמָא עַל־
מַלְכִין **מִתְנַשְּׂאָה** וּמְרַד וְאֶשְׁתַּדּוּר מִתְעֲבֶד־בַּהּ׃

I gave direction	וּמִנִּי שִׂים טְעֵם
search was made	**וּבַקַּרוּ**
and it was found that	וְהַשְׁכַּחוּ דִּי
this city	קִרְיְתָא דָךְ
in days past	מִן־יוֹמָת עָלְמָא
did rise up against kings	עַל־מַלְכִין **מִתְנַשְּׂאָה**
with rebellion and revolution	וּמְרַד וְאֶשְׁתַּדּוּר
being made therein	מִתְעֲבֶד־בַּהּ

Daniel said, “I saw in my vision by night and **behold** (**אֲרוּ**), the four winds of heaven were stirring up the great **sea** (**יַמָּא**).” (MLB)

אֲרוּ	*behold!*	5x
ʾărû		S718
יַם	*sea*	2x
yam		S3221

עָנֵה דָנִיֵּאל וְאָמַר חָזֵה הֲוֵית בְּחֶזְוִי עִם־לֵילְיָא וַאֲרוּ אַרְבַּע רוּחֵי שְׁמַיָּא מְגִיחָן לְיַמָּא רַבָּא׃

Daniel said	עָנֵה דָנִיֵּאל וְאָמַר
I saw	חָזֵה הֲוֵית
in my vision by night	בְּחֶזְוִי עִם־לֵילְיָא
and **behold**	וַאֲרוּ
the four winds of heaven	אַרְבַּע רוּחֵי שְׁמַיָּא
were stirring up the great **sea**	מְגִיחָן לְיַמָּא רַבָּא

EZRA 5:11 MAY 13 ▪ WEEK 19 ▪ **DAY 133**

This [lit., **thus** (כְּנֵמָא)] is the answer they gave us: "We are the servants of the God of heaven and earth, and we are rebuilding the temple that was built many years ago [lit., at an **earlier time** (קַדְמַת) than this, many years]." (NIV)

כְּנֵמָא *kĕnēmāʾ*	*thus*	5x S3660
קַדְמָה *qadmâ*	*earlier time*	2x S6928

וּכְנֵמָא פִתְגָמָא הֲתִיבוּנָא לְמֵמַר אֲנַחְנָא הִמּוֹ עַבְדוֹהִי דִי־אֱלָהּ
שְׁמַיָּא וְאַרְעָא וּבָנַיִן בַּיְתָא דִּי־הֲוָא בְנֵה מִקַּדְמַת דְּנָה שְׁנִין שַׂגִּיאָן

This [lit., **thus**] is the answer they gave us	וּכְנֵמָא פִתְגָמָא הֲתִיבוּנָא לְמֵמַר
We are the servants	אֲנַחְנָא הִמּוֹ עַבְדוֹהִי
of the God of heaven and earth	דִי־אֱלָהּ שְׁמַיָּא וְאַרְעָא
and we are rebuilding the temple	וּבָנַיִן בַּיְתָא
that was built	דִּי־הֲוָא בְנֵה
many years ago [lit., at an **earlier time** than this, many years]	מִקַּדְמַת דְּנָה שְׁנִין שַׂגִּיאָן

DAN 5:28

Peres (פְּרֵס): Your kingdom is divided and given to the **Medes** (מָדַי) and Persians. (NIV)

מָדַי māday	Media	5x S4077
פְּרֵס pĕrēs	volume measure *peres*, weight measure one-half mina; one-half shekel	2x S6537

פְּרֵס פְּרִיסַת מַלְכוּתָךְ וִיהִיבַת לְמָדַי וּפָרָס:

Peres	פְּרֵס
Your kingdom is divided	פְּרִיסַת מַלְכוּתָךְ
and given	וִיהִיבַת
to the **Medes** and Persians	לְמָדַי וּפָרָס

I make a decree, that in all my royal dominion people are **to tremble** (זָיְעִין) and fear before the God of Daniel, for he is the living God, enduring forever; his kingdom shall never be destroyed, and his dominion shall be to the **end** (סוֹפָא). (ESV)

סוֹף *sôf*	*end*	5x S5491
זוּע *zûaʿ*	(G) *tremble*	2x S2112

מִן־קֳדָמַי שִׂים טְעֵם דִּי בְּכָל־שָׁלְטָן מַלְכוּתִי לֶהֱוֺן זָיְעִין וְדָחֲלִין מִן־קֳדָם אֱלָהֵהּ דִּי־דָנִיֵּאל דִּי־הוּא אֱלָהָא חַיָּא וְקַיָּם לְעָלְמִין וּמַלְכוּתֵהּ דִּי־לָא תִתְחַבַּל וְשָׁלְטָנֵהּ עַד־סוֹפָא׃

I make a decree	מִן־קֳדָמַי שִׂים טְעֵם
that in all my royal dominion	דִּי בְּכָל־שָׁלְטָן מַלְכוּתִי
people are **to tremble** and fear	לֶהֱוֺן זָיְעִין וְדָחֲלִין
before the God of Daniel	מִן־קֳדָם אֱלָהֵהּ דִּי־דָנִיֵּאל
for he is the living God	דִּי־הוּא אֱלָהָא חַיָּא
enduring forever	וְקַיָּם לְעָלְמִין
his kingdom shall never be destroyed	וּמַלְכוּתֵהּ דִּי־לָא תִתְחַבַּל
and his dominion shall be to the **end**	וְשָׁלְטָנֵהּ עַד־סוֹפָא

DAY 136 ▪ WEEK 20 ▪ MAY 16 DAN 7:10

A river of fire was flowing, coming out from before him. Thousands upon thousands attended him; **ten thousand** (רִבּוֹ) times ten thousand stood before him. The court was seated, and the **books** (סִפְרִין) were opened. (NIV)

סְפַר *sěfar*	*book*	5x S5609
רִבּוֹ *ribbô*	*myriad, ten thousand*	2x S7240

נְהַר דִּי־נוּר נָגֵד וְנָפֵק מִן־קֳדָמוֹהִי אֶלֶף אַלְפִין יְשַׁמְּשׁוּנֵּהּ וְרִבּוֹ רִבְבָן
קֳדָמוֹהִי יְקוּמוּן דִּינָא יְתִב וְסִפְרִין פְּתִיחוּ׃

A river of fire was flowing	נְהַר דִּי־נוּר נָגֵד
coming out from before him	וְנָפֵק מִן־קֳדָמוֹהִי
Thousands upon thousands attended him	אֶלֶף אַלְפִין יְשַׁמְּשׁוּנֵּהּ
ten thousand times ten thousand	וְרִבּוֹ רִבְבָן
stood before him	קֳדָמוֹהִי יְקוּמוּן
The court was seated	דִּינָא יְתִב
and the **books** were opened	וְסִפְרִין פְּתִיחוּ

Then the **high officials** (סָרְכַיָּא) and the satraps sought to find a ground for complaint against Daniel **with regard to** (מִצַּד) the kingdom, but they could find no ground for complaint or any fault, because he was faithful, and no error or fault was found in him. (ESV)

סְרַךְ *sĕraḵ*	high official *president*	5x S5632
צַד *ṣad*	*side; (w/ מִן) concerning; (w/ לְ) against*	2x S6655

אֱדַיִן סָרְכַיָּא וַאֲחַשְׁדַּרְפְּנַיָּא הֲווֹ בָעַיִן עִלָּה לְהַשְׁכָּחָה לְדָנִיֵּאל מִצַּד מַלְכוּתָא וְכָל־עִלָּה וּשְׁחִיתָה לָא־יָכְלִין לְהַשְׁכָּחָה כָּל־קֳבֵל דִּי־מְהֵימַן הוּא וְכָל־שָׁלוּ וּשְׁחִיתָה לָא הִשְׁתְּכַחַת עֲלוֹהִי׃

Then the **high officials** and the satraps	אֱדַיִן סָרְכַיָּא וַאֲחַשְׁדַּרְפְּנַיָּא
sought	הֲווֹ בָעַיִן
to find a ground for complaint against Daniel	עִלָּה לְהַשְׁכָּחָה לְדָנִיֵּאל
with regard to the kingdom	מִצַּד מַלְכוּתָא
but they could find no ground for complaint or any fault	וְכָל־עִלָּה וּשְׁחִיתָה לָא־יָכְלִין לְהַשְׁכָּחָה
because he was faithful	כָּל־קֳבֵל דִּי־מְהֵימַן הוּא
and no error or fault was found in him	וְכָל־שָׁלוּ וּשְׁחִיתָה לָא הִשְׁתְּכַחַת עֲלוֹהִי

DAY 138 ▪ WEEK 20 ▪ MAY 18 — EZRA 6:14

And the **elders** (שָׂבֵי) of the Jews built and prospered through the prophesying of Haggai the prophet and Zechariah the son of **Iddo** (עִדּוֹא). They finished their building by decree of the God of Israel and by decree of Cyrus and Darius and Artaxerxes king of Persia. (ESV)

שָׂב śāv	gray headed (= elder)	5x S7868
עִדּוֹא ʿiddôʾ	Iddo	2x S5714

וְשָׂבֵי יְהוּדָיֵא בָּנַיִן וּמַצְלְחִין בִּנְבוּאַת חַגַּי נְבִיָּא וּזְכַרְיָה בַּר־עִדּוֹא וּבְנוֹ וְשַׁכְלִלוּ מִן־טַעַם אֱלָהּ יִשְׂרָאֵל וּמִטְּעֵם כּוֹרֶשׁ וְדָרְיָוֶשׁ וְאַרְתַּחְשַׁשְׂתְּא מֶלֶךְ פָּרָס:

And the **elders** of the Jews built and prospered	וְשָׂבֵי יְהוּדָיֵא בָּנַיִן וּמַצְלְחִין
through the prophesying of Haggai the prophet	בִּנְבוּאַת חַגַּי נְבִיָּא
and Zechariah the son of **Iddo**	וּזְכַרְיָה בַּר־עִדּוֹא
They finished their building	וּבְנוֹ וְשַׁכְלִלוּ
by decree of the God of Israel	מִן־טַעַם אֱלָהּ יִשְׂרָאֵל
and by decree of Cyrus and Darius	וּמִטְּעֵם כּוֹרֶשׁ וְדָרְיָוֶשׁ
and Artaxerxes king of Persia	וְאַרְתַּחְשַׁשְׂתְּא מֶלֶךְ פָּרָס

To you, O God of my fathers, I **give** thanks and **praise** (מְשַׁבַּח), for you have given me wisdom and **might** (גְּבוּרְתָא), and have now made known to me what we asked of you, for you have made known to us the king's matter. (ESV)

שׁבח	(D) *praise*	5x
šĕvaḥ		S7624
גְּבוּרָה	*might*	2x
gĕvûrâ		S1370

לָךְ אֱלָהּ אֲבָהָתִי מְהוֹדֵא וּמְשַׁבַּח אֲנָה דִּי חָכְמְתָא וּגְבוּרְתָא יְהַבְתְּ לִי וּכְעַן הוֹדַעְתַּנִי דִּי־בְעֵינָא מִנָּךְ דִּי־מִלַּת מַלְכָּא הוֹדַעְתֶּנָא׃

To you, O God of my fathers	לָךְ אֱלָהּ אֲבָהָתִי
I **give** thanks and **praise**	מְהוֹדֵא וּמְשַׁבַּח אֲנָה
for you have given me	דִּי . . . יְהַבְתְּ לִי
wisdom and **might**	חָכְמְתָא וּגְבוּרְתָא
and have now made known to me	וּכְעַן הוֹדַעְתַּנִי
what we asked of you	דִּי־בְעֵינָא מִנָּךְ
for you have made known to us the king's matter	דִּי־מִלַּת מַלְכָּא הוֹדַעְתֶּנָא

Then there will be a fourth kingdom as **strong** (תַקִּיפָה) as iron; inasmuch as iron crushes and shatters all things, so, like iron that **breaks in pieces** (מְרָעַע), it will crush and **break** all these **in pieces** (תֵּרֹעַ). (NASB)

תַּקִּיף *taqqîf*	*powerful, mighty, strong*	5x S8624
רעע *rĕʿaʿ*	(G, D) *crush*	2x S7490

וּמַלְכוּ רְבִיעָאָה תֶּהֱוֵא תַקִּיפָה כְּפַרְזְלָא כָּל־קֳבֵל דִּי פַרְזְלָא מְהַדֵּק וְחָשֵׁל כֹּלָּא וּכְפַרְזְלָא דִּי־מְרָעַע כָּל־אִלֵּין תַּדִּק וְתֵרֹעַ׃

Then there will be a fourth kingdom	וּמַלְכוּ רְבִיעָאָה תֶּהֱוֵא
as **strong** as iron	תַקִּיפָה כְּפַרְזְלָא
inasmuch as iron	כָּל־קֳבֵל דִּי פַרְזְלָא
crushes and shatters all things	מְהַדֵּק וְחָשֵׁל כֹּלָּא
so, like iron that **breaks in pieces**	וּכְפַרְזְלָא דִּי־מְרָעַע
it will crush and **break . . . in pieces**	תַּדִּק וְתֵרֹעַ
all these	כָּל־אִלֵּין

The tree grew and **became strong** (תְּקִף), and its top reached to heaven, and it was visible [lit., and its **visibility** (חֲזוֹתֵהּ) was] to the end of the whole earth. (ESV)

תקף *tĕqēf*	(G) *become strong;* (D) *make strong, enforce*	5x S8631
חֲזוֹת *ḥăzôt*	*visibleness, ability to be seen* (?); *branches, canopy of a tree* (?)	2x S2379

רְבָה אִילָנָא וּתְקִף וְרוּמֵהּ יִמְטֵא לִשְׁמַיָּא וַחֲזוֹתֵהּ לְסוֹף כָּל־אַרְעָא׃

The tree grew	רְבָה אִילָנָא
and **became strong**	וּתְקִף
and its top	וְרוּמֵהּ
reached to heaven	יִמְטֵא לִשְׁמַיָּא
and it was visible [lit., and its **visibility** was]	וַחֲזוֹתֵהּ
to the end of the whole earth	לְסוֹף כָּל־אַרְעָא

DAY 142 • WEEK 21 • MAY 22 — DAN 4:31 [34]

I blessed (בָּרְכֵת) the Most High, and praised and honored the one who lives forever. For his sovereignty is an everlasting sovereignty, and his kingdom endures from **generation** (דָּר) to **generation** (דָר). (NRSV)

ברך bĕra<u>k</u>	(G, D) bless; (Gp, Dp) blessed	4x S1289
דָּר dār	generation	4x S1859

וּלְעִלָּאָה בָּרְכֵת וּלְחַי עָלְמָא שַׁבְּחֵת וְהַדְּרֵת דִּי שָׁלְטָנֵהּ שָׁלְטָן עָלַם וּמַלְכוּתֵהּ עִם־דָּר וְדָר:

I blessed the Most High	וּלְעִלָּאָה בָּרְכֵת
and . . . the one who lives forever	וּלְחַי עָלְמָא
praised and honored	שַׁבְּחֵת וְהַדְּרֵת
For his sovereignty is	דִּי שָׁלְטָנֵהּ
an everlasting sovereignty	שָׁלְטָן עָלַם
and his kingdom endures	וּמַלְכוּתֵהּ
from **generation** to **generation**	עִם־דָּר וְדָר

DAN 3:24 MAY 23 ▪ WEEK 21 ▪ **DAY 143**

Then King Nebuchadnezzar was astonished and rose up in haste. He declared to his **counselors** (הַדָּבְרוֹהִי), "Did we not cast three men **bound** (מְכַפְּתִין) into the fire?" They answered and said to the king, "True, O king." (ESV)

הַדָּבַר *haddāvar*	*companion*	4x S1907
כפת *kĕfat*	(Gp) *be tied up;* (D) *tie up;* (Dp ptcp) *tied up*	4x S3729

אֱדַיִן נְבוּכַדְנֶצַּר מַלְכָּא תְּוַהּ וְקָם בְּהִתְבְּהָלָה עָנֵה וְאָמַר לְהַדָּבְרוֹהִי
הֲלָא גֻבְרִין תְּלָתָא רְמֵינָא לְגוֹא־נוּרָא מְכַפְּתִין עָנַיִן וְאָמְרִין לְמַלְכָּא
יַצִּיבָא מַלְכָּא׃

Then King Nebuchadnezzar was astonished	אֱדַיִן נְבוּכַדְנֶצַּר מַלְכָּא תְּוַהּ
and rose up in haste	וְקָם בְּהִתְבְּהָלָה
He declared to his counselors	עָנֵה וְאָמַר לְהַדָּבְרוֹהִי
Did we not cast	הֲלָא . . . רְמֵינָא
three men	גֻבְרִין תְּלָתָא
bound into the fire?	לְגוֹא־נוּרָא מְכַפְּתִין
They answered and said to the king	עָנַיִן וְאָמְרִין לְמַלְכָּא
True, O king	יַצִּיבָא מַלְכָּא

I make a decree that anyone of the people of Israel or their priests or **Levites** (לֵוָיֵא) in my realm, who freely offers **to go** (מְהָךְ) to Jerusalem with you, **may go** (יְהָךְ). (MLB)

הך *hak̲*	(G) *go, reach*	4x S1946
לֵוָי *lēvāy*	*Levite*	4x S3879

מִנִּי שִׂים טְעֵם דִּי כָל־מִתְנַדַּב בְּמַלְכוּתִי מִן־עַמָּה יִשְׂרָאֵל וְכָהֲנוֹהִי וְלֵוָיֵא לִמְהָךְ לִירוּשְׁלֶם עִמָּךְ יְהָךְ׃

I make a decree that	מִנִּי שִׂים טְעֵם דִּי
anyone	כָל־
of the people of Israel	מִן־עַמָּה יִשְׂרָאֵל
or their priests or **Levites**	וְכָהֲנוֹהִי וְלֵוָיֵא
in my realm	בְּמַלְכוּתִי
who freely offers	מִתְנַדַּב
to go to Jerusalem with you	לִמְהָךְ לִירוּשְׁלֶם עִמָּךְ
may go	יְהָךְ

DAN 3:5 — MAY 25 ■ WEEK 21 ■ DAY 145

As soon as you hear the sound of the horn, flute, **zither** (קַתְרוֹס), lyre, harp, pipe and all kinds of **music** (זְמָרָא), you must fall down and worship the image of gold that King Nebuchadnezzar has set up. (NIV)

זְמָר zĕ**mār**	musical instrument	4x S2170
קַתְרוֹס qatrôs	kitharos, zither	4x S7030

בְּעִדָּנָא דִּי־תִשְׁמְעוּן קָל קַרְנָא מַשְׁרוֹקִיתָא קַתְרוֹס סַבְּכָא פְּסַנְתֵּרִין סוּמְפֹּנְיָה וְכֹל זְנֵי **זְמָרָא** תִּפְּלוּן וְתִסְגְּדוּן לְצֶלֶם דַּהֲבָא דִּי הֲקֵים נְבוּכַדְנֶצַּר מַלְכָּא:

As soon as you hear	בְּעִדָּנָא דִּי־תִשְׁמְעוּן
the sound of the horn, flute, **zither**	קָל קַרְנָא מַשְׁרוֹקִיתָא קַתְרוֹס
lyre, harp, pipe	סַבְּכָא פְּסַנְתֵּרִין סוּמְפֹּנְיָה
and all kinds of **music**	וְכֹל זְנֵי **זְמָרָא**
you must fall down and worship	תִּפְּלוּן וְתִסְגְּדוּן
the image of gold	לְצֶלֶם דַּהֲבָא
that King Nebuchadnezzar has set up	דִּי הֲקֵים נְבוּכַדְנֶצַּר מַלְכָּא

DAY 146 • WEEK 21 • MAY 26 — DAN 3:10

You, O king, have made a decree, that every man who hears the sound of the horn, pipe, lyre, trigon, **harp** (פְּסַנְתֵּרִין), bagpipe, and every **kind** (זְנֵי) of music, shall fall down and worship the golden image. (ESV)

זַן zan	type, kind	4x S2178
פְּסַנְתֵּרִין pĕsantērîn	psalterion	4x S6460

אַנְתְּ מַלְכָּא שָׂמְתָּ טְּעֵם דִּי כָל־אֱנָשׁ דִּי־יִשְׁמַע קָל קַרְנָא מַשְׁרֹקִיתָא קַתְרוֹס שַׂבְּכָא פְּסַנְתֵּרִין וְסוּפֹּנְיָה וְכֹל זְנֵי זְמָרָא יִפֵּל וְיִסְגֻּד לְצֶלֶם דַּהֲבָא:

You, O king, have made a decree	אַנְתְּ מַלְכָּא שָׂמְתָּ טְּעֵם
that every man who hears	דִּי כָל־אֱנָשׁ דִּי־יִשְׁמַע
the sound of the horn, pipe, lyre	קָל קַרְנָא מַשְׁרֹקִיתָא קַתְרוֹס
trigon, **harp**, bagpipe	שַׂבְּכָא פְּסַנְתֵּרִין וְסוּפֹּנְיָה
and every **kind** of music	וְכֹל זְנֵי זְמָרָא
shall fall down and worship	יִפֵּל וְיִסְגֻּד
the golden image	לְצֶלֶם דַּהֲבָא

At the same time my **reason** (מַנְדְּעִי) returned to me, and for the glory of my kingdom, my majesty and splendor returned to me. My counselors and my lords sought me, and I was established in my kingdom, and still more **greatness** (רְבוּ) was added to me. (ESV)

מַנְדַּע *manda*ʿ	*knowledge*	4x S4486
רְבוּ *rěvû*	*greatness*	4x S7238

בֵּהּ־זִמְנָא מַנְדְּעִי יְתוּב עֲלַי וְלִיקַר מַלְכוּתִי הַדְרִי וְזִוִי יְתוּב עֲלַי וְלִי הַדָּבְרַי וְרַבְרְבָנַי יְבַעוֹן וְעַל־מַלְכוּתִי הָתְקְנַת וּרְבוּ יַתִּירָה הוּסְפַת לִי׃

At the same time my **reason** returned to me	בֵּהּ־זִמְנָא מַנְדְּעִי יְתוּב עֲלַי
and for the glory of my kingdom	וְלִיקַר מַלְכוּתִי
my majesty and splendor returned to me	הַדְרִי וְזִוִי יְתוּב עֲלַי
My counselors and my lords sought me	וְלִי הַדָּבְרַי וְרַבְרְבָנַי יְבַעוֹן
and I was established in my kingdom	וְעַל־מַלְכוּתִי הָתְקְנַת
and still more **greatness** was added to me	וּרְבוּ יַתִּירָה הוּסְפַת לִי

You have exalted yourself (הִתְרוֹמַמְתָּ) against the **Lord** (מָרֵא) of heaven! The vessels of his temple have been brought in before you, and you and your lords, your wives and your concubines have been drinking wine from them. (NRSV)

מָרֵא *mārēʾ*	*lord*	4x S4756
רום *rûm*	(G) *be high;* (D) *praise;* (H) *exalt;* (tD) *exalt oneself*	4x S7313

וְעַל מָרֵא־שְׁמַיָּא הִתְרוֹמַמְתָּ וּלְמָאנַיָּא דִי־בַיְתֵהּ הַיְתִיו קָדָמָךְ וְאַנְתְּ
וְרַבְרְבָנָךְ שֵׁגְלָתָךְ וּלְחֵנָתָךְ חַמְרָא שָׁתַיִן בְּהוֹן

You have exalted yourself against the **Lord** of heaven!	וְעַל מָרֵא־שְׁמַיָּא הִתְרוֹמַמְתָּ
The vessels of his temple	וּלְמָאנַיָּא דִי־בַיְתֵהּ
have been brought in before you	הַיְתִיו קָדָמָךְ
and you and your lords	וְאַנְתְּ וְרַבְרְבָנָךְ
your wives and your concubines	שֵׁגְלָתָךְ וּלְחֵנָתָךְ
have been drinking wine from them	חַמְרָא שָׁתַיִן בְּהוֹן

And the elders of the Jews built and **prospered** (מַצְלְחִין) through the prophesying of Haggai the **prophet** (נְבִיָּא) and Zechariah the son of Iddo. They finished their building by decree of the God of Israel and by decree of Cyrus and Darius and Artaxerxes king of Persia. (ESV)

נְבִיא *nĕvîʾ*	*prophet*	4x S5029
צלח *ṣĕlaḥ*	(H) *prosper, promote*	4x S6744

וְשָׂבֵי יְהוּדָיֵא בָּנַיִן וּמַצְלְחִין בִּנְבוּאַת חַגַּי נְבִיָּא וּזְכַרְיָה בַּר־
עִדּוֹא וּבְנוֹ וְשַׁכְלִלוּ מִן־טַעַם אֱלָהּ יִשְׂרָאֵל וּמִטְּעֵם כּוֹרֶשׁ וְדָרְיָוֶשׁ
וְאַרְתַּחְשַׁשְׂתְּא מֶלֶךְ פָּרָס׃

And the elders of the Jews built and **prospered**	וְשָׂבֵי יְהוּדָיֵא בָּנַיִן וּמַצְלְחִין
through the prophesying of Haggai the **prophet**	בִּנְבוּאַת חַגַּי נְבִיָּא
and Zechariah the son of Iddo	וּזְכַרְיָה בַּר־עִדּוֹא
They finished their building	וּבְנוֹ וְשַׁכְלִלוּ
by decree of the God of Israel	מִן־טַעַם אֱלָהּ יִשְׂרָאֵל
and by decree of Cyrus and Darius	וּמִטְּעֵם כּוֹרֶשׁ וְדָרְיָוֶשׁ
and Artaxerxes king of Persia	וְאַרְתַּחְשַׁשְׂתְּא מֶלֶךְ פָּרָס

He cried aloud and said: "Cut down the tree and chop off its **branches** (עַנְפ֫וֹהִי), strip off its foliage and scatter its fruit. Let the animals flee from beneath it and the **birds** (צִפֲּרַיָּא) from its **branches** (עַנְפ֫וֹהִי)." (NRSV)

| עֲנַף | bough, branches | 4x |
| ʿănaf | | S6056 |

| צִפַּר | bird | 4x |
| ṣippar | | S6853 |

קָרֵא בְחַ֫יִל וְכֵן אָמַר גֹּ֫דּוּ אִֽילָנָא וְקַצִּצוּ עַנְפ֫וֹהִי אַתַּ֫רוּ עָפְיֵהּ וּבַדַּ֫רוּ אִנְבֵּהּ תְּנֻד חֵיוְתָא מִן־תַּחְתּ֫וֹהִי וְצִפֲּרַיָּא מִן־עַנְפ֫וֹהִי:

He cried aloud and said	קָרֵא בְחַ֫יִל וְכֵן אָמַר
Cut down the tree	גֹּ֫דּוּ אִֽילָנָא
and chop off its **branches**	וְקַצִּצוּ עַנְפ֫וֹהִי
strip off its foliage	אַתַּ֫רוּ עָפְיֵהּ
and scatter its fruit	וּבַדַּ֫רוּ אִנְבֵּהּ
Let the animals flee from beneath it	תְּנֻד חֵיוְתָא מִן־תַּחְתּ֫וֹהִי
and the **birds** from its **branches**	וְצִפֲּרַיָּא מִן־עַנְפ֫וֹהִי

Rehum (רְחוּם) the commanding officer and **Shimshai** (שִׁמְשַׁי) the secretary wrote a letter against Jerusalem to Artaxerxes the king as follows: . . . (NIV)

רְחוּם *rĕḥûm*	*Rehum*	4x S7348
שִׁמְשַׁי *šimšay*	*Shimshai*	4x S8124

רְחוּם בְּעֵל־טְעֵם וְשִׁמְשַׁי סָפְרָא כְּתַבוּ אִגְּרָה חֲדָה עַל־יְרוּשְׁלֶם לְאַרְתַּחְשַׁשְׂתְּא מַלְכָּא כְּנֵמָא׃

Rehum the commanding officer	רְחוּם בְּעֵל־טְעֵם
and **Shimshai** the secretary	וְשִׁמְשַׁי סָפְרָא
wrote a letter	כְּתַבוּ אִגְּרָה חֲדָה
against Jerusalem	עַל־יְרוּשְׁלֶם
to Artaxerxes the king	לְאַרְתַּחְשַׁשְׂתְּא מַלְכָּא
as follows	כְּנֵמָא

DAY 152 ▪ WEEK 22 ▪ JUNE 1 **DAN 2:25**

Then Arioch **hurriedly** (בְּהִתְבְּהָלָה) brought Daniel into the king's presence and spoke to him as follows: "I have found a man among the exiles [lit., sons of the **exile** (גָּלוּתָא)] from Judah who can make the interpretation known to the king!" (NASB)

גָּלוּ *gālû*	*exile*	4x S1547
הִתְבְּהָלָה *hitbĕhālâ*	*haste*	3x S926

אֱדַיִן אַרְיוֹךְ בְּהִתְבְּהָלָה הַנְעֵל לְדָנִיֵּאל קֳדָם מַלְכָּא וְכֵן אֲמַר־לֵהּ
דִּי־הַשְׁכַּחַת גְּבַר מִן־בְּנֵי גָלוּתָא דִּי יְהוּד דִּי פִשְׁרָא לְמַלְכָּא יְהוֹדַע׃

Then Arioch **hurriedly**	אֱדַיִן אַרְיוֹךְ בְּהִתְבְּהָלָה
brought Daniel into the king's presence	הַנְעֵל לְדָנִיֵּאל קֳדָם מַלְכָּא
and spoke to him as follows	וְכֵן אֲמַר־לֵהּ
I have found a man	דִּי־הַשְׁכַּחַת גְּבַר
among the exiles [lit., sons of the **exile**]	מִן־בְּנֵי גָלוּתָא
from Judah	דִּי יְהוּד
who can make the interpretation known to the king!	דִּי פִשְׁרָא לְמַלְכָּא יְהוֹדַע

DAN 4:22 [25] — JUNE 2 • WEEK 22 • DAY 153

You **shall be driven away** (טָרְדִין) from human society, and your dwelling shall be with the wild animals. You **shall be made to eat** (יְטַעֲמוּן) grass like oxen, you shall be bathed with the dew of heaven, and seven times shall pass over you. (NRSV)

טרד *ṭĕrad*	(G) *drive away*; (Gp) *be driven away*	4x S2957
טעם *ṭĕʿam*	(D) *feed*	3x S2939

וְלָךְ טָרְדִין מִן־אֲנָשָׁא וְעִם־חֵיוַת בָּרָא לֶהֱוֵה מְדֹרָךְ וְעִשְׂבָּא כְתוֹרִין
לָךְ יְטַעֲמוּן וּמִטַּל שְׁמַיָּא לָךְ מְצַבְּעִין וְשִׁבְעָה עִדָּנִין יַחְלְפוּן עֲלָךְ

You **shall be driven away** from human society	וְלָךְ טָרְדִין מִן־אֲנָשָׁא
and your dwelling shall be with the wild animals	וְעִם־חֵיוַת בָּרָא לֶהֱוֵה מְדֹרָךְ
You **shall be made to eat** grass like oxen	וְעִשְׂבָּא כְתוֹרִין לָךְ יְטַעֲמוּן
you shall be bathed with the dew of heaven	וּמִטַּל שְׁמַיָּא לָךְ מְצַבְּעִין
and seven times shall pass over you	וְשִׁבְעָה עִדָּנִין יַחְלְפוּן עֲלָךְ

DAY 154 • WEEK 22 • JUNE 3 — EZRA 7:12

Artaxerxes, king of kings, to the priest **Ezra** (עֶזְרָא), the scribe of the law of the God of heaven: Peace [lit., complete]. And **now** (כְּעֶנֶת) . . . (NRSV)

כְּעֶנֶת kĕʿenet	now		4x S3706
עֶזְרָא ʿezrāʾ	Ezra		3x S5831

אַרְתַּחְשַׁסְתְּא מֶלֶךְ מַלְכַיָּא לְעֶזְרָא כָהֲנָא סָפַר דָּתָא דִּי־אֱלָהּ שְׁמַיָּא גְּמִיר וּכְעֶנֶת׃

Artaxerxes	אַרְתַּחְשַׁסְתְּא
king of kings	מֶלֶךְ מַלְכַיָּא
to the priest **Ezra**	לְעֶזְרָא כָהֲנָא
the scribe of the law	סָפַר דָּתָא
of the God of heaven	דִּי־אֱלָהּ שְׁמַיָּא
Peace [lit., complete]	גְּמִיר
And **now**	וּכְעֶנֶת

Moreover, the thing which the king demands is difficult, and there is no one else who could declare it to the king except gods, whose **dwelling place** (מְדָרְהוֹן) is not with mortal **flesh** (בִּשְׂרָא). (NASB)

מְדוֹר *mědôr*	*dwelling*	4x S4070
בְּשַׂר *běśar*	*flesh*	3x S1321

וּמִלְּתָא דִּי־מַלְכָּה שָׁאֵל יַקִּירָה וְאָחֳרָן לָא אִיתַי דִּי יְחַוִּנַּהּ קֳדָם מַלְכָּא לָהֵן אֱלָהִין דִּי **מְדָרְהוֹן** עִם־**בִּשְׂרָא** לָא אִיתוֹהִי׃

Moreover, the thing which the king demands	וּמִלְּתָא דִּי־מַלְכָּה שָׁאֵל
is difficult	יַקִּירָה
and there is no one else	וְאָחֳרָן לָא אִיתַי
who could declare it to the king	דִּי יְחַוִּנַּהּ קֳדָם מַלְכָּא
except gods	לָהֵן אֱלָהִין
whose **dwelling place** is not	דִּי **מְדָרְהוֹן** . . . לָא אִיתוֹהִי
with mortal **flesh**	עִם־**בִּשְׂרָא**

DAY 156 ▪ WEEK 23 ▪ JUNE 5   DAN 3:29

Therefore I make a decree: Any people, nation, or language that utters **blasphemy** (שָׁלוּ) against the God of Shadrach, Meshach, and Abednego shall be torn limb from limb, and their houses laid in ruins [lit., turned into a **dunghill** (נְוָלִי)]. (NRSV)

| שָׁלוּ
šālû | negligence (= blasphemy) | 4x
S7960 |
| נְוָלוּ
nĕvālû | dunghill, latrine pit | 3x
S5122 |

וּמִנִּי שִׂים טְעֵם דִּי כָל־עַם אֻמָּה וְלִשָּׁן דִּי־יֵאמַר שָׁלוּ עַל אֱלָהֲהוֹן
דִּי־שַׁדְרַךְ מֵישַׁךְ וַעֲבֵד נְגוֹא הַדָּמִין יִתְעֲבֵד וּבַיְתֵהּ נְוָלִי יִשְׁתַּוֵּה

Therefore I make a decree	וּמִנִּי שִׂים טְעֵם דִּי
Any people, nation, or language	כָל־עַם אֻמָּה וְלִשָּׁן
that utters **blasphemy**	דִּי־יֵאמַר שָׁלוּ
against the God of Shadrach, Meshach, and Abednego	עַל אֱלָהֲהוֹן דִּי־שַׁדְרַךְ מֵישַׁךְ וַעֲבֵד נְגוֹא
shall be torn limb from limb	הַדָּמִין יִתְעֲבֵד
and their houses laid in ruins [lit., turned into a **dunghill**]	וּבַיְתֵהּ נְוָלִי יִשְׁתַּוֵּה

The king sent an answer: "To Rehum the commander [lit., **lord** (בְּעֵל) of command] and Shimshai the scribe and the rest of their associates who live in Samaria and in the rest of the province Beyond the River, **greeting** (שְׁלָם). And now . . ." (ESV)

שְׁלָם *šělām*	*peace*	4x S8001
בְּעֵל *bĕʿēl*	*lord, master*	3x S1169

פִּתְגָמָא שְׁלַח מַלְכָּא עַל־רְחוּם בְּעֵל־טְעֵם וְשִׁמְשַׁי סָפְרָא וּשְׁאָר כְּנָוָתְהוֹן דִּי יָתְבִין בְּשָׁמְרָיִן וּשְׁאָר עֲבַר־נַהֲרָה **שְׁלָם** וּכְעֶת׃

The king sent an answer	פִּתְגָמָא שְׁלַח מַלְכָּא
To Rehum the commander [lit., **lord** of command]	עַל־רְחוּם בְּעֵל־טְעֵם
and Shimshai the scribe	וְשִׁמְשַׁי סָפְרָא
and the rest of their associates	וּשְׁאָר כְּנָוָתְהוֹן
who live in Samaria	דִּי יָתְבִין בְּשָׁמְרָיִן
and in the rest of the province Beyond the River	וּשְׁאָר עֲבַר־נַהֲרָה
greeting	שְׁלָם
And now	וּכְעֶת

Then King Darius issued a decree, and search was made in the archives, where [lit., which . . . **there** (תַּמָּה)] the **treasures** (גִּנְזַיָּא) were stored in Babylon. (NASB)

תַּמָּה	*there*		4x
tammâ			S8536
גְּנַז	*storage, treasure, treasury*		3x
gĕnaz			S1596

בֵּאדַיִן דָּרְיָוֶשׁ מַלְכָּא שָׂם טְעֵם וּבַקַּרוּ בְּבֵית סִפְרַיָּא דִּי גִנְזַיָּא מְהַחֲתִין תַּמָּה בְּבָבֶל׃

Then King Darius	בֵּאדַיִן דָּרְיָוֶשׁ מַלְכָּא
issued a decree	שָׂם טְעֵם
and search was made	וּבַקַּרוּ
in the archives	בְּבֵית סִפְרַיָּא
where [lit., which . . . **there**]	דִּי . . . תַּמָּה
the **treasures** were stored	גִנְזַיָּא מְהַחֲתִין
in Babylon	בְּבָבֶל

My God sent his **angel** (מַלְאֲכֵהּ) and shut the lions' mouths, and they have not harmed me, because I was found blameless before him; and **also** (אַף) before you, O king, I have done no harm. (ESV)

אַף	*also*	4x
ʾaf		S638
מַלְאַךְ	*angel*	2x
*malʾ**a*ḵ**		S4398

אֱלָהִי שְׁלַח מַלְאֲכֵהּ וּסֲגַר פֻּם אַרְיָוָתָא וְלָא חַבְּלוּנִי כָּל־קֳבֵל דִּי קָדָמוֹהִי זָכוּ הִשְׁתְּכַחַת לִי וְאַף קֳדָמָךְ מַלְכָּא חֲבוּלָה לָא עַבְדֵת׃

My God sent his **angel**	אֱלָהִי שְׁלַח מַלְאֲכֵהּ
and shut the lions' mouths	וּסֲגַר פֻּם אַרְיָוָתָא
and they have not harmed me	וְלָא חַבְּלוּנִי
because . . . before him	כָּל־קֳבֵל דִּי קָדָמוֹהִי
I was found blameless	זָכוּ הִשְׁתְּכַחַת לִי
and **also** before you, O king	וְאַף קֳדָמָךְ מַלְכָּא
I have done no harm	חֲבוּלָה לָא עַבְדֵת

As you saw the iron **mixed** (מְעָרַב) with **soft** (טִינָא) clay, so they will **mix with one another** (מִתְעָרְבִין) in marriage, but they will not hold together, just as iron **does** not **mix** (מִתְעָרַב) with clay. (ESV)

ערב *ʿărav*	(Dp) *mixed;* (tD) *intermingle*	4x S6151
טִין *ṭîn*	*unfired pottery*	2x S2917

וְדִי חֲזַיְתָ פַּרְזְלָא מְעָרַב בַּחֲסַף טִינָא מִתְעָרְבִין לֶהֱוֺן בִּזְרַע אֲנָשָׁא וְלָא־לֶהֱוֺן דָּבְקִין דְּנָה עִם־דְּנָה הֵא־כְדִי פַרְזְלָא לָא מִתְעָרַב עִם־חַסְפָּא׃

As you saw the iron	וְדִי חֲזַיְתָ פַּרְזְלָא
mixed with **soft** clay	מְעָרַב בַּחֲסַף טִינָא
so they will **mix with one another**	מִתְעָרְבִין לֶהֱוֺן
in marriage	בִּזְרַע אֲנָשָׁא
but they will not hold together	וְלָא־לֶהֱוֺן דָּבְקִין דְּנָה עִם־דְּנָה
just as iron	הֵא־כְדִי פַרְזְלָא
does not **mix** with clay	לָא מִתְעָרַב עִם־חַסְפָּא

DAN 7:7 JUNE 10 ▪ WEEK 23 ▪ **DAY 161**

After this I kept looking in the night visions, and behold, a fourth beast, . . . It devoured and crushed and **trampled down** (רָפְסָה) the remainder with its feet; and it was different from all the beasts that were before it, and it had **ten** (עֲשַׂר) horns. (NASB)

עֲשַׂר	*ten*	4x
ʿăśar		S6236
רפס	(G) *trample*	2x
rěfas		S7512

בָּאתַר דְּנָה חָזֵה הֲוֵית בְּחֶזְוֵי לֵילְיָא וַאֲרוּ חֵיוָה רְבִיעָאָה . . . אָכְלָה וּמַדֱּקָה וּשְׁאָרָא בְּרַגְלַהּ רָפְסָה וְהִיא מְשַׁנְּיָה מִן־כָּל־חֵיוָתָא דִּי קָדָמַיהּ וְקַרְנַיִן עֲשַׂר לַהּ׃

After this I kept looking	בָּאתַר דְּנָה חָזֵה הֲוֵית
in the night visions	בְּחֶזְוֵי לֵילְיָא
and behold, a fourth beast, . . .	וַאֲרוּ חֵיוָה רְבִיעָאָה . . .
It devoured and crushed	אָכְלָה וּמַדֱּקָה
and **trampled down** the remainder with its feet	וּשְׁאָרָא בְּרַגְלַהּ **רָפְסָה**
and it was different	וְהִיא מְשַׁנְּיָה
from all the beasts that were before it	מִן־כָּל־חֵיוָתָא דִּי קָדָמַיהּ
and it had **ten** horns	וְקַרְנַיִן **עֲשַׂר** לַהּ

DAY 162 • WEEK 24 • JUNE 11 — EZRA 6:3

In the first year of Cyrus the king, Cyrus the king issued a decree: Concerning the house of God at Jerusalem, let the house be rebuilt, the place where sacrifices were offered, and let its foundations be retained. Its height shall be **sixty** (שִׁתִּין) cubits and its **breadth** (פְּתָיֵהּ) **sixty** (שִׁתִּין) cubits. (ESV)

שִׁתִּין	sixty	4x
šittîn		S8361
פְּתָי	width	2x
pĕtāy		S6613

בִּשְׁנַת חֲדָה לְכוֹרֶשׁ מַלְכָּא כּוֹרֶשׁ מַלְכָּא שָׂם טְעֵם בֵּית־אֱלָהָא בִירוּשְׁלֶם בַּיְתָא יִתְבְּנֵא אֲתַר דִּי־דָבְחִין דִּבְחִין וְאֻשּׁוֹהִי מְסוֹבְלִין רוּמֵהּ אַמִּין שִׁתִּין **פְּתָיֵהּ** אַמִּין **שִׁתִּין**:

In the first year of Cyrus the king	בִּשְׁנַת חֲדָה לְכוֹרֶשׁ מַלְכָּא
Cyrus the king issued a decree	כּוֹרֶשׁ מַלְכָּא שָׂם טְעֵם
Concerning the house of God at Jerusalem	בֵּית־אֱלָהָא בִירוּשְׁלֶם
let the house be rebuilt	בַּיְתָא יִתְבְּנֵא
the place where sacrifices were offered	אֲתַר דִּי־דָבְחִין דִּבְחִין
and let its foundations be retained	וְאֻשּׁוֹהִי מְסוֹבְלִין
Its height shall be **sixty** cubits	רוּמֵהּ אַמִּין **שִׁתִּין**
and its **breadth sixty** cubits	**פְּתָיֵהּ** אַמִּין **שִׁתִּין**

EZRA 5:3 — JUNE 12 • WEEK 24 • DAY 163

At the same time **Tattenai** (תַּתְּנַי) the governor of the province Beyond the River and Shethar-bozenai and their associates came to them and spoke to them thus, "Who gave you a decree to build this house and to finish this **structure** (אֻשַּׁרְנָא)?" (NRSV)

תַּתְּנַי	Tattenai	4x
tattĕ**nay**		S8674
אֻשַּׁרְנָא	*shrine* (?), *structure* (?), *furnishings* (?)	2x
ʾuššarnāʾ		S846

בֵּהּ־זִמְנָא אֲתָא עֲלֵיהוֹן תַּתְּנַי פַּחַת עֲבַר־נַהֲרָה וּשְׁתַר בּוֹזְנַי
וּכְנָוָתְהוֹן וְכֵן אָמְרִין לְהֹם מַן־שָׂם לְכֹם טְעֵם בַּיְתָא דְנָה לִבְּנֵא
וְאֻשַּׁרְנָא דְנָה לְשַׁכְלָלָה:

At the same time	בֵּהּ־זִמְנָא
Tattenai the governor of the province Beyond the River	תַּתְּנַי פַּחַת עֲבַר־נַהֲרָה
and Shethar-bozenai and their associates	וּשְׁתַר בּוֹזְנַי וּכְנָוָתְהוֹן
came to them	אֲתָא עֲלֵיהוֹן
and spoke to them thus	וְכֵן אָמְרִין לְהֹם
Who gave you a decree	מַן־שָׂם לְכֹם טְעֵם
to build this house	בַּיְתָא דְנָה לִבְּנֵא
and to finish this **structure**?	וְאֻשַּׁרְנָא דְנָה לְשַׁכְלָלָה

As for the ten horns, out of this kingdom ten kings will arise; and another will arise **after** (אַחֲרֵיהוֹן) them, and he will be different from the **previous ones** (קַדְמָיֵא) and will subdue three kings. (NASB)

אַחֲרֵי	*after*	3x
ʾaḥărê		S311
קַדְמָי	(noun) *earlier; earliest, first;* (adj) *earlier*	3x
*qad**māy***		S6933

וְקַרְנַיָּא עֲשַׂר מִנַּהּ מַלְכוּתָה עַשְׂרָה מַלְכִין יְקֻמוּן וְאָחֳרָן יְקוּם
אַחֲרֵיהוֹן וְהוּא יִשְׁנֵא מִן־קַדְמָיֵא וּתְלָתָה מַלְכִין יְהַשְׁפִּל׃

As for the ten horns	וְקַרְנַיָּא עֲשַׂר
out of this kingdom	מִנַּהּ מַלְכוּתָה
ten kings will arise	עַשְׂרָה מַלְכִין יְקֻמוּן
and another will arise **after** them	וְאָחֳרָן יְקוּם אַחֲרֵיהוֹן
and he will be different	וְהוּא יִשְׁנֵא
from the **previous ones**	מִן־קַדְמָיֵא
and will subdue three kings	וּתְלָתָה מַלְכִין יְהַשְׁפִּל

But leave the stump of its roots in the earth, bound with a **band** (אֱסוּר) of iron and bronze, amid the tender grass of the field. Let him be wet with the dew of heaven. Let his **portion** (חֲלָקֵהּ) be with the beasts in the grass of the earth. (ESV)

אֱסוּר *ʾĕsûr*	*band, fetters (= imprisonment)*	3x S613
חֲלָק *ḥălāq*	*portion, lot, share*	3x S2508

בְּרַם עִקַּר שָׁרְשׁוֹהִי בְּאַרְעָא שְׁבֻקוּ וּבֶאֱסוּר דִּי־פַרְזֶל וּנְחָשׁ בְּדִתְאָא
דִּי בָרָא וּבְטַל שְׁמַיָּא יִצְטַבַּע וְעִם־חֵיוְתָא חֲלָקֵהּ בַּעֲשַׂב אַרְעָא׃

But leave . . . in the earth	בְּרַם . . . בְּאַרְעָא שְׁבֻקוּ
the stump of its roots	עִקַּר שָׁרְשׁוֹהִי
bound with a **band** of iron and bronze	וּבֶאֱסוּר דִּי־פַרְזֶל וּנְחָשׁ
amid the tender grass of the field	בְּדִתְאָא דִּי בָרָא
Let him be wet with the dew of heaven	וּבְטַל שְׁמַיָּא יִצְטַבַּע
Let his **portion** be with the beasts	וְעִם־חֵיוְתָא חֲלָקֵהּ
in the grass of the earth	בַּעֲשַׂב אַרְעָא

The king declared to the wise men of Babylon, "Whoever reads this writing, and shows me its interpretation, shall be clothed with **purple** (אַרְגְּוָנָא) and have a chain of gold around his **neck** (צַוְּארֵהּ) and shall be the third ruler in the kingdom." (ESV)

אַרְגְּוָן	*purple*	3x
*ʾargĕ***vān**		S711
צַוָּאר	*neck*	3x
*ṣav***vaʾr**		S6677

עָנֵה מַלְכָּא וְאָמַר לְחַכִּימֵי בָבֶל דִּי כָל־אֱנָשׁ דִּי־יִקְרֵה כְּתָבָה דְנָה וּפִשְׁרֵהּ יְחַוִּנַּנִי אַרְגְּוָנָא יִלְבַּשׁ וְהַמְנִיכָא דִי־דַהֲבָא עַל־צַוְּארֵהּ וְתַלְתִּי בְמַלְכוּתָא יִשְׁלַט׃

The king declared	עָנֵה מַלְכָּא וְאָמַר
to the wise men of Babylon	לְחַכִּימֵי בָבֶל דִּי
Whoever reads this writing	כָל־אֱנָשׁ דִּי־יִקְרֵה כְּתָבָה דְנָה
and shows me its interpretation	וּפִשְׁרֵהּ יְחַוִּנַּנִי
shall be clothed with **purple**	אַרְגְּוָנָא יִלְבַּשׁ
and have a chain of gold	וְהַמְנִיכָא דִי־דַהֲבָא
around his **neck**	עַל־צַוְּארֵהּ
and shall be the third ruler in the kingdom	וְתַלְתִּי בְמַלְכוּתָא יִשְׁלַט

DAN 3:32 [4:2]

It has seemed good to me to declare the **signs** (אָתַיָּא) and **wonders** (תִמְהַיָּא) which the Most High God has done for me. (NASB)

אָת	sign	3x
ʾāt		S852
תְּמַהּ	wonder	3x
tĕmah		S8540

אָתַיָּא וְתִמְהַיָּא דִּי עֲבַד עִמִּי אֱלָהָא עִלָּאָה שְׁפַר קָדָמַי לְהַחֲוָיָה׃

It has seemed good to me	שְׁפַר קָדָמַי
to declare	לְהַחֲוָיָה
the **signs** and **wonders**	אָתַיָּא וְתִמְהַיָּא
which the Most High God	דִּי . . . אֱלָהָא עִלָּאָה
has done for me	עֲבַד עִמִּי

Now may it be known to the king that, if this city is rebuilt and the **walls** (שׁוּרַיָּה) finished, they will not pay tribute, **custom** (בְלוֹ), or toll, and the royal revenue will be reduced. (NRSV)

בְּלוֹ *bĕlô*	*tax* paid in kind, *produce tax*	3x S1093
שׁוּר *šûr*	*wall*	3x S7792

כְּעַן יְדִיעַ לֶהֱוֵא לְמַלְכָּא דִּי הֵן קִרְיְתָא דָךְ תִּתְבְּנֵא וְשׁוּרַיָּה יִשְׁתַּכְלְלוּן מִנְדָּה־בְלוֹ וַהֲלָךְ לָא יִנְתְּנוּן וְאַפְּתֹם מַלְכִים תְּהַנְזִק׃

Now may it be known to the king that	כְּעַן יְדִיעַ לֶהֱוֵא לְמַלְכָּא דִּי
if this city is rebuilt	הֵן קִרְיְתָא דָךְ תִּתְבְּנֵא
and the **walls** finished	וְשׁוּרַיָּה יִשְׁתַּכְלְלוּן
they will not pay	לָא יִנְתְּנוּן
tribute, **custom**, or toll	מִנְדָּה־בְלוֹ וַהֲלָךְ
and the royal revenue	וְאַפְּתֹם מַלְכִים
will be reduced	תְּהַנְזִק

DAN 3:25 JUNE 18 ▪ WEEK 25 ▪ **DAY 169**

He answered and said, "But I see four men unbound, **walking** (מַהְלְכִין) in the midst of the fire, and they are not hurt [lit., there is no **harm** (חֲבָל) upon them]; and the appearance of the fourth is like a son of the gods." (ESV)

הלך *hălak̲*	(D, H) *walk*	3x S1981
חֲבָל *ḥăvāl*	*harm*	3x S2257

עָנֵה וְאָמַר הָא־אֲנָה חָזֵה גֻּבְרִין אַרְבְּעָה שְׁרַיִן **מַהְלְכִין** בְּגוֹא־נוּרָא
וַחֲבָל לָא־אִיתַי בְּהוֹן וְרֵוֵהּ דִּי רְבִיעָאָה דָּמֵה לְבַר־אֱלָהִין׃

He answered and said	עָנֵה וְאָמַר
But I see	הָא־אֲנָה חָזֵה
four men unbound	גֻּבְרִין אַרְבְּעָה שְׁרַיִן
walking in the midst of the fire	**מַהְלְכִין** בְּגוֹא־נוּרָא
and they are not hurt [lit., there is no **harm** upon them]	**וַחֲבָל** לָא־אִיתַי בְּהוֹן
and the appearance of the fourth	וְרֵוֵהּ דִּי רְבִיעָאָה
is like a son of the gods	דָּמֵה לְבַר־אֱלָהִין

DAY 170 ▪ WEEK 25 ▪ JUNE 19 **EZRA 4:13**

Now may it be known to the king that, if this city is rebuilt and the walls finished, they will not pay tribute, custom, or **toll** (הֲלָךְ), and the royal revenue **will be reduced** (תְּהַנְזִק). (NRSV)

הֲלָךְ *hălāḵ*	*field or produce tax*	3x S1983
נזק *nĕzaq*	(G) *come to grief, be damaged;* (H) *damage;* (H ptcp) *damager*	3x S5142

כְּעַן יְדִיעַ לֶהֱוֵא לְמַלְכָּא דִּי הֵן קִרְיְתָא דָךְ תִּתְבְּנֵא וְשׁוּרַיָּה
יְשְׁתַּכְלְלוּן מִנְדָּה־בְלוֹ וַהֲלָךְ לָא יִנְתְּנוּן וְאַפְּתֹם מַלְכִים תְּהַנְזִק׃

Now may it be known to the king that	כְּעַן יְדִיעַ לֶהֱוֵא לְמַלְכָּא דִּי
if this city is rebuilt	הֵן קִרְיְתָא דָךְ תִּתְבְּנֵא
and the walls finished	וְשׁוּרַיָּה יְשְׁתַּכְלְלוּן
they will not pay	לָא יִנְתְּנוּן
tribute, custom, or **toll**	מִנְדָּה־בְלוֹ וַהֲלָךְ
and the royal revenue	וְאַפְּתֹם מַלְכִים
will be reduced	תְּהַנְזִק

and **to bring** (הֵיבָלָה) the silver and gold, which the king and his **counselors** (יָעֲטוֹהִי) have freely offered to the God of Israel, whose dwelling is in Jerusalem, . . . (NASB)

יבל	(H) *bring*	3x
*yĕ**val***		S2987

יעט	(G ptcp) *adviser;* (tD) *consult together*	3x
*yĕʿ**aṭ***		S3272

וּלְהֵיבָלָה כְּסַף וּדְהַב דִּי־מַלְכָּא וְיָעֲטוֹהִי הִתְנַדַּבוּ לֶאֱלָהּ יִשְׂרָאֵל דִּי בִירוּשְׁלֶם מִשְׁכְּנֵהּ׃

and **to bring**	וּלְהֵיבָלָה
the silver and gold	כְּסַף וּדְהַב
which the king and his **counselors**	דִּי־מַלְכָּא וְיָעֲטוֹהִי
have freely offered	הִתְנַדַּבוּ
to the God of Israel	לֶאֱלָהּ יִשְׂרָאֵל
whose dwelling is in Jerusalem	דִּי בִירוּשְׁלֶם מִשְׁכְּנֵהּ

As I looked, **thrones** (כָּרְסָוָן) were placed, and the **Ancient** (עַתִּיק) of Days took his seat; his clothing was white as snow, and the hair of his head like pure wool; his **throne** (כָּרְסְיֵהּ) was fiery flames; its wheels were burning fire. (ESV)

כָּרְסֵא *korsēʾ*	*throne*	3x S3764
עַתִּיק *ʿattîq*	*ancient*	3x S6268

חָזֵה הֲוֵית עַד דִּי כָרְסָוָן רְמִיו וְעַתִּיק יוֹמִין יְתִב לְבוּשֵׁהּ כִּתְלַג חִוָּר
וּשְׂעַר רֵאשֵׁהּ כַּעֲמַר נְקֵא כָּרְסְיֵהּ שְׁבִיבִין דִּי־נוּר גַּלְגִּלּוֹהִי נוּר דָּלִק׃

As I looked	חָזֵה הֲוֵית עַד דִּי
thrones were placed	כָרְסָוָן רְמִיו
and the **Ancient** of Days took his seat	וְעַתִּיק יוֹמִין יְתִב
his clothing was white as snow	לְבוּשֵׁהּ כִּתְלַג חִוָּר
and the hair of his head like pure wool	וּשְׂעַר רֵאשֵׁהּ כַּעֲמַר נְקֵא
his **throne** was fiery flames	כָּרְסְיֵהּ שְׁבִיבִין דִּי־נוּר
its wheels were burning fire	גַּלְגִּלּוֹהִי נוּר דָּלִק

Therefore (לָהֵ֣ן), O king, **may** my counsel **be acceptable** (יִשְׁפַּ֣ר) to you: atone for your sins with righteousness, and your iniquities with mercy to the oppressed, so that your prosperity may be prolonged. (NRSV)

לָהֵן *lāhēn*	*therefore*	3x S3861
שׁפר *šĕfar*	(G) *be pleasant, pleasing*	3x S8232

לָהֵ֣ן מַלְכָּ֗א מִלְכִּי֙ יִשְׁפַּ֣ר עֲלָ֔ךְ וַחֲטָאָךְ֙ בְּצִדְקָ֣ה פְרֻ֔ק וַעֲוָיָתָ֖ךְ בְּמִחַ֣ן עֲנָ֑יִן הֵ֛ן תֶּהֱוֵ֥א אַרְכָ֖ה לִשְׁלֵוְתָֽךְ׃

Therefore, O king	לָהֵ֣ן מַלְכָּ֗א
may my counsel **be acceptable** to you	מִלְכִּי֙ יִשְׁפַּ֣ר עֲלָ֔ךְ
atone for your sins with righteousness	וַחֲטָאָךְ֙ בְּצִדְקָ֣ה פְרֻ֔ק
and your iniquities with mercy to the oppressed	וַעֲוָיָתָ֖ךְ בְּמִחַ֣ן עֲנָ֑יִן
so that your prosperity	הֵ֛ן . . . לִשְׁלֵוְתָֽךְ
may be prolonged	תֶּהֱוֵ֥א אַרְכָ֖ה

Under the influence of the wine, Belshazzar gave orders to bring in the gold and silver vessels that his predecessor Nebuchadnezzar had taken from the temple in Jerusalem, so that the king and his nobles, **wives** (שֵׁגְלָתֵהּ), and **concubines** (לְחֵנָתֵהּ) could drink from them. (CSB)

לְחֵנָה *lĕḥēnâ*	*consort, concubine, prostitute*	3x S3904
שֵׁגַל *šēgal*	*second-tier wife, concubine*	3x S7695

בֵּלְשַׁאצַּר אֲמַר בִּטְעֵם חַמְרָא לְהַיְתָיָה לְמָאנֵי דַּהֲבָא וְכַסְפָּא דִּי הַנְפֵּק נְבוּכַדְנֶצַּר אֲבוּהִי מִן־הֵיכְלָא דִּי בִירוּשְׁלֶם וְיִשְׁתּוֹן בְּהוֹן מַלְכָּא וְרַבְרְבָנוֹהִי שֵׁגְלָתֵהּ וּלְחֵנָתֵהּ׃

Under the influence of the wine	בִּטְעֵם חַמְרָא
Belshazzar gave orders to bring in	בֵּלְשַׁאצַּר אֲמַר . . . לְהַיְתָיָה
the gold and silver vessels	לְמָאנֵי דַּהֲבָא וְכַסְפָּא
that his predecessor Nebuchadnezzar had taken	דִּי הַנְפֵּק נְבוּכַדְנֶצַּר אֲבוּהִי
from the temple in Jerusalem	מִן־הֵיכְלָא דִּי בִירוּשְׁלֶם
so that . . . could drink from them	וְיִשְׁתּוֹן בְּהוֹן
the king and his nobles, **wives**, and **concubines**	מַלְכָּא וְרַבְרְבָנוֹהִי שֵׁגְלָתֵהּ וּלְחֵנָתֵהּ

EZRA 4:23 JUNE 24 ▪ WEEK 25 ▪ **DAY 175**

As soon as the **copy** (פַּרְשֶׁגֶן) of the **letter** (נִשְׁתְּוָנָא) of King Artaxerxes was read to Rehum and Shimshai the secretary and their associates, they went immediately to the Jews in Jerusalem and compelled them by force to stop. (NIV)

נִשְׁתְּוָן *ništĕvān*	*letter*	3x S5406
פַּרְשֶׁגֶן *paršegen*	*copy*	3x S6573

אֱדַיִן מִן־דִּי **פַּרְשֶׁגֶן נִשְׁתְּוָנָא** דִּי אַרְתַּחְשַׁשְׁתְּ מַלְכָּא קֱרִי קֳדָם־רְחוּם
וְשִׁמְשַׁי סָפְרָא וּכְנָוָתְהוֹן אֲזַלוּ בִבְהִילוּ לִירוּשְׁלֶם עַל־יְהוּדָיֵא וּבַטִּלוּ
הִמּוֹ בְּאֶדְרָע וְחָיִל׃

As soon as	אֱדַיִן מִן־דִּי
the **copy** of the **letter**	**פַּרְשֶׁגֶן נִשְׁתְּוָנָא**
of King Artaxerxes	דִּי אַרְתַּחְשַׁשְׁתְּ מַלְכָּא
was read to Rehum	קֱרִי קֳדָם־רְחוּם
and Shimshai the secretary and their associates	וְשִׁמְשַׁי סָפְרָא וּכְנָוָתְהוֹן
they went immediately	אֲזַלוּ בִבְהִילוּ
to the Jews in Jerusalem	לִירוּשְׁלֶם עַל־יְהוּדָיֵא
and compelled them by force to stop	וּבַטִּלוּ הִמּוֹ בְּאֶדְרָע וְחָיִל

You, O king, have made a decree, that every man who hears the sound of the horn, pipe, lyre, **trigon (שַׂבְּכָא)**, harp, **bagpipe (סוּפֹּנְיָה)**, and every kind of music, shall fall down and worship the golden image. (ESV)

שַׂבְּכָא *śabbĕḵāʾ*	*trigon*	3x S7639
סוּמְפֹּנְיָה *sûmpōnĕyâ*	*symphonia*	3x S5481

אַנְתְּ מַלְכָּא שָׂמְתָּ טְעֵם דִּי כָל־אֱנָשׁ דִּי־יִשְׁמַע קָל קַרְנָא מַשְׁרֹקִיתָא קַתְרוֹס שַׂבְּכָא פְּסַנְתֵּרִין וְסוּפֹּנְיָה וְכֹל זְנֵי זְמָרָא יִפֵּל וְיִסְגֻּד לְצֶלֶם דַּהֲבָא׃

You, O king, have made a decree	אַנְתְּ מַלְכָּא שָׂמְתָּ טְעֵם
that every man who hears	דִּי כָל־אֱנָשׁ דִּי־יִשְׁמַע
the sound of the horn, pipe, lyre	קָל קַרְנָא מַשְׁרֹקִיתָא קַתְרוֹס
trigon, harp, **bagpipe**	שַׂבְּכָא פְּסַנְתֵּרִין וְסוּפֹּנְיָה
and every kind of music	וְכֹל זְנֵי זְמָרָא
shall fall down and worship	יִפֵּל וְיִסְגֻּד
the golden image	לְצֶלֶם דַּהֲבָא

Then the high officials and the satraps sought to find a **ground for complaint** (עִלָּה) against Daniel with regard to the kingdom, but they could find no **ground for complaint** (עִלָּה) or any **fault** (שְׁחִיתָה), because he was faithful, and no error or **fault** (שְׁחִיתָה) was found in him. (ESV)

עִלָּה	*cause, pretext*	3x
ʿillâ		S5931
שׁחת	(Gp ptcp) *corrupted, bad*	3x
šĕḥat		S7844

אֱדַיִן סָרְכַיָּא וַאֲחַשְׁדַּרְפְּנַיָּא הֲווֹ בָעַיִן **עִלָּה** לְהַשְׁכָּחָה לְדָנִיֵּאל מִצַּד
מַלְכוּתָא וְכָל־**עִלָּה** **וּשְׁחִיתָה** לָא־יָכְלִין לְהַשְׁכָּחָה כָּל־קֳבֵל דִּי־מְהֵימַן
הוּא וְכָל־שָׁלוּ **וּשְׁחִיתָה** לָא הִשְׁתְּכַחַת עֲלוֹהִי׃

Then the high officials and the satraps	אֱדַיִן סָרְכַיָּא וַאֲחַשְׁדַּרְפְּנַיָּא
sought	הֲווֹ בָעַיִן
to find a **ground for complaint** against Daniel	**עִלָּה** לְהַשְׁכָּחָה לְדָנִיֵּאל
with regard to the kingdom	מִצַּד מַלְכוּתָא
but they could find no **ground for complaint** or any **fault**	וְכָל־**עִלָּה** **וּשְׁחִיתָה** לָא־יָכְלִין לְהַשְׁכָּחָה
because he was faithful	כָּל־קֳבֵל דִּי־מְהֵימַן הוּא
and no error or **fault** was found in him	וְכָל־שָׁלוּ **וּשְׁחִיתָה** לָא הִשְׁתְּכַחַת עֲלוֹהִי

This is a copy of the **letter** (**אִגַּרְתָּא**) that Tattenai, governor of Trans-Euphrates, and Shethar-Bozenai and their associates, the **officials** (**אֲפַרְסְכָיֵא**) of Trans-Euphrates, sent to King Darius. (NIV)

אִגְּרָה *ʾiggĕrâ*	*letter*	3x S104
אֲפַרְסְכָי *ʾăfarsĕk̲āy*	official title *apharsechai-official*; or member of a people *Apharsechite*	2x S671

פַּרְשֶׁגֶן **אִגַּרְתָּא** דִּי־שְׁלַח תַּתְּנַי פַּחַת עֲבַר־נַהֲרָה וּשְׁתַר בּוֹזְנַי
וּכְנָוָתֵהּ **אֲפַרְסְכָיֵא** דִּי בַּעֲבַר נַהֲרָה עַל־דָּרְיָוֶשׁ מַלְכָּא׃

This is a copy of the **letter** that	פַּרְשֶׁגֶן **אִגַּרְתָּא** דִּי־
Tattenai, governor of Trans-Euphrates	תַּתְּנַי פַּחַת עֲבַר־נַהֲרָה
and Shethar-Bozenai and their associates	וּשְׁתַר בּוֹזְנַי וּכְנָוָתֵהּ
the **officials** of Trans-Euphrates	**אֲפַרְסְכָיֵא** דִּי בַּעֲבַר נַהֲרָה
sent	שְׁלַח
to King Darius	עַל־דָּרְיָוֶשׁ מַלְכָּא

Inasmuch as you saw that a stone was cut out of the **mountain** (טוּרָא) without hands and that it crushed the iron, the bronze, the clay, the silver and the gold, . . . so the dream is true and its interpretation is **trustworthy** (מְהֵימַן). (NASB)

אמן	(H) *trust;* (Hp ptcp) *trustworthy*	3x
ʾăman		S539
טוּר	*mountain*	2x
ṭûr		S2906

כָּל־קֳבֵל דִּי־חֲזַיְתָ דִּי מִטּוּרָא אִתְגְּזֶרֶת אֶבֶן דִּי־לָא בִידַיִן וְהַדֶּקֶת פַּרְזְלָא נְחָשָׁא חַסְפָּא כַּסְפָּא וְדַהֲבָא . . . וְיַצִּיב חֶלְמָא וּמְהֵימַן פִּשְׁרֵהּ׃

Inasmuch as you saw that	כָּל־קֳבֵל דִּי־חֲזַיְתָ דִּי
a stone was cut out of the **mountain**	מִטּוּרָא אִתְגְּזֶרֶת אֶבֶן
without hands	דִּי־לָא בִידַיִן
and that it crushed the iron, the bronze	וְהַדֶּקֶת פַּרְזְלָא נְחָשָׁא
the clay, the silver and the gold, . . .	חַסְפָּא כַּסְפָּא וְדַהֲבָא . . .
so the dream is true	וְיַצִּיב חֶלְמָא
and its interpretation is **trustworthy**	וּמְהֵימַן פִּשְׁרֵהּ

and whose leaves were beautiful and its **fruit** (אִנְבֵּהּ) abundant—and on it was food for all, under it the wild animals lived, and in its branches the birds of the sky **lived** (יִשְׁכְּנָן). (CSB)

אֲנֵב *ʾănēv*	*fruit*	3x S4
שׁכן *šĕḵēn*	(G) *dwell;* (D) *cause to dwell, settle*	2x S7932

וְעָפְיֵהּ שַׁפִּיר וְאִנְבֵּהּ שַׂגִּיא וּמָזוֹן לְכֹלָּא־בֵהּ תְּחֹתוֹהִי תְּדוּר חֵיוַת
בָּרָא וּבְעַנְפּוֹהִי יִשְׁכְּנָן צִפֲּרֵי שְׁמַיָּא׃

and whose leaves were beautiful	וְעָפְיֵהּ שַׁפִּיר
and its **fruit** abundant	וְאִנְבֵּהּ שַׂגִּיא
and on it was food for all	וּמָזוֹן לְכֹלָּא־בֵהּ
under it	תְּחֹתוֹהִי
the wild animals lived	תְּדוּר חֵיוַת בָּרָא
and in its branches	וּבְעַנְפּוֹהִי
the birds of the sky **lived**	יִשְׁכְּנָן צִפֲּרֵי שְׁמַיָּא

DAN 5:5 — JUNE 30 • WEEK 26 • DAY 181

Suddenly the **fingers** (אֶצְבְּעָן) of a man's hand emerged and began writing opposite the lampstand on the plaster of the **wall** (כְּתַל) of the king's palace, and the king saw the back of the hand that did the writing. (NASB)

אֶצְבַּע	toe, finger	3x
ʾeṣbaʿ		S677
כְּתַל	wall	2x
kĕtal		S3797

בַּהּ־שַׁעֲתָה נְפַקָה אֶצְבְּעָן דִּי יַד־אֱנָשׁ וְכָתְבָן לָקֳבֵל נֶבְרַשְׁתָּא עַל־גִּירָא דִּי־כְתַל הֵיכְלָא דִּי מַלְכָּא וּמַלְכָּא חָזֵה פַּס יְדָה דִּי כָתְבָה:

Suddenly	בַּהּ־שַׁעֲתָה
the **fingers** of a man's hand emerged	נְפַקָה אֶצְבְּעָן דִּי יַד־אֱנָשׁ
and began writing opposite the lampstand	וְכָתְבָן לָקֳבֵל נֶבְרַשְׁתָּא
on the plaster of the **wall** of	עַל־גִּירָא דִּי־כְתַל
the king's palace	הֵיכְלָא דִּי מַלְכָּא
and the king saw	וּמַלְכָּא חָזֵה
the back of the hand that did the writing	פַּס יְדָה דִּי כָתְבָה

DAY 182 ▪ WEEK 26 ▪ JULY 1 EZRA 4:12

Let it be known to the king that the Jews who came up from you have come to us at Jerusalem; they are rebuilding the **rebellious** (מָֽרָדְתָּא) and evil city and are finishing the walls and repairing the **foundations** (אֻשַּׁיָּא). (NASB)

אֹשׁ	*foundation*	3x
ʾōš		S787
מָרָד	*rebellious*	2x
mārād		S4779

יְדִיעַ לֶהֱוֵא לְמַלְכָּא דִּי יְהוּדָיֵא דִּי סְלִקוּ מִן־לְוָתָךְ עֲלֶינָא אֲתוֹ
לִירוּשְׁלֶם קִרְיְתָא מָֽרָדְתָּא וּבִאישְׁתָּא בָּנַיִן וְשׁוּרַיָּא שַׁכְלִלוּ וְאֻשַּׁיָּא
יַחִיטוּ׃

Let it be known to the king that	יְדִיעַ לֶהֱוֵא לְמַלְכָּא דִּי
the Jews who came up	יְהוּדָיֵא דִּי סְלִקוּ
from you	מִן־לְוָתָךְ
have come to us	עֲלֶינָא אֲתוֹ
at Jerusalem	לִירוּשְׁלֶם
they are rebuilding	בָּנַיִן
the **rebellious** and evil city	קִרְיְתָא מָֽרָדְתָּא וּבִאישְׁתָּא
and are finishing the walls	וְשׁוּרַיָּא שַׁכְלִלוּ
and repairing the **foundations**	וְאֻשַּׁיָּא יַחִיטוּ

After (בָּאתַר) this I kept looking, and behold, another one, like a leopard, which had on its back four wings of a **bird** (עוֹף); the beast also had four heads, and dominion was given to it. (NASB)

בָּאתַר *bāʾtar*	*after*	3x S870
עוֹף *ʿôf*	*bird*	2x S5774

בָּאתַר דְּנָה חָזֵה הֲוֵית וַאֲרוּ אָחֳרִי כִּנְמַר וְלַהּ גַּפִּין אַרְבַּע דִּי־עוֹף
עַל־גַּבַּהּ וְאַרְבְּעָה רֵאשִׁין לְחֵיוְתָא וְשָׁלְטָן יְהִיב לַהּ׃

After this	בָּאתַר דְּנָה
I kept looking	חָזֵה הֲוֵית
and behold, another one, like a leopard	וַאֲרוּ אָחֳרִי כִּנְמַר
which had on its back	וְלַהּ . . . עַל־גַּבַּהּ
four wings of a **bird**	גַּפִּין אַרְבַּע דִּי־עוֹף
the beast also had four heads	וְאַרְבְּעָה רֵאשִׁין לְחֵיוְתָא
and dominion was given to it	וְשָׁלְטָן יְהִיב לַהּ

You saw, O king, and behold, a great image. **This** (דִּכֵּן) image, mighty and of exceeding brightness, stood before you, and its **appearance** (רֵוֵהּ) was frightening. (ESV)

דִּכֵּן *dikkēn*	*that, this*	3x S1797
רֵו *rēv*	*appearance*	2x S7299

אַנְתְּ מַלְכָּא חָזֵה הֲוַיְתָ וַאֲלוּ צְלֵם חַד שַׂגִּיא צַלְמָא דִּכֵּן רַב וְזִיוֵהּ יַתִּיר קָאֵם לְקָבְלָךְ וְרֵוֵהּ דְּחִיל׃

You saw, O king	אַנְתְּ מַלְכָּא חָזֵה הֲוַיְתָ
and behold	וַאֲלוּ
a great image	צְלֵם חַד שַׂגִּיא
This image	צַלְמָא דִּכֵּן
mighty	רַב
and of exceeding brightness	וְזִיוֵהּ יַתִּיר
stood before you	קָאֵם לְקָבְלָךְ
and its **appearance** was frightening	וְרֵוֵהּ דְּחִיל

Whatever is needed—young bulls, **rams** (דִּכְרִין), and lambs for burnt offerings to the God of the heavens, or wheat, salt, wine, and **oil** (מְשַׁח), as requested by the priests in Jerusalem—let it be given to them every day without fail. (CSB)

דְּכַר *dĕkar*	*ram*	3x S1798
מְשַׁח *mĕšaḥ*	*anointing oil*	2x S4887

וּמָה חַשְׁחָן וּבְנֵי תוֹרִין וְדִכְרִין וְאִמְּרִין לַעֲלָוָן לֶאֱלָהּ שְׁמַיָּא חִנְטִין מְלַח חֲמַר וּמְשַׁח כְּמֵאמַר כָּהֲנַיָּא דִי־בִירוּשְׁלֶם לֶהֱוֵא מִתְיְהֵב לְהֹם יוֹם בְּיוֹם דִּי־לָא שָׁלוּ׃

Whatever is needed	וּמָה חַשְׁחָן
young bulls, **rams**, and lambs	וּבְנֵי תוֹרִין וְדִכְרִין וְאִמְּרִין
for burnt offerings to the God of the heavens	לַעֲלָוָן לֶאֱלָהּ שְׁמַיָּא
or wheat, salt, wine, and **oil**	חִנְטִין מְלַח חֲמַר וּמְשַׁח
as requested by the priests in Jerusalem	כְּמֵאמַר כָּהֲנַיָּא דִי־בִירוּשְׁלֶם
let it be given to them	לֶהֱוֵא מִתְיְהֵב לְהֹם
every day	יוֹם בְּיוֹם
without fail	דִּי־לָא שָׁלוּ

When that period was over, I, Nebuchadnezzar, **lifted** (נִטְלֵת) my eyes to heaven, and my reason returned to me. I blessed the Most High, and praised and **honored** (הַדְּרֵת) the one who lives forever. (NRSV)

הדר ***hădar***	(D) *glorify*	3x S1922
נטל ***nĕṭal***	(G) *lift;* (Gp) *be lifted*	2x S5191

וְלִקְצָת יוֹמַיָּה אֲנָה נְבוּכַדְנֶצַּר עַיְנַי לִשְׁמַיָּא **נִטְלֵת** וּמַנְדְּעִי עֲלַי יְתוּב
וּלְעִלָּאָה בָּרְכֵת וּלְחַי עָלְמָא שַׁבְּחֵת **וְהַדְּרֵת**

When that period was over	וְלִקְצָת יוֹמַיָּה
I, Nebuchadnezzar	אֲנָה נְבוּכַדְנֶצַּר
lifted my eyes to heaven	עַיְנַי לִשְׁמַיָּא **נִטְלֵת**
and my reason returned to me	וּמַנְדְּעִי עֲלַי יְתוּב
I blessed the Most High	וּלְעִלָּאָה בָּרְכֵת
and . . . the one who lives forever	וּלְחַי עָלְמָא
praised and **honored**	שַׁבְּחֵת **וְהַדְּרֵת**

DAN 4:27 [30] JULY 6 ▪ WEEK 27 ▪ **DAY 187**

The king reflected and said, "Is this not Babylon the great, which I myself have built as a royal residence by the might of my **power** (חִסְנִי) and for the glory of my **majesty** (הַדְרִי)?" (NASB)

הֲדַר *hă**dar***	*majesty*	3x S1923
חֱסֵן *ḥĕ**sēn***	*power, might*	2x S2632

עָנֵה מַלְכָּא וְאָמַר הֲלָא דָא־הִיא בָּבֶל רַבְּתָא דִּי־אֲנָה בֱנַיְתַהּ לְבֵית מַלְכוּ בִּתְקַף חִסְנִי וְלִיקָר הַדְרִי׃

The king reflected and said	עָנֵה מַלְכָּא וְאָמַר
Is this not	הֲלָא דָא־הִיא
Babylon the great	בָּבֶל רַבְּתָא
which I myself have built	דִּי־אֲנָה בֱנַיְתַהּ
as a royal residence	לְבֵית מַלְכוּ
by the might of my **power**	בִּתְקַף חִסְנִי
and for the glory of my **majesty**?	וְלִיקָר הַדְרִי

And the wind carried them away, so that not a **trace** (אֲתַר) of them could be found. But the stone that struck the statue became a great mountain and **filled** (מְלָת) the whole earth. (NRSV)

אֲתַר	*place*	5x
ʾătar		S870
מלא	(G) *fill;* (tG) *be filled*	2x
mĕlāʾ		S4391

וּנְשָׂא הִמּוֹן רוּחָא וְכָל־אֲתַר לָא־הִשְׁתְּכַח לְהוֹן וְאַבְנָא דִּי־מְחָת
לְצַלְמָא הֲוָת לְטוּר רַב וּמְלָת כָּל־אַרְעָא׃

And the wind carried them away	וּנְשָׂא הִמּוֹן רוּחָא
so that not a **trace** of them could be found	וְכָל־אֲתַר לָא־הִשְׁתְּכַח לְהוֹן
But the stone that struck the statue	וְאַבְנָא דִּי־מְחָת לְצַלְמָא
became a great mountain	הֲוָת לְטוּר רַב
and **filled** the whole earth	וּמְלָת כָּל־אַרְעָא

Then Belshazzar gave an order, and **they clothed** (הַלְבִּישׁוּ) Daniel in purple, placed a gold **chain** (הַמְנִיכָא) around his neck, and issued a proclamation concerning him that he should be the third ruler in the kingdom. (CSB)

הַמְנִיךְ *hamnîḵ*	*necklace, chain*	3x S2002
לבשׁ *lěvaš*	(G) *wear;* (H) *clothe*	3x S3848

בֵּאדַיִן אֲמַר בֵּלְשַׁאצַּר **וְהַלְבִּשׁוּ** לְדָנִיֵּאל אַרְגְּוָנָא **וְהַמְנִיכָא** דִּי־דַהֲבָא עַל־צַוְּארֵהּ וְהַכְרִזוּ עֲלוֹהִי דִּי־לֶהֱוֵא שַׁלִּיט תַּלְתָּא בְּמַלְכוּתָא׃

Then Belshazzar gave an order	בֵּאדַיִן אֲמַר בֵּלְשַׁאצַּר
and **they clothed** Daniel in purple	**וְהַלְבִּשׁוּ** לְדָנִיֵּאל אַרְגְּוָנָא
placed a gold **chain**	**וְהַמְנִיכָא** דִּי־דַהֲבָא
around his neck	עַל־צַוְּארֵהּ
and issued a proclamation concerning him	וְהַכְרִזוּ עֲלוֹהִי
that he should be	דִּי־לֶהֱוֵא
the third ruler in the kingdom	שַׁלִּיט תַּלְתָּא בְּמַלְכוּתָא

King Nebuchadnezzar sent word **to assemble** (מִכְנַשׁ) the satraps, prefects, governors, advisers, treasurers, judges, magistrates, and all the **rulers** (שִׁלְטֹנֵי) of the provinces to attend the dedication of the statue King Nebuchadnezzar had set up. (CSB)

כנשׁ *kĕnaš*	(G, tD) *assemble*	3x S3673
שִׁלְטוֹן *šilṭôn*	*official*	2x S7984

וּנְבוּכַדְנֶצַּר מַלְכָּא שְׁלַח לְמִכְנַשׁ לַאֲחַשְׁדַּרְפְּנַיָּא סִגְנַיָּא וּפַחֲוָתָא
אֲדַרְגָּזְרַיָּא גְּדָבְרַיָּא דְּתָבְרַיָּא תִּפְתָּיֵא וְכֹל שִׁלְטֹנֵי מְדִינָתָא לְמֵתֵא
לַחֲנֻכַּת צַלְמָא דִּי הֲקֵים נְבוּכַדְנֶצַּר מַלְכָּא׃

King Nebuchadnezzar sent word	וּנְבוּכַדְנֶצַּר מַלְכָּא שְׁלַח
to assemble the satraps	לְמִכְנַשׁ לַאֲחַשְׁדַּרְפְּנַיָּא
prefects, governors, advisers	סִגְנַיָּא וּפַחֲוָתָא אֲדַרְגָּזְרַיָּא
treasurers, judges, magistrates	גְּדָבְרַיָּא דְּתָבְרַיָּא תִּפְתָּיֵא
and all the **rulers** of the provinces	וְכֹל שִׁלְטֹנֵי מְדִינָתָא
to attend the dedication of the statue	לְמֵתֵא לַחֲנֻכַּת צַלְמָא
King Nebuchadnezzar had set up	דִּי הֲקֵים נְבוּכַדְנֶצַּר מַלְכָּא

EZRA 6:9

Whatever is needed—young bulls, rams, and lambs for burnt offerings to the God of the heavens, or wheat, **salt** (מְלַח), wine, and oil, as requested by [lit., according to the **command** (מֵאמַר) of] the priests in Jerusalem—let it be given to them every day without fail. (CSB)

מְלַח mělaḥ	salt	3x S4415
מֵאמַר mēʾmar	word, command	2x 3983

וּמָה חַשְׁחָן וּבְנֵי תוֹרִין וְדִכְרִין וְאִמְּרִין לַעֲלָוָן לֶאֱלָהּ שְׁמַיָּא חִנְטִין מְלַח חֲמַר וּמְשַׁח כְּמֵאמַר כָּהֲנַיָּא דִי־בִירוּשְׁלֶם לֶהֱוֵא מִתְיְהֵב לְהֹם יוֹם בְּיוֹם דִּי־לָא שָׁלוּ׃

Whatever is needed	וּמָה חַשְׁחָן
young bulls, rams, and lambs	וּבְנֵי תוֹרִין וְדִכְרִין וְאִמְּרִין
for burnt offerings to the God of the heavens	לַעֲלָוָן לֶאֱלָהּ שְׁמַיָּא
or wheat, **salt**, wine, and oil	חִנְטִין מְלַח חֲמַר וּמְשַׁח
as requested by [lit., according to the **command** of] the priests in Jerusalem	כְּמֵאמַר כָּהֲנַיָּא דִי־בִירוּשְׁלֶם
let it be given to them	לֶהֱוֵא מִתְיְהֵב לְהֹם
every day	יוֹם בְּיוֹם
without fail	דִּי־לָא שָׁלוּ

But if you declare the dream and its interpretation, you will receive from me **gifts** (מַתְּנָן) and a **reward** (נְבִזְבָּה) and great honor; therefore declare to me the dream and its interpretation. (NASB)

מַתְּנָה *mattĕ**nâ***	*gift*	3x S4978
נְבִזְבָּה *nĕviz**bâ***	*present, reward*	2x S5023

וְהֵן חֶלְמָא וּפִשְׁרֵהּ תְּהַחֲוֺן **מַתְּנָן וּנְבִזְבָּה** וִיקָר שַׂגִּיא תְּקַבְּלוּן מִן־קֳדָמָי לָהֵן חֶלְמָא וּפִשְׁרֵהּ הַחֲוֺנִי׃

But if you declare	וְהֵן . . . תְּהַחֲוֺן
the dream and its interpretation	חֶלְמָא וּפִשְׁרֵהּ
you will receive from me	תְּקַבְּלוּן מִן־קֳדָמָי
gifts and a **reward**	**מַתְּנָן וּנְבִזְבָּה**
and great honor	וִיקָר שַׂגִּיא
therefore declare to me	לָהֵן . . . הַחֲוֺנִי
the dream and its interpretation	חֶלְמָא וּפִשְׁרֵהּ

Any people, nation, or language that utters blasphemy against the God [lit., their God] . . . shall be torn limb from limb, and their houses laid in ruins [lit., **turned into** (יִשְׁתַּוֵּה) a dunghill]; for there is no other god who is able **to deliver** (הַצָּלָה) in this way. (NRSV)

נצל *nĕṣal*	(H) *deliver*	3x S5338
שׁוה *šĕvâ*	(Gp) *become like;* (D) *make the same as;* (tD) *be turned into*	2x S7739

כָּל־עַם אֻמָּה וְלִשָּׁן דִּי־יֵאמַר שָׁלוּ עַל אֱלָהֲהוֹן . . . הַדָּמִין יִתְעֲבֵד וּבַיְתֵהּ נְוָלִי יִשְׁתַּוֵּה כָּל־קֳבֵל דִּי לָא אִיתַי אֱלָה אָחֳרָן דִּי־יִכֻּל לְהַצָּלָה כִּדְנָה׃

Any people, nation, or language	כָּל־עַם אֻמָּה וְלִשָּׁן
that utters blasphemy against the God [lit., their God] . . .	דִּי־יֵאמַר שָׁלוּ עַל אֱלָהֲהוֹן . . .
shall be torn limb from limb	הַדָּמִין יִתְעֲבֵד
and their houses laid in ruins [lit., **turned into** a dunghill]	וּבַיְתֵהּ נְוָלִי יִשְׁתַּוֵּה
for there is no other god	כָּל־קֳבֵל דִּי לָא אִיתַי אֱלָה אָחֳרָן
who is able **to deliver** in this way	דִּי־יִכֻּל לְהַצָּלָה כִּדְנָה

The sentence is by the **decree** (גְּזֵרַת) of the **watchers** (עִירִין), the decision by the word of the holy ones, to the end that the living may know that the Most High rules the kingdom of men and gives it to whom he will and sets over it the lowliest of men. (ESV)

עִיר *ʿîr*	*watcher*	3x S5894
גְּזֵרָה *gĕzērâ*	*decree*	2x S1510

בִּגְזֵרַת עִירִין פִּתְגָמָא וּמֵאמַר קַדִּישִׁין שְׁאֵלְתָא עַד־דִּבְרַת דִּי יִנְדְּעוּן
חַיַּיָּא דִּי־שַׁלִּיט עִלָּאָה בְּמַלְכוּת אֲנָשָׁא וּלְמַן־דִּי יִצְבֵּא יִתְּנִנַּהּ וּשְׁפַל
אֲנָשִׁים יְקִים עֲלַהּ׃

The sentence is by the **decree** of the **watchers**	בִּגְזֵרַת עִירִין פִּתְגָמָא
the decision by the word of the holy ones	וּמֵאמַר קַדִּישִׁין שְׁאֵלְתָא
to the end that the living may know	עַד־דִּבְרַת דִּי יִנְדְּעוּן חַיַּיָּא
that the Most High rules the kingdom of men	דִּי־שַׁלִּיט עִלָּאָה בְּמַלְכוּת אֲנָשָׁא
and gives it to whom he will	וּלְמַן־דִּי יִצְבֵּא יִתְּנִנַּהּ
and sets over it the lowliest of men	וּשְׁפַל אֲנָשִׁים יְקִים עֲלַהּ

DAN 4:11 [14] JULY 14 ▪ WEEK 28 ▪ DAY 195

He cried aloud and said: "**Cut down** (גֹּדּוּ) the tree and chop off its branches, strip off its **foliage** (עָפְיֵהּ) and scatter its fruit. Let the animals flee from beneath it and the birds from its branches." (NRSV)

עֳפִי	*leaves, foliage*	3x
ʿŏfî		S6074
גדד	(G) *chop down*	2x
*gĕ**dad***		S1414

קָרֵא בְחַיִל וְכֵן אָמַר גֹּדּוּ אִילָנָא וְקַצִּצוּ עַנְפוֹהִי אַתַּרוּ עָפְיֵהּ וּבַדַּרוּ אִנְבֵּהּ תְּנֻד חֵיוְתָא מִן־תַּחְתּוֹהִי וְצִפְּרַיָּא מִן־עַנְפוֹהִי׃

He cried aloud and said	קָרֵא בְחַיִל וְכֵן אָמַר
Cut down the tree	גֹּדּוּ אִילָנָא
and chop off its branches	וְקַצִּצוּ עַנְפוֹהִי
strip off its **foliage**	אַתַּרוּ עָפְיֵהּ
and scatter its fruit	וּבַדַּרוּ אִנְבֵּהּ
Let the animals flee from beneath it	תְּנֻד חֵיוְתָא מִן־תַּחְתּוֹהִי
and the birds from its branches	וְצִפְּרַיָּא מִן־עַנְפוֹהִי

And as it was commanded to leave the **stump** (עִקַּר) of the roots of the tree, your kingdom shall be **confirmed** (קַיָּמָה) for you from the time that you know that Heaven rules. (ESV)

עִקַּר *ʿiqqar*	*stump*	3x S6136
קַיָּם *qayyām*	*enduring, established*	2x S7011

וְדִי אֲמַרוּ לְמִשְׁבַּק עִקַּר שָׁרְשׁוֹהִי דִּי אִילָנָא מַלְכוּתָךְ לָךְ קַיָּמָה מִן־דִּי תִנְדַּע דִּי שַׁלִּטִן שְׁמַיָּא׃

And as it was commanded	וְדִי אֲמַרוּ
to leave	לְמִשְׁבַּק
the **stump** of the roots	עִקַּר שָׁרְשׁוֹהִי
of the tree	דִּי אִילָנָא
your kingdom shall be **confirmed** for you	מַלְכוּתָךְ לָךְ קַיָּמָה
from the time that	מִן־דִּי
you know that	תִנְדַּע דִּי
Heaven rules	שַׁלִּטִן שְׁמַיָּא

But the holy ones of the Most High **shall receive** (וִיקַבְּלוּן) the kingdom and **possess** (יַחְסְנוּן) the kingdom forever—forever and ever. (NRSV)

קבל	(D) *receive*	3x
qĕval		S6902
חסן	(H) *possess*	2x
ḥăsan		S2631

וִיקַבְּלוּן מַלְכוּתָא קַדִּישֵׁי עֶלְיוֹנִין וְיַחְסְנוּן מַלְכוּתָא עַד־עָלְמָא וְעַד עָלַם עָלְמַיָּא׃

But . . . **shall receive** the kingdom	וִיקַבְּלוּן מַלְכוּתָא
the holy ones of the Most High	קַדִּישֵׁי עֶלְיוֹנִין
and **possess** the kingdom	וְיַחְסְנוּן מַלְכוּתָא
forever	עַד־עָלְמָא
forever and ever	וְעַד עָלַם עָלְמַיָּא

because an excellent spirit, knowledge, and understanding **to interpret** (מְפַשַּׁר) dreams, explain riddles, and solve problems [lit., loosen **knots** (קִטְרִין)] were found in this Daniel, whom the king named Belteshazzar. (ESV)

קְטַר	*knot (= joint)*		3x
qĕṭar			S7001
פשׁר	(G, D) *interpret*		2x
pĕšar			S6590

כָּל־קֳבֵל דִּי רוּחַ יַתִּירָה וּמַנְדַּע וְשָׂכְלְתָנוּ מְפַשַּׁר חֶלְמִין וַאַחֲוָיַת אֲחִידָן וּמְשָׁרֵא קִטְרִין הִשְׁתְּכַחַת בֵּהּ בְּדָנִיֵּאל דִּי־מַלְכָּא שָׂם־שְׁמֵהּ בֵּלְטְשַׁאצַּר

because	כָּל־קֳבֵל דִּי
an excellent spirit	רוּחַ יַתִּירָה
knowledge, and understanding	וּמַנְדַּע וְשָׂכְלְתָנוּ
to interpret dreams	מְפַשַּׁר חֶלְמִין
explain riddles	וַאַחֲוָיַת אֲחִידָן
and solve problems [lit., loosen **knots**]	וּמְשָׁרֵא קִטְרִין
were found in this Daniel	הִשְׁתְּכַחַת בֵּהּ בְּדָנִיֵּאל
whom the king named Belteshazzar	דִּי־מַלְכָּא שָׂם־שְׁמֵהּ בֵּלְטְשַׁאצַּר

At the **end** (קְצָת) of **twelve** (תְּרֵי־עֲשַׂר) months he was walking on the roof of his royal palace in Babylon. (MLB)

קְצָת	*end*	3x
qĕṣāt		S7118
תְּרֵי־עֲשַׂר	*twelve*	2x
tĕrê-ʿăśar		S8648

לִקְצָת יַרְחִין תְּרֵי־עֲשַׂר עַל־הֵיכַל מַלְכוּתָא דִּי בָבֶל מְהַלֵּךְ הֲוָה׃

At the **end** of	לִקְצָת
twelve months	יַרְחִין תְּרֵי־עֲשַׂר
he was walking	מְהַלֵּךְ הֲוָה
on the roof of	עַל־
his royal palace	הֵיכַל מַלְכוּתָא
in Babylon	דִּי בָבֶל

There is a man in your kingdom in whom is a spirit of the holy gods; and in the days of your father, **illumination** (נַהִירוּ), **insight** (שָׂכְלְתָנוּ) and wisdom like the wisdom of the gods were found in him. (NASB)

שָׂכְלְתָנוּ *śoḵlĕtānû*	*prudence, insight*	3x S7924
נַהִירוּ *nahîrû*	*enlightenment*	2x S5094

אִיתַי גְּבַר בְּמַלְכוּתָךְ דִּי רוּחַ אֱלָהִין קַדִּישִׁין בֵּהּ וּבְיוֹמֵי אֲבוּךְ נַהִירוּ
וְשָׂכְלְתָנוּ וְחָכְמָה כְּחָכְמַת־אֱלָהִין הִשְׁתְּכַחַת בֵּהּ

There is a man in your kingdom	אִיתַי גְּבַר בְּמַלְכוּתָךְ
in whom is a spirit of the holy gods	דִּי רוּחַ אֱלָהִין קַדִּישִׁין בֵּהּ
and in the days of your father	וּבְיוֹמֵי אֲבוּךְ
illumination, **insight** and wisdom	נַהִירוּ וְשָׂכְלְתָנוּ וְחָכְמָה
like the wisdom of the gods	כְּחָכְמַת־אֱלָהִין
were found in him	הִשְׁתְּכַחַת בֵּהּ

Immediately the sentence was fulfilled against Nebuchadnezzar. He was driven away from human society, ate grass like oxen, and his body was bathed with the dew of heaven, until his **hair** (שַׂעְרֵהּ) grew as long as **eagles**' (נִשְׁרִין) feathers and his nails became like birds' claws. (NRSV)

שְׂעַר *śĕʿ**ar***	*hair*	3x S8177
נְשַׁר *nĕš**ar***	*eagle*	2x S5403

בַּהּ־שַׁעֲתָא מִלְּתָא סָפַת עַל־נְבוּכַדְנֶצַּר וּמִן־אֲנָשָׁא טְרִיד וְעִשְׂבָּא כְתוֹרִין יֵאכֻל וּמִטַּל שְׁמַיָּא גִּשְׁמֵהּ יִצְטַבַּע עַד דִּי שַׂעְרֵהּ כְּנִשְׁרִין רְבָה וְטִפְרוֹהִי כְצִפְּרִין׃

Immediately	בַּהּ־שַׁעֲתָא
the sentence was fulfilled against Nebuchadnezzar	מִלְּתָא סָפַת עַל־נְבוּכַדְנֶצַּר
He was driven away from human society	וּמִן־אֲנָשָׁא טְרִיד
ate grass like oxen	וְעִשְׂבָּא כְתוֹרִין יֵאכֻל
and . . . with the dew of heaven	וּמִטַּל שְׁמַיָּא
his body was bathed	גִּשְׁמֵהּ יִצְטַבַּע
until his **hair** grew as long as **eagles**' feathers	עַד דִּי שַׂעְרֵהּ כְּנִשְׁרִין רְבָה
and his nails became like birds' claws	וְטִפְרוֹהִי כְצִפְּרִין

And behold, another beast, a second one, resembling a bear. And it was raised up on one side, and three ribs were in its mouth **between** (בֵּין) its **teeth** (שִׁנַּהּ); and thus they said to it, "Arise, devour much meat!" (NASB)

שֵׁן *šēn*	*tooth*	3x S8128
בֵּין *bên*	*between*	2x S997

וַאֲרוּ חֵיוָה אָחֳרִי תִנְיָנָה דָּמְיָה לְדֹב וְלִשְׂטַר־חַד הֳקִמַת וּתְלָת עִלְעִין
בְּפֻמַּהּ בֵּין שִׁנַּהּ וְכֵן אָמְרִין לַהּ קוּמִי אֲכֻלִי בְּשַׂר שַׂגִּיא׃

And behold, another beast	וַאֲרוּ חֵיוָה אָחֳרִי
a second one	תִנְיָנָה
resembling a bear	דָּמְיָה לְדֹב
And it was raised up on one side	וְלִשְׂטַר־חַד הֳקִמַת
and three ribs were in its mouth	וּתְלָת עִלְעִין בְּפֻמַּהּ
between its **teeth**	בֵּין שִׁנַּהּ
and thus they said to it	וְכֵן אָמְרִין לַהּ
Arise	קוּמִי
devour much meat!	אֲכֻלִי בְּשַׂר שַׂגִּיא

But leave the stump of its **roots** (שָׁרְשׁוֹהִי) in the earth, bound with a band of iron and bronze, amid the **tender grass** (דִתְאָא) of the field. Let him be wet with the dew of heaven. Let his portion be with the beasts in the grass of the earth. (ESV)

שְׁרֹשׁ *šĕrōš*	*root*	3x S8330
דֶּתֶא *dete'*	*grass*	2x S1883

בְּרַם עִקַּר שָׁרְשׁוֹהִי בְּאַרְעָא שְׁבֻקוּ וּבֶאֱסוּר דִּי־פַרְזֶל וּנְחָשׁ בְּדִתְאָא דִּי בָרָא וּבְטַל שְׁמַיָּא יִצְטַבַּע וְעִם־חֵיוְתָא חֲלָקֵהּ בַּעֲשַׂב אַרְעָא׃

But leave . . . in the earth	בְּרַם . . . בְּאַרְעָא שְׁבֻקוּ
the stump of its **roots**	עִקַּר שָׁרְשׁוֹהִי
bound with a band of iron and bronze	וּבֶאֱסוּר דִּי־פַרְזֶל וּנְחָשׁ
amid the **tender grass** of the field	בְּדִתְאָא דִּי בָרָא
Let him be wet with the dew of heaven	וּבְטַל שְׁמַיָּא יִצְטַבַּע
Let his portion be with the beasts	וְעִם־חֵיוְתָא חֲלָקֵהּ
in the grass of the earth	בַּעֲשַׂב אַרְעָא

King Nebuchadnezzar sent word to assemble the satraps, prefects, governors, **advisers** (**אֲדַרְגָּזְרַיָּא**), treasurers, judges, **magistrates** (**תִּפְתָּיֵא**), and all the rulers of the provinces to attend the dedication of the statue King Nebuchadnezzar had set up. (CSB)

אֲדַרְגָּזַר	*counselor*	2x
*ʾădargā**zar***		S148
תִּפְתָּי	*magistrate*	2x
*tif**tāy***		S8614

וּנְבוּכַדְנֶצַּר מַלְכָּא שְׁלַח לְמִכְנַשׁ לַאֲחַשְׁדַּרְפְּנַיָּא סִגְנַיָּא וּפַחֲוָתָא אֲדַרְגָּזְרַיָּא גְדָבְרַיָּא דְתָבְרַיָּא תִּפְתָּיֵא וְכֹל שִׁלְטֹנֵי מְדִינָתָא לְמֵתֵא לַחֲנֻכַּת צַלְמָא דִּי הֲקֵים נְבוּכַדְנֶצַּר מַלְכָּא׃

King Nebuchadnezzar sent word	וּנְבוּכַדְנֶצַּר מַלְכָּא שְׁלַח
to assemble the satraps	לְמִכְנַשׁ לַאֲחַשְׁדַּרְפְּנַיָּא
prefects, governors, **advisers**	סִגְנַיָּא וּפַחֲוָתָא **אֲדַרְגָּזְרַיָּא**
treasurers, judges, **magistrates**	גְדָבְרַיָּא דְתָבְרַיָּא **תִּפְתָּיֵא**
and all the rulers of the provinces	וְכֹל שִׁלְטֹנֵי מְדִינָתָא
to attend the dedication of the statue	לְמֵתֵא לַחֲנֻכַּת צַלְמָא
King Nebuchadnezzar had set up	דִּי הֲקֵים נְבוּכַדְנֶצַּר מַלְכָּא

DAN 2:5 JULY 24 ▪ WEEK 30 ▪ **DAY 205**

The king replied to the Chaldeans, "The command from me is **firm (אַזְדָּא)**: if you do not make known to me the dream and its interpretation, you will be torn limb from limb [lit., you will be made into **limbs (הַדָּמִין)**] and your houses will be made a rubbish heap." (NASB)

אַזְדָּא *ʾazdāʾ*	*publicly known* thus *irrevocable*	2x S230
הַדָּם *haddām*	*limb*	2x S1917

עָנֵה מַלְכָּא וְאָמַר לְכַשְׂדָּאֵי מִלְּתָא מִנִּי **אַזְדָּא** הֵן לָא תְהוֹדְעוּנַּנִי חֶלְמָא וּפִשְׁרֵהּ **הַדָּמִין** תִּתְעַבְדוּן וּבָתֵּיכוֹן נְוָלִי יִתְּשָׂמוּן׃

The king replied to the Chaldeans	עָנֵה מַלְכָּא וְאָמַר לְכַשְׂדָּאֵי
The command from me is **firm**	מִלְּתָא מִנִּי **אַזְדָּא**
if you do not make known to me	הֵן לָא תְהוֹדְעוּנַּנִי
the dream and its interpretation	חֶלְמָא וּפִשְׁרֵהּ
you will be torn limb from limb [lit., you will be made into **limbs**]	**הַדָּמִין** תִּתְעַבְדוּן
and your houses will be made a rubbish heap	וּבָתֵּיכוֹן נְוָלִי יִתְּשָׂמוּן

Then King Nebuchadnezzar fell on his **face** (אַנְפּ֫וֹהִי), worshiped Daniel, and commanded that a **grain offering** (מִנְחָה) and incense be offered to him. (NRSV)

אֲנַף	*face*	2x
ʾănaf		S600
מִנְחָה	*grain offering*	2x
minḥâ		S4504

בֵּאדַ֫יִן מַלְכָּא נְבוּכַדְנֶצַּר נְפַל עַל־אַנְפּ֫וֹהִי וּלְדָנִיֵּאל סְגִד וּמִנְחָה וְנִיחֹחִין אֲמַר לְנַסָּכָה לֵהּ׃

Then King Nebuchadnezzar	בֵּאדַ֫יִן מַלְכָּא נְבוּכַדְנֶצַּר
fell on his **face**	נְפַל עַל־אַנְפּ֫וֹהִי
worshiped Daniel	וּלְדָנִיֵּאל סְגִד
and . . . a **grain offering** and incense	וּמִנְחָה וְנִיחֹחִין
commanded that	אֲמַר
be offered to him	לְנַסָּכָה לֵהּ

Now I, Nebuchadnezzar, praise and extol and honor the King of heaven, for all his works are **truth** (קְשֹׁט), and his **ways** (אֹרְחָתֵהּ) are justice; and he is able to bring low those who walk in pride. (NRSV)

אֲרַח *ʾŏraḥ*	*path*	2x S735
קְשֹׁט *qĕšōṭ*	*truth*	2x S7187

כְּעַן אֲנָה נְבוּכַדְנֶצַּר מְשַׁבַּח וּמְרוֹמֵם וּמְהַדַּר לְמֶלֶךְ שְׁמַיָּא דִּי כָל־מַעֲבָדוֹהִי קְשֹׁט וְאֹרְחָתֵהּ דִּין וְדִי מַהְלְכִין בְּגֵוָה יָכִל לְהַשְׁפָּלָה׃

Now I, Nebuchadnezzar	כְּעַן אֲנָה נְבוּכַדְנֶצַּר
praise and extol	מְשַׁבַּח וּמְרוֹמֵם
and honor the King of heaven	וּמְהַדַּר לְמֶלֶךְ שְׁמַיָּא
for all his works are **truth**	דִּי כָל־מַעֲבָדוֹהִי קְשֹׁט
and his **ways** are justice	וְאֹרְחָתֵהּ דִּין
and he is able to bring low	וְדִי . . . יָכִל לְהַשְׁפָּלָה
those who walk in pride	מַהְלְכִין בְּגֵוָה

Therefore, O king, let my counsel be acceptable to you: break off your sins by practicing righteousness, and your iniquities by **showing mercy** (מִחַן) to the oppressed, that there may perhaps be a **lengthening** (אַרְכָה) of your prosperity. (ESV)

אַרְכָה *ʾarkâ*	*lengthening, extension*	2x S754
חנן *ḥĕnan*	(G) *show mercy, grace;* (tD) *seek mercy, grace*	2x S2604

לָהֵן מַלְכָּא מִלְכִּי יִשְׁפַּר עֲלָךְ וַחֲטָאָךְ בְּצִדְקָה פְרֻק וַעֲוָיָתָךְ בְּמִחַן
עֲנָיִן הֵן תֶּהֱוֵא אַרְכָה לִשְׁלֵוְתָךְ׃

Therefore, O king	לָהֵן מַלְכָּא
let my counsel be acceptable to you	מִלְכִּי יִשְׁפַּר עֲלָךְ
break off your sins by practicing righteousness	וַחֲטָאָךְ בְּצִדְקָה פְרֻק
and your iniquities by **showing mercy** to the oppressed	וַעֲוָיָתָךְ בְּמִחַן עֲנָיִן
that there may perhaps be	הֵן תֶּהֱוֵא
a **lengthening** of your prosperity	אַרְכָה לִשְׁלֵוְתָךְ

EZRA 4:15 JULY 28 ▪ WEEK 30 ▪ **DAY 209**

in order that search may be made in the book of the **records** (דָּכְרָנַיָּא) of your fathers. You will find in the book of the **records** (דָּכְרָנַיָּא) and learn that this city is a rebellious city . . . and that **sedition** (אֶשְׁתַּדּוּר) was stirred up in it from of old. (ESV)

אֶשְׁתַּדּוּר	*insurrection*	2x
*ʾeštad**dûr***		S849
דָּכְרָן	*records*	2x
doḵrān		S1799

דִּי יְבַקַּר בִּסְפַר־**דָּכְרָנַיָּא** דִּי אֲבָהָתָךְ וּתְהַשְׁכַּח בִּסְפַר **דָּכְרָנַיָּא** וְתִנְדַּע דִּי קִרְיְתָא דָךְ קִרְיָא מָרָדָא . . . וְ**אֶשְׁתַּדּוּר** עָבְדִין בְּגַוַּהּ מִן־יוֹמָת עָלְמָא

in order that search may be made	דִּי יְבַקַּר
in the book of the **records** of your fathers	בִּסְפַר־**דָּכְרָנַיָּא** דִּי אֲבָהָתָךְ
You will find in the book of the **records**	וּתְהַשְׁכַּח בִּסְפַר **דָּכְרָנַיָּא**
and learn that	וְתִנְדַּע דִּי
this city is a rebellious city . . .	קִרְיְתָא דָךְ קִרְיָא מָרָדָא . . .
and that **sedition** was stirred up in it	וְ**אֶשְׁתַּדּוּר** עָבְדִין בְּגַוַּהּ
from of old	מִן־יוֹמָת עָלְמָא

All the presidents of the kingdom . . . have agreed . . . that whoever petitions [lit., requests a **request** (בָּעוּ) of] any god or man for **thirty** (תְּלָתִין) days, except you, O king, shall be cast into the den of lions. (MLB)

בָּעוּ *bāʿû*	*request, prayer*	2x S1159
תְּלָתִין *tĕlātîn*	*thirty*	2x S8533

אִתְיָעַטוּ כֹּל סָרְכֵי מַלְכוּתָא . . . דִּי כָל־דִּי־יִבְעֵה **בָעוּ** מִן־כָּל־אֱלָהּ וֶאֱנָשׁ עַד־יוֹמִין **תְּלָתִין** לָהֵן מִנָּךְ מַלְכָּא יִתְרְמֵא לְגֹב אַרְיָוָתָא׃

All the presidents of the kingdom . . .	כֹּל סָרְכֵי מַלְכוּתָא . . .
have agreed . . .	אִתְיָעַטוּ
that whoever petitions [lit., requests a **request** of]	דִּי כָל־דִּי־יִבְעֵה **בָעוּ** מִן־
any god or man	כָּל־אֱלָהּ וֶאֱנָשׁ
for **thirty** days	עַד־יוֹמִין **תְּלָתִין**
except you, O king	לָהֵן מִנָּךְ מַלְכָּא
shall be cast into the den of lions	יִתְרְמֵא לְגֹב אַרְיָוָתָא

up to a hundred talents of silver, a hundred cors of **wheat** (חִנְטִין), a hundred **baths** (בַּתִּין) of wine, a hundred **baths** (בַּתִּין) of olive oil, and salt without limit. (NIV)

בַּת	volume measure *bath*	2x
bat		S1325
חִנְטָה	*wheat*	2x
ḥinṭâ		S2591

עַד־כְּסַף כַּכְּרִין מְאָה וְעַד־חִנְטִין כֹּרִין מְאָה וְעַד־חֲמַר בַּתִּין מְאָה
וְעַד־בַּתִּין מְשַׁח מְאָה וּמְלַח דִּי־לָא כְתָב׃

up to a hundred talents of silver	עַד־כְּסַף כַּכְּרִין מְאָה
a hundred cors of **wheat**	וְעַד־חִנְטִין כֹּרִין מְאָה
a hundred **baths** of wine	וְעַד־חֲמַר בַּתִּין מְאָה
a hundred **baths** of olive oil	וְעַד־בַּתִּין מְשַׁח מְאָה
and salt	וּמְלַח
without limit	דִּי־לָא כְתָב

DAY 212 ▪ WEEK 31 ▪ JULY 31 DAN 3:2

King Nebuchadnezzar sent word to assemble the satraps, prefects, governors, advisers, **treasurers** (גְּדָבְרַיָּא), **judges** (דְּתָבְרַיָּא), magistrates, and all the rulers of the provinces to attend the dedication of the statue King Nebuchadnezzar had set up. (CSB)

גְּדָבַר *gĕdā**var***	*treasurer*	2x S1411
דְּתָבַר *dĕtā**var***	*judge*	2x S1884

וּנְבוּכַדְנֶצַּר מַלְכָּא שְׁלַח לְמִכְנַשׁ לַאֲחַשְׁדַּרְפְּנַיָּא סִגְנַיָּא וּפַחֲוָתָא אֲדַרְגָּזְרַיָּא גְּדָבְרַיָּא דְּתָבְרַיָּא תִּפְתָּיֵא וְכֹל שִׁלְטֹנֵי מְדִינָתָא לְמֵתֵא לַחֲנֻכַּת צַלְמָא דִּי הֲקֵים נְבוּכַדְנֶצַּר מַלְכָּא׃

King Nebuchadnezzar sent word	וּנְבוּכַדְנֶצַּר מַלְכָּא שְׁלַח
to assemble the satraps	לְמִכְנַשׁ לַאֲחַשְׁדַּרְפְּנַיָּא
prefects, governors, advisers	סִגְנַיָּא וּפַחֲוָתָא אֲדַרְגָּזְרַיָּא
treasurers, **judges**, magistrates	גְּדָבְרַיָּא דְּתָבְרַיָּא תִּפְתָּיֵא
and all the rulers of the provinces	וְכֹל שִׁלְטֹנֵי מְדִינָתָא
to attend the dedication of the statue	לְמֵתֵא לַחֲנֻכַּת צַלְמָא
King Nebuchadnezzar had set up	דִּי הֲקֵים נְבוּכַדְנֶצַּר מַלְכָּא

EZRA 6:4

with three **courses** (נִדְבָּכִין) of **hewn** (גְּלָל) stones and one **course** (נִדְבָּךְ) of timber; let the cost be paid from the royal treasury. (NRSV)

גְּלָל gĕlāl	huge; hewn	2x S1560
נִדְבָּךְ nidbāḵ	course, layer	2x S5073

נִדְבָּכִין דִּי־אֶבֶן גְּלָל תְּלָתָא וְנִדְבָּךְ דִּי־אָע חֲדַת וְנִפְקְתָא מִן־בֵּית מַלְכָּא תִּתְיְהִב:

with three **courses**	נִדְבָּכִין . . . תְּלָתָא
of **hewn** stones	דִּי־אֶבֶן גְּלָל
and one **course**	וְנִדְבָּךְ . . . חֲדַת
of timber	דִּי־אָע
let the cost be paid	וְנִפְקְתָא . . . תִּתְיְהִב
from the royal treasury	מִן־בֵּית מַלְכָּא

DAY 214 ▪ WEEK 31 ▪ AUG 2 **EZRA 5:1**

When the prophets, **Haggai** (חַגַּי) the prophet and **Zechariah** (זְכַרְיָה) the son of Iddo, prophesied to the Jews who were in Judah and Jerusalem in the name of the God of Israel, who was over them, . . . (NASB)

זְכַרְיָה	*Zechariah*	2x
zĕḵaryâ		S2148
חַגַּי	*Haggai*	2x
ḥaggay		S2292

וְהִתְנַבִּי חַגַּי נְבִיָּא וּזְכַרְיָה בַר־עִדּוֹא נְבִיַּיָּא עַל־יְהוּדָיֵא דִּי בִיהוּד וּבִירוּשְׁלֶם בְּשֻׁם אֱלָהּ יִשְׂרָאֵל עֲלֵיהוֹן׃

When the prophets . . . prophesied	וְהִתְנַבִּי . . . נְבִיַּיָּא
Haggai the prophet	חַגַּי נְבִיָּא
and **Zechariah** the son of Iddo	וּזְכַרְיָה בַר־עִדּוֹא
to the Jews	עַל־יְהוּדָיֵא
who were in Judah and Jerusalem	דִּי בִיהוּד וּבִירוּשְׁלֶם
in the name of the God of Israel	בְּשֻׁם אֱלָהּ יִשְׂרָאֵל
who was over them	עֲלֵיהוֹן

For this reason, because the king's command **was urgent** (מַחְצְפָה) and the furnace had been made extremely hot, the **flame** (שְׁבִיבָא) of the fire slew those men who carried up Shadrach, Meshach and Abed-nego. (NASB)

חצף *ḥăṣaf*	(H) *be harsh*	2x S2685
שְׁבִיב *šĕvîv*	*flame*	2x S7631

כָּל־קֳבֵל דְּנָה מִן־דִּי מִלַּת מַלְכָּא **מַחְצְפָה** וְאַתּוּנָא אֵזֵה יַתִּירָא גֻּבְרַיָּא אִלֵּךְ דִּי הַסִּקוּ לְשַׁדְרַךְ מֵישַׁךְ וַעֲבֵד נְגוֹ קַטִּל הִמּוֹן **שְׁבִיבָא** דִּי נוּרָא׃

For this reason	כָּל־קֳבֵל דְּנָה
because	מִן־דִּי
the king's command **was urgent**	מִלַּת מַלְכָּא **מַחְצְפָה**
and the furnace had been made extremely hot	וְאַתּוּנָא אֵזֵה יַתִּירָא
the **flame** of the fire slew	קַטִּל . . . **שְׁבִיבָא** דִּי נוּרָא
those men	גֻּבְרַיָּא אִלֵּךְ . . . הִמּוֹן
who carried up Shadrach, Meshach and Abed-nego	דִּי הַסִּקוּ לְשַׁדְרַךְ מֵישַׁךְ וַעֲבֵד נְגוֹ

Therefore, if it seems **good** (טָב) to the king, let search be made in the royal archives there in Babylon. . . . And let the king send us his **pleasure** (רְעוּת) in this matter. (ESV)

טָב	*good*	2x	
ṭāv		S2869	
רְעוּ	*will, pleasure*	2x	
rĕʿû		S7470	

וּכְעַן הֵן עַל־מַלְכָּא טָב יִתְבַּקַּר בְּבֵית גִּנְזַיָּא דִּי־מַלְכָּא תַמָּה דִּי
בְּבָבֶל . . . וּרְעוּת מַלְכָּא עַל־דְּנָה יִשְׁלַח עֲלֶינָא׃

Therefore, if it seems **good** to the king	וּכְעַן הֵן עַל־מַלְכָּא טָב
let search be made	יִתְבַּקַּר
in the royal archives	בְּבֵית גִּנְזַיָּא דִּי־מַלְכָּא
there in Babylon. . . .	תַּמָּה דִּי בְּבָבֶל . . .
And let the king send us his **pleasure**	וּרְעוּת מַלְכָּא . . . יִשְׁלַח עֲלֶינָא
in this matter	עַל־דְּנָה

Immediately what had been said about Nebuchadnezzar **was fulfilled** (סָפַת). He was driven away from people and ate grass like the ox. His body was drenched with the dew of heaven until his hair grew like the feathers of an eagle and his **nails** (טִפְרוֹהִי) like the claws of a bird. (NIV)

טְפַר *ṭĕfar*	*nail, claw*	2x S2953
סוף *sûf*	(G) *be fulfilled;* (H) *bring to an end, annihilate*	2x S5487

בַּהּ־שַׁעֲתָא מִלְּתָא **סָפַת** עַל־נְבוּכַדְנֶצַּר וּמִן־אֲנָשָׁא טְרִיד וְעִשְׂבָּא כְתוֹרִין יֵאכֻל וּמִטַּל שְׁמַיָּא גִּשְׁמֵהּ יִצְטַבַּע עַד דִּי שַׂעְרֵהּ כְּנִשְׁרִין רְבָה וְטִפְרוֹהִי כְצִפְּרִין׃

Immediately	בַּהּ־שַׁעֲתָא
what had been said about Nebuchadnezzar **was fulfilled**	מִלְּתָא **סָפַת** עַל־נְבוּכַדְנֶצַּר
He was driven away from people	וּמִן־אֲנָשָׁא טְרִיד
and ate grass like the ox	וְעִשְׂבָּא כְתוֹרִין יֵאכֻל
His body was drenched with the dew of heaven	וּמִטַּל שְׁמַיָּא גִּשְׁמֵהּ יִצְטַבַּע
until	עַד דִּי
his hair grew like the feathers of an eagle	שַׂעְרֵהּ כְּנִשְׁרִין רְבָה
and his **nails** like the claws of a bird	וְטִפְרוֹהִי כְצִפְּרִין

Although Daniel knew that the document had been signed, he continued to go to his house, which had windows in its upper room **open** (פְּתִיחָן) toward Jerusalem, and to get down on his knees three times a day to pray to his God and **praise** (מוֹדֵא) him, just as he had done previously. (NRSV)

ידה yĕdâ	(H) *give thanks*	2x S3029
פתח pĕtaḥ	(Gp) *be opened*	2x S6606

וְדָנִיֵּאל כְּדִי יְדַע דִּי־רְשִׁים כְּתָבָא עַל לְבַיְתֵהּ וְכַוִּין **פְּתִיחָן** לֵהּ בְּעִלִּיתֵהּ נֶגֶד יְרוּשְׁלֶם וְזִמְנִין תְּלָתָה בְיוֹמָא הוּא בָּרֵךְ עַל־בִּרְכוֹהִי וּמְצַלֵּא **וּמוֹדֵא** קֳדָם אֱלָהֵהּ כָּל־קֳבֵל דִּי־הֲוָא עָבֵד מִן־קַדְמַת דְּנָה:

Although Daniel knew that the document had been signed	וְדָנִיֵּאל כְּדִי יְדַע דִּי־רְשִׁים כְּתָבָא
he continued to go to his house	עַל לְבַיְתֵהּ
which had windows in its upper room **open** toward Jerusalem	וְכַוִּין **פְּתִיחָן** לֵהּ בְּעִלִּיתֵהּ נֶגֶד יְרוּשְׁלֶם
and to get down on his knees three times a day	וְזִמְנִין תְּלָתָה בְיוֹמָא הוּא בָּרֵךְ עַל־בִּרְכוֹהִי
to pray to his God and **praise** him	וּמְצַלֵּא **וּמוֹדֵא** קֳדָם אֱלָהֵהּ
just as he had done previously	כָּל־קֳבֵל דִּי־הֲוָא עָבֵד מִן־קַדְמַת דְּנָה

and the rest of the nations which the great and **honorable** (יַקִּירָא) Osnappar deported and settled in the city of **Samaria** (שָׁמְרָיִן), and in the rest of the region beyond the River. (NASB)

יַקִּיר	*difficult, noble*	2x
yaqqîr		S3358
שָׁמְרַיִן	*Samaria*	2x
šomrayin		S8115

וּשְׁאָר אֻמַּיָּא דִּי הַגְלִי אָסְנַפַּר רַבָּא וְיַקִּירָא וְהוֹתֵב הִמּוֹ בְּקִרְיָה דִּי שָׁמְרָיִן וּשְׁאָר עֲבַר־נַהֲרָה

and the rest of the nations	וּשְׁאָר אֻמַּיָּא
which the great and **honorable** Osnappar	דִּי . . . אָסְנַפַּר רַבָּא וְיַקִּירָא
deported	הַגְלִי
and settled	וְהוֹתֵב הִמּוֹ
in the city of **Samaria**	בְּקִרְיָה דִּי שָׁמְרָיִן
and in the rest of the region beyond the River	וּשְׁאָר עֲבַר־נַהֲרָה

DAY 220 ▪ WEEK 32 ▪ AUG 8   **EZRA 6:15**

This house was completed on the third day of the **month** (לִירַח) of Adar in the sixth year [lit., year of **six** (שֵׁת)] of the reign of King Darius. (CSB)

יְרַח yĕraḥ	month	2x S3393
שֵׁת šēt	six	2x S8353

וְשֵׁיצִיא בַּיְתָה דְנָה עַד יוֹם תְּלָתָה לִירַח אֲדָר דִּי־הִיא שְׁנַת־שֵׁת לְמַלְכוּת דָּרְיָוֶשׁ מַלְכָּא:

This house was completed	וְשֵׁיצִיא בַּיְתָה דְנָה
on the third day	עַד יוֹם תְּלָתָה
of the **month** of Adar	לִירַח אֲדָר
in the sixth year [lit., year of **six**]	דִּי־הִיא שְׁנַת־שֵׁת
of the reign of King Darius	לְמַלְכוּת דָּרְיָוֶשׁ מַלְכָּא

Then these men were tied up in their **trousers** (סַרְבָּלֵיהוֹן), their coats, their caps and their other **clothes** (לְבֻשֵׁיהוֹן), and were cast into the midst of the furnace of blazing fire. (NASB)

לְבוּשׁ	*clothing*	2x
lĕvûš		S3831
סַרְבָּל	*trousers (?); coat (?)*	2x
sarbāl		S5622

בֵּאדַיִן גֻּבְרַיָּא אִלֵּךְ כְּפִתוּ בְּסַרְבָּלֵיהוֹן פַּטְּשֵׁיהוֹן וְכַרְבְּלָתְהוֹן
וּלְבֻשֵׁיהוֹן וּרְמִיו לְגוֹא־אַתּוּן נוּרָא יָקִדְתָּא׃

Then these men	בֵּאדַיִן גֻּבְרַיָּא אִלֵּךְ
were tied up	כְּפִתוּ
in their **trousers**, their coats	בְּסַרְבָּלֵיהוֹן פַּטְּשֵׁיהוֹן
their caps and their other **clothes**	וְכַרְבְּלָתְהוֹן וּלְבֻשֵׁיהוֹן
and were cast into the midst of the furnace of	וּרְמִיו לְגוֹא־אַתּוּן
blazing fire	נוּרָא יָקִדְתָּא

DAY 222 • WEEK 32 • AUG 10 — DAN 4:9 [12]

Its leaves were **beautiful** (שַׁפִּיר), its fruit was abundant, and on it was **food** (מָזוֹן) for all. Wild animals found shelter under it, the birds of the sky lived in its branches, and every creature was fed from it. (CSB)

מָזוֹן māzôn	food	2x S4203
שַׁפִּיר šappîr	beautiful	2x S8209

עָפְיֵהּ שַׁפִּיר וְאִנְבֵּהּ שַׂגִּיא וּמָזוֹן לְכֹלָּא־בֵהּ תְּחֹתוֹהִי תַּטְלֵל חֵיוַת בָּרָא וּבְעַנְפוֹהִי יְדוּרָן צִפֲּרֵי שְׁמַיָּא וּמִנֵּהּ יִתְּזִין כָּל־בִּשְׂרָא׃

Its leaves were **beautiful**	עָפְיֵהּ שַׁפִּיר
its fruit was abundant	וְאִנְבֵּהּ שַׂגִּיא
and on it was **food** for all	וּמָזוֹן לְכֹלָּא־בֵהּ
Wild animals found shelter under it	תְּחֹתוֹהִי תַּטְלֵל חֵיוַת בָּרָא
the birds of the sky lived in its branches	וּבְעַנְפוֹהִי יְדוּרָן צִפֲּרֵי שְׁמַיָּא
and every creature was fed from it	וּמִנֵּהּ יִתְּזִין כָּל־בִּשְׂרָא

DAN 5:25 — AUG 11 • WEEK 32 • DAY 223

And this is the writing that was inscribed: **MENE** (מְנֵא), **MENE** (מְנֵא), **TEKEL** (תְּקֵל), and PARSIN. (ESV)

| מְנֵא
mĕnēʾ | weight measure *mina*, or Gp ptcp ms מנה counted; MENE | 2x
S4484 |
| תְּקֵל
tĕqēl | weight measure *shekel*, or pun on תְּקִיל Gp ptcp ms תקל *weighed*; TEKEL | 2x
S8625 |

וּדְנָה כְתָבָא דִּי רְשִׁים מְנֵא מְנֵא תְּקֵל וּפַרְסִין׃

And this is the writing	וּדְנָה כְתָבָא
that was inscribed	דִּי רְשִׁים
MENE, MENE	מְנֵא מְנֵא
TEKEL	תְּקֵל
and PARSIN	וּפַרְסִין

DAY 224 ▪ WEEK 32 ▪ AUG 12 — EZRA 6:10

so that they can offer **sacrifices of pleasing aroma** (נִיחוֹחִין) to the God of the heavens and **pray** (מְצַלַּיִן) for the life of the king and his sons. (CSB)

נִיחוֹחַ nîḥôaḥ	soothing sacrifice, incense offering	2x S5208
צלה ṣĕlâ	(D) pray	2x S6739

דִּי־לֶהֱוֺן מְהַקְרְבִין נִיחוֹחִין לֶאֱלָהּ שְׁמַיָּא וּמְצַלַּיִן לְחַיֵּי מַלְכָּא וּבְנוֹהִי׃

so that they can offer	דִּי־לֶהֱוֺן מְהַקְרְבִין
sacrifices of pleasing aroma	נִיחוֹחִין
to the God of the heavens	לֶאֱלָהּ שְׁמַיָּא
and **pray**	וּמְצַלַּיִן
for the life of	לְחַיֵּי
the king and his sons	מַלְכָּא וּבְנוֹהִי

Moreover I make a decree regarding what you shall do for these elders of the Jews for the rebuilding of this house of God: the **cost** (**נִפְקְתָא**) is to be paid to these people, in full and without delay, from the royal **revenue** (**נִכְסֵי**), the tribute of the province Beyond the River. (NRSV)

נְכַס *nĕkas*	*property, wealth*	2x S5232
נִפְקָה *nifqâ*	*cost, expense*	2x S5313

וּמִנִּי שִׂים טְעֵם לְמָא דִי־תַעַבְדוּן עִם־שָׂבֵי יְהוּדָיֵא אִלֵּךְ לְמִבְנֵא
בֵּית־אֱלָהָא דֵךְ וּמִנִּכְסֵי מַלְכָּא דִּי מִדַּת עֲבַר נַהֲרָה אָסְפַּרְנָא
נִפְקְתָא תֶּהֱוֵא מִתְיַהֲבָא לְגֻבְרַיָּא אִלֵּךְ דִּי־לָא לְבַטָּלָא׃

Moreover I make a decree	וּמִנִּי שִׂים טְעֵם
regarding what you shall do for these elders of the Jews	לְמָא דִי־תַעַבְדוּן עִם־שָׂבֵי יְהוּדָיֵא אִלֵּךְ
for the rebuilding of this house of God	לְמִבְנֵא בֵּית־אֱלָהָא דֵךְ
the **cost** is to be paid to these people	**נִפְקְתָא** תֶּהֱוֵא מִתְיַהֲבָא לְגֻבְרַיָּא אִלֵּךְ
in full and without delay	אָסְפַּרְנָא . . . דִּי־לָא לְבַטָּלָא
from the royal **revenue**	וּמִ**נִּכְסֵי** מַלְכָּא
the tribute of the province Beyond the River	דִּי מִדַּת עֲבַר נַהֲרָה

GEN 31:47

Laban called it **Jegar Sahadutha** (יְגַר שָׂהֲדוּתָא) [i.e., the **heap** (יְגַר) of **witness** (שָׂהֲדוּ)], and Jacob called it Galeed. (NIV)

יְגַר yĕgar	heap	1x
שָׂהֲדוּ śāhădû	witness, testimony	1x
יְגַר שָׂהֲדוּתָא yĕgar śāhădûtāʾ	Jegar-sahadutha	1x S3026

וַיִּקְרָא־לוֹ לָבָן יְגַר שָׂהֲדוּתָא וְיַעֲקֹב קָרָא לוֹ גַּלְעֵד:

Laban called it	וַיִּקְרָא־לוֹ לָבָן
Jegar Sahadutha [i.e., the **heap** of **witness**]	יְגַר שָׂהֲדוּתָא
and Jacob called it	וְיַעֲקֹב קָרָא לוֹ
Galeed	גַּלְעֵד

JER 10:11

AUG 15 ■ WEEK 33 ■ **DAY 227**

Thus shall you say to them, "The gods who did not make the heavens and the **earth** (אַרְקָא) shall perish from the earth and from under the [lit., **these** (אֵלֶּה)] heavens." (MLB)

אֵלֶּה	these	1x
ʾēllê		S429
אֲרַק	earth, land	1x
ʾăraq		S778

כִּדְנָה תֵּאמְרוּן לְהוֹם אֱלָהַיָּא דִּי־שְׁמַיָּא וְאַרְקָא לָא עֲבַדוּ יֵאבַדוּ מֵאַרְעָא וּמִן־תְּחוֹת שְׁמַיָּא אֵלֶּה׃

Thus	כִּדְנָה
shall you say to them	תֵּאמְרוּן לְהוֹם
The gods	אֱלָהַיָּא
who did not make	דִּי־ . . . לָא עֲבַדוּ
the heavens and the **earth**	שְׁמַיָּא וְאַרְקָא
shall perish	יֵאבַדוּ
from the earth	מֵאַרְעָא
and from under the [lit., **these**] heavens	וּמִן־תְּחוֹת שְׁמַיָּא אֵלֶּה

DAY 228 ▪ WEEK 33 ▪ AUG 16 — DAN 2:4

The Chaldeans replied to the king in **Aramaic** (אֲרָמִית): "O king, live forever! Tell your servants the dream, and we will show its meaning." (MLB)

אֲרָמִי	Aramaic	1x
ʾărāmî		S761

וַיְדַבְּרוּ הַכַּשְׂדִּים לַמֶּלֶךְ אֲרָמִית מַלְכָּא לְעָלְמִין חֱיִי אֱמַר חֶלְמָא לְעַבְדָךְ וּפִשְׁרָא נְחַוֵּא:

The Chaldeans replied to the king	וַיְדַבְּרוּ הַכַּשְׂדִּים לַמֶּלֶךְ
in **Aramaic**	אֲרָמִית
O king	מַלְכָּא
live forever!	לְעָלְמִין חֱיִי
Tell your servants the dream	אֱמַר חֶלְמָא לְעַבְדָךְ
and we will show its meaning	וּפִשְׁרָא נְחַוֵּא

They answered a **second time** (תִּנְיָנוּת) and said, "Let the king tell the dream to his servants, and we will declare the interpretation." (NASB)

תִּנְיָנוּת	*second time, again*	1x
*tinyā**nût***		S8579

עֲנוֹ תִּנְיָנוּת וְאָמְרִין מַלְכָּא חֶלְמָא יֵאמַר לְעַבְדוֹהִי וּפִשְׁרָה נְהַחֲוֵה׃

They answered a **second time**	עֲנוֹ תִּנְיָנוּת
and said	וְאָמְרִין
Let the king tell the dream	מַלְכָּא חֶלְמָא יֵאמַר
to his servants	לְעַבְדוֹהִי
and we will declare the interpretation	וּפִשְׁרָה נְהַחֲוֵה

The king answered and said, "I know with certainty that **you** (**אַנְתּוּן**) are trying to gain [lit., **are trying to buy** (**זָבְנִין**)] time, because you see that the word from me is firm." (ESV)

אַנְתּוּן *ʾantûn*	*you*	1x S608
זבן *zĕvan*	*buy*	1x S2084

עָנֵה מַלְכָּא וְאָמַר מִן־יַצִּיב יָדַע אֲנָה דִּי עִדָּנָא **אַנְתּוּן** **זָבְנִין** כָּל־קֳבֵל
דִּי חֲזֵיתוֹן דִּי אַזְדָּא מִנִּי מִלְּתָא׃

The king answered and said	עָנֵה מַלְכָּא וְאָמַר
I know . . . that	יָדַע אֲנָה דִּי
with certainty	מִן־יַצִּיב
you are trying to gain [lit., **are trying to buy**] time	עִדָּנָא אַנְתּוּן זָבְנִין
because	כָּל־קֳבֵל דִּי
you see that	חֲזֵיתוֹן דִּי
the word from me	מִנִּי מִלְּתָא
is firm	אַזְדָּא

If you don't tell me the dream, there is one decree for you. **You have conspired** (הִזְדְּמִנְתּוּן) to tell me something **false** (כִּדְבָה) or fraudulent until the situation changes. So tell me the dream and I will know you can give me its interpretation. (CSB)

זמן *zĕ**man***	*conspire*	1x S2164
כִּדְבָה *kid**vâ***	*lie, false*	1x S3538

דִּי הֵן־חֶלְמָא לָא תְהוֹדְעֻנַּנִי חֲדָה־הִיא דָתְכוֹן וּמִלָּה **כִדְבָה** וּשְׁחִיתָה **הִזְדְּמִנְתּוּן** לְמֵאמַר קָדָמַי עַד דִּי עִדָּנָא יִשְׁתַּנֵּא לָהֵן חֶלְמָא אֱמַרוּ לִי וְאִנְדַּע דִּי פִשְׁרֵהּ תְּהַחֲוֻנַּנִי׃

If you don't tell me the dream	דִּי הֵן־חֶלְמָא לָא תְהוֹדְעֻנַּנִי
there is one decree for you	חֲדָה־הִיא דָתְכוֹן
You have conspired to tell me	**הִזְדְּמִנְתּוּן** לְמֵאמַר קָדָמַי
something **false** or fraudulent	וּמִלָּה **כִדְבָה** וּשְׁחִיתָה
until the situation changes	עַד דִּי עִדָּנָא יִשְׁתַּנֵּא
So tell me the dream	לָהֵן חֶלְמָא אֱמַרוּ לִי
and I will know	וְאִנְדַּע דִּי
you can give me its interpretation	פִשְׁרֵהּ תְּהַחֲוֻנַּנִי

The Chaldeans answered the king and said, "There is not a man on earth [lit., **dry land (יַבֶּשְׁתָּא)**] who could declare the matter for the king, inasmuch as no great king or ruler has ever asked anything like this of any magician, conjurer or Chaldean." (NASB)

יַבְּשָׁה	*dry land, earth*	1x
yabbĕšâ		S3007

עֲנוֹ כַשְׂדָּאֵי קֳדָם־מַלְכָּא וְאָמְרִין לָא־אִיתַי אֱנָשׁ עַל־יַבֶּשְׁתָּא דִּי מִלַּת מַלְכָּא יוּכַל לְהַחֲוָיָה כָּל־קֳבֵל דִּי כָּל־מֶלֶךְ רַב וְשַׁלִּיט מִלָּה כִדְנָה לָא שְׁאֵל לְכָל־חַרְטֹּם וְאָשַׁף וְכַשְׂדָּי׃

The Chaldeans answered the king and said	עֲנוֹ כַשְׂדָּאֵי קֳדָם־מַלְכָּא וְאָמְרִין
There is not a man	לָא־אִיתַי אֱנָשׁ
on earth [lit., **dry land**]	עַל־**יַבֶּשְׁתָּא**
who could declare	דִּי . . . יוּכַל לְהַחֲוָיָה
the matter for the king	מִלַּת מַלְכָּא
inasmuch as	כָּל־קֳבֵל דִּי
no great king or ruler	כָּל־מֶלֶךְ רַב וְשַׁלִּיט
has ever asked anything like this	מִלָּה כִדְנָה לָא שְׁאֵל
of any magician, conjurer or Chaldean	לְכָל־חַרְטֹּם וְאָשַׁף וְכַשְׂדָּי

Because of this the king **was angry** (בְּנַס) and very **furious** (קְצַף), and commanded that all the wise men of Babylon be destroyed. (ESV)

בנס	*be enraged*	1x
bĕnas		S1149
קצף	*be furious*	1x
qĕṣaf		S7108

כָּל־קֳבֵל דְּנָה מַלְכָּא בְּנַס וּקְצַף שַׂגִּיא וַאֲמַר לְהוֹבָדָה לְכֹל חַכִּימֵי בָבֶל׃

Because of this	כָּל־קֳבֵל דְּנָה
the king **was angry**	מַלְכָּא בְּנַס
and very **furious**	וּקְצַף שַׂגִּיא
and commanded that	וַאֲמַר
all the wise men of Babylon	לְכֹל חַכִּימֵי בָבֶל
be destroyed	לְהוֹבָדָה

Then Daniel replied with prudence [lit., **counsel (עֵטָא)**] and discretion to Arioch, the captain of the king's guard [lit., **guardsmen (טַבָּחַיָּא)**], who had gone out to kill the wise men of Babylon. (ESV)

טַבָּח *ṭabbāḥ*	*executioner, bodyguard*	1x S2877
עֵטָה *ʿēṭâ*	*counsel*	1x S5843

בֵּאדַיִן דָּנִיֵּאל הֲתִיב **עֵטָא** וּטְעֵם לְאַרְיוֹךְ רַב־**טַבָּחַיָּא** דִּי מַלְכָּא דִּי נְפַק לְקַטָּלָה לְחַכִּימֵי בָּבֶל׃

Then Daniel replied	בֵּאדַיִן דָּנִיֵּאל הֲתִיב
with prudence [lit., **counsel**] and discretion	**עֵטָא** וּטְעֵם
to Arioch	לְאַרְיוֹךְ
the captain of the king's guard [lit., **guardsmen**]	רַב־**טַבָּחַיָּא** דִּי מַלְכָּא
who had gone out	דִּי נְפַק
to kill	לְקַטָּלָה
the wise men of Babylon	לְחַכִּימֵי בָּבֶל

Then Daniel went to his house and made the matter known to **Hananiah** (חֲנַנְיָה), **Mishael** (מִישָׁאֵל), and **Azariah** (עֲזַרְיָה), his companions. (ESV)

חֲנַנְיָה	*Hananiah*	1x
ḥănanyâ		S2608
מִישָׁאֵל	*Mishael*	1x
mîšāʾēl		S4333
עֲזַרְיָה	*Azariah*	1x
ʿăzaryâ		S5839

אֱדַיִן דָּנִיֵּאל לְבַיְתֵהּ אֲזַל וְלַחֲנַנְיָה מִישָׁאֵל וַעֲזַרְיָה חַבְרוֹהִי מִלְּתָא הוֹדַע׃

Then Daniel went	אֱדַיִן דָּנִיֵּאל . . . אֲזַל
to his house	לְבַיְתֵהּ
and . . . to **Hananiah**, **Mishael**, and **Azariah**	וְלַחֲנַנְיָה מִישָׁאֵל וַעֲזַרְיָה
made the matter known	מִלְּתָא הוֹדַע
his companions	חַבְרוֹהִי

so that they might request **compassion** (רַחֲמִין) from the God of heaven concerning this mystery, so that Daniel and his friends would not be destroyed with the rest of the wise men of Babylon. (NASB)

רַחֲמִין	*compassion*	1x
raḥămîn		S7359

וְרַחֲמִין לְמִבְעֵא מִן־קֳדָם אֱלָהּ שְׁמַיָּא עַל־רָזָה דְּנָה דִּי לָא יְהֹבְדוּן
דָּנִיֵּאל וְחַבְרוֹהִי עִם־שְׁאָר חַכִּימֵי בָבֶל׃

so that they might request **compassion**	וְרַחֲמִין לְמִבְעֵא
from the God of heaven	מִן־קֳדָם אֱלָהּ שְׁמַיָּא
concerning this mystery	עַל־רָזָה דְּנָה
so that Daniel and his friends	דִּי . . . דָּנִיֵּאל וְחַבְרוֹהִי
would not be destroyed	לָא יְהֹבְדוּן
with the rest of	עִם־שְׁאָר
the wise men of Babylon	חַכִּימֵי בָבֶל

DAN 2:21 AUG 25 ▪ WEEK 34 ▪ **DAY 237**

He changes the times and the seasons; He removes kings and He sets up kings; He gives wisdom to the wise, and knowledge to those who have [lit., know] **understanding (בִּינָה)**. (MLB)

בִּינָה	*understanding*	1x
bînâ		S999

וְהוּא מְהַשְׁנֵא עִדָּנַיָּא וְזִמְנַיָּא מְהַעְדֵּה מַלְכִין וּמְהָקֵים מַלְכִין יָהֵב
חָכְמְתָא לְחַכִּימִין וּמַנְדְּעָא לְיָדְעֵי בִינָה׃

He changes	וְהוּא מְהַשְׁנֵא
the times and the seasons	עִדָּנַיָּא וְזִמְנַיָּא
He removes kings	מְהַעְדֵּה מַלְכִין
and He sets up kings	וּמְהָקֵים מַלְכִין
He gives wisdom	יָהֵב חָכְמְתָא
to the wise	לְחַכִּימִין
and knowledge	וּמַנְדְּעָא
to those who have [lit., know] **understanding**	לְיָדְעֵי בִּינָה

He reveals **deep** (**עַמִּיקָתָא**) and **mysterious** (**מְסַתְּרָתָא**) things; He knows what is in the **darkness** (**חֲשׁוֹכָא**), for the **light** (**נְהוֹרָא**) dwells with Him. (MLB)

חֲשׁוֹךְ *ḥăšôḵ*	*darkness*	1x	S2816
נְהוֹר *nĕhôr*	*light*	1x	S5094
סתר *sĕtar*	*hidden*	1x	S5642
עַמִּיק *ʿammîq*	*deep*	1x	S5994

הוּא גָּלֵא עַמִּיקָתָא וּמְסַתְּרָתָא יָדַע מָה בַחֲשׁוֹכָא וּנְהוֹרָא עִמֵּהּ שְׁרֵא׃

He reveals	הוּא גָּלֵא
deep and **mysterious** things	עַמִּיקָתָא וּמְסַתְּרָתָא
He knows what is in the **darkness**	יָדַע מָה בַחֲשׁוֹכָא
for the **light** dwells with Him	וּנְהוֹרָא עִמֵּהּ שְׁרֵא

DAN 2:28 — AUG 27 • WEEK 35 • DAY 239

But there is a God in heaven who reveals mysteries, and he has disclosed to King Nebuchadnezzar what will happen at the **end** (אַחֲרִית) of days. Your dream and the visions of your head as you lay in bed were these: . . . (NRSV)

אַחֲרִי	end	1x
ʾaḥărî		S320

בְּרַם אִיתַי אֱלָהּ בִּשְׁמַיָּא גָּלֵא רָזִין וְהוֹדַע לְמַלְכָּא נְבוּכַדְנֶצַּר מָה דִּי לֶהֱוֵא בְּאַחֲרִית יוֹמַיָּא חֶלְמָךְ וְחֶזְוֵי רֵאשָׁךְ עַל־מִשְׁכְּבָךְ דְּנָה הוּא:

But there is a God in heaven	בְּרַם אִיתַי אֱלָהּ בִּשְׁמַיָּא
who reveals mysteries	גָּלֵא רָזִין
and he has disclosed to King Nebuchadnezzar	וְהוֹדַע לְמַלְכָּא נְבוּכַדְנֶצַּר
what will happen	מָה דִּי לֶהֱוֵא
at the **end** of days	בְּאַחֲרִית יוֹמַיָּא
Your dream and the visions of your head	חֶלְמָךְ וְחֶזְוֵי רֵאשָׁךְ
as you lay in bed	עַל־מִשְׁכְּבָךְ
were these	דְּנָה הוּא

The head of that statue was of fine gold, its **chest** (חֲדוֹהִי) and **arms** (דְרָעוֹהִי) of silver, its **middle** (מְעוֹהִי) and **thighs** (יַרְכָתֵהּ) of bronze. (NRSV)

דְּרַע *dĕra*ʿ	*arm*	1x S1872
חֲדֵה *ḥădê*	*chest*	1x S2306
יַרְכָה *yarkâ*	*thigh*	1x S3410
מְעֵה *mĕʿê*	*belly*	1x S4577

הוּא צַלְמָא רֵאשֵׁהּ דִּי־דְהַב טָב חֲדוֹהִי וּדְרָעוֹהִי דִּי כְסַף מְעוֹהִי וְיַרְכָתֵהּ דִּי נְחָשׁ׃

The head of that statue	הוּא צַלְמָא רֵאשֵׁהּ
was of fine gold	דִּי־דְהַב טָב
its **chest** and **arms**	חֲדוֹהִי וּדְרָעוֹהִי
of silver	דִּי כְסַף
its **middle** and **thighs**	מְעוֹהִי וְיַרְכָתֵהּ
of bronze	דִּי נְחָשׁ

its legs (**שָׁקוֹהִי**) of iron, its feet partly [lit., part of them] of iron and partly [lit., part of them] of clay. (NASB)

שָׁק	*shin, leg*	1x
šāq		S8243

שָׁקוֹהִי דִּי פַרְזֶל רַגְלוֹהִי מִנְּהֵין דִּי פַרְזֶל וּמִנְּהֵין דִּי חֲסַף׃

its legs	שָׁקוֹהִי
of iron	דִּי פַרְזֶל
its feet	רַגְלוֹהִי
partly [lit., part of them]	מִנְּהֵין
of iron	דִּי פַרְזֶל
and partly [lit., part of them]	וּמִנְּהֵין
of clay	דִּי חֲסַף

Then the iron, the clay, the bronze, the silver, and the gold, were all broken in pieces and became like the **chaff** (עוּר) of the **summer** (קַיִט) **threshing floors** (אִדְּרֵי); and the wind carried them away, so that not a trace of them could be found. (NRSV)

אִדַּר ʾid**dar**	*threshing floor*	1x S147
עוּר ʿ**ûr**	*chaff*	1x S5784
קַיִט **qay**iṭ	*summer*	1x S7007

בֵּאדַיִן דָּקוּ כַחֲדָה פַּרְזְלָא חַסְפָּא נְחָשָׁא כַּסְפָּא וְדַהֲבָא וַהֲווֹ כְּעוּר מִן־אִדְּרֵי־קַיִט וּנְשָׂא הִמּוֹן רוּחָא וְכָל־אֲתַר לָא־הִשְׁתְּכַח לְהוֹן

Then the iron, the clay, the bronze, the silver, and the gold	בֵּאדַיִן . . . פַּרְזְלָא חַסְפָּא נְחָשָׁא כַּסְפָּא וְדַהֲבָא
were all broken in pieces	דָּקוּ כַּחֲדָה
and became like the **chaff**	וַהֲווֹ כְּעוּר
of the **summer threshing floors**	מִן־אִדְּרֵי־קַיִט
and the wind carried them away	וּנְשָׂא הִמּוֹן רוּחָא
so that not a trace of them could be found	וְכָל־אֲתַר לָא־הִשְׁתְּכַח לְהוֹן

DAN 2:37

You, O king, are a king of kings, to whom the God of heaven has given the kingdom, the power, the **strength** (תָקְפָּא), and the glory. (MLB)

תְּקֹף	strength	1x
tĕqōf		S8632

אַנְתְּ מַלְכָּא מֶלֶךְ מַלְכַיָּא דִּי אֱלָהּ שְׁמַיָּא מַלְכוּתָא חִסְנָא וְתָקְפָּא וִיקָרָא יְהַב־לָךְ:

You, O king	אַנְתְּ מַלְכָּא
are a king of kings	מֶלֶךְ מַלְכַיָּא
to whom the God of heaven has given	דִּי אֱלָהּ שְׁמַיָּא . . . יְהַב־לָךְ
the kingdom	מַלְכוּתָא
the power	חִסְנָא
the **strength**	וְתָקְפָּא
and the glory	וִיקָרָא

After you there will arise another kingdom inferior to you, then another **third** (תְּלִיתָאָה) kingdom of bronze, which will rule over all the earth. (NASB)

תְּלִיתָי	*third*	1x
tĕlîtāy		S8523

וּבָתְרָךְ תְּקוּם מַלְכוּ אָחֳרִי אֲרַעא מִנָּךְ וּמַלְכוּ תְלִיתָאָה אָחֳרִי דִּי נְחָשָׁא דִּי תִשְׁלַט בְּכָל־אַרְעָא׃

After you	וּבָתְרָךְ
there will arise another kingdom	תְּקוּם מַלְכוּ אָחֳרִי
inferior to you	אֲרַעא מִנָּךְ
then another **third** kingdom	וּמַלְכוּ תְלִיתָאָה אָחֳרִי
of bronze	דִּי נְחָשָׁא
which will rule	דִּי תִשְׁלַט
over all the earth	בְּכָל־אַרְעָא

Then there will be a fourth kingdom as strong as iron; inasmuch as iron crushes and **shatters** (חֲשַׁל) all things, so, like iron that breaks in pieces, it will crush and break all these in pieces. (NASB)

חשל	*smash*	1x
ḥăšal		S2827

וּמַלְכוּ רְבִיעָאָה תֶּהֱוֵא תַקִּיפָה כְּפַרְזְלָא כָּל־קֳבֵל דִּי פַרְזְלָא מְהַדֵּק וְחָשֵׁל כֹּלָּא וּכְפַרְזְלָא דִּי־מְרָעַע כָּל־אִלֵּין תַּדִּק וְתֵרֹעַ׃

Then there will be a fourth kingdom	וּמַלְכוּ רְבִיעָאָה תֶּהֱוֵא
as strong as iron	תַקִּיפָה כְּפַרְזְלָא
inasmuch as iron	כָּל־קֳבֵל דִּי פַרְזְלָא
crushes and **shatters** all things	מְהַדֵּק וְחָשֵׁל כֹּלָּא
so, like iron that breaks in pieces	וּכְפַרְזְלָא דִּי־מְרָעַע
it will crush and break . . . in pieces	תַּדִּק וְתֵרֹעַ
all these	כָּל־אִלֵּין

DAY 246 ▪ WEEK 36 ▪ SEPT 3 **DAN 2:41**

Yet, as you saw, the feet and the toes were partly of **potter**'s (**פֶּחָר**) clay and partly of iron,—it shall be a **divided** (**פְּלִיגָה**) kingdom; there shall be in it something of the **firmness** (**נִצְבְּתָא**) of iron; . . . (MLB)

נִצְבָּה *niṣbâ*	*hardness, strength*	1x S5326
פֶּחָר *peḥār*	*potter*	1x S6353
פלג *pĕlag*	*divide*	1x S6386

וְדִי־חֲזַיְתָה רַגְלַיָּא וְאֶצְבְּעָתָא מִנְּהֵן חֲסַף דִּי־פֶחָר וּמִנְּהֵין פַּרְזֶל מַלְכוּ פְלִיגָה תֶּהֱוֵה וּמִן־נִצְבְּתָא דִּי פַרְזְלָא לֶהֱוֵא־בַהּ

Yet, as you saw	וְדִי־חֲזַיְתָה
the feet and the toes	רַגְלַיָּא וְאֶצְבְּעָתָא
were partly of **potter**'s clay	מִנְּהֵן חֲסַף דִּי־פֶחָר
and partly of iron	וּמִנְּהֵין פַּרְזֶל
it shall be a **divided** kingdom	מַלְכוּ פְלִיגָה תֶּהֱוֵה
there shall be in it	לֶהֱוֵא־בַהּ
something of the **firmness** of iron	וּמִן־נִצְבְּתָא דִּי פַרְזְלָא

DAN 2:42 — SEPT 4 ■ WEEK 36 ■ DAY 247

As the toes of the feet were partly of iron and partly of pottery, so some of the kingdom will be strong and part of it will be **brittle** (תְּבִירָה). (NASB)

תבר	be fragile, brittle	1x
tĕvar		S8406

וְאֶצְבְּעָת רַגְלַיָּא מִנְּהֵין פַּרְזֶל וּמִנְּהֵין חֲסַף מִן־קְצָת מַלְכוּתָא תֶּהֱוֵה תַקִּיפָה וּמִנַּהּ תֶּהֱוֵה תְבִירָה:

As the toes of the feet	וְאֶצְבְּעָת רַגְלַיָּא
were partly of iron	מִנְּהֵין פַּרְזֶל
and partly of pottery	וּמִנְּהֵין חֲסַף
so some of the kingdom	מִן־קְצָת מַלְכוּתָא
will be strong	תֶּהֱוֵה תַקִּיפָה
and part of it	וּמִנַּהּ
will be **brittle**	תֶּהֱוֵה תְבִירָה

As you saw the iron mixed with soft clay, so they will mix with one another in marriage [lit., by the **seed (זְרַע)** of man], but they will not **hold (דָּבְקִין)** together, [**behold (הֵא)**,] just as iron does not mix with clay. (ESV)

דבק *dĕvaq*	*adhere, stick together*	1x S1693
הֵא *hēʾ*	*behold!*	1x S1888
זְרַע *zĕraʿ*	*seed*	1x S2234

וְדִי חֲזַיְתָ פַּרְזְלָא מְעָרַב בַּחֲסַף טִינָא מִתְעָרְבִין לֶהֱוֺן בִּזְרַע אֲנָשָׁא
וְלָא־לֶהֱוֺן דָּבְקִין דְּנָה עִם־דְּנָה הֵא־כְדִי פַּרְזְלָא לָא מִתְעָרַב
עִם־חַסְפָּא׃

As you saw	וְדִי חֲזַיְתָ
the iron mixed with soft clay	פַּרְזְלָא מְעָרַב בַּחֲסַף טִינָא
so they will mix with one another	מִתְעָרְבִין לֶהֱוֺן
in marriage [lit., by the **seed** of man]	בִּזְרַע אֲנָשָׁא
but they will not **hold** together	וְלָא־לֶהֱוֺן דָּבְקִין דְּנָה עִם־דְּנָה
[**behold**,] just as	הֵא־כְדִי
iron does not mix	פַּרְזְלָא לָא מִתְעָרַב
with clay	עִם־חַסְפָּא

DAN 2:46

SEPT 6 ■ WEEK 36 ■ DAY 249

Then King Nebuchadnezzar fell on his face, worshiped Daniel, and commanded that a grain offering and incense **be offered** (נַסָּכָה) to him. (NRSV)

נסך	pour out (= offer)	1x
něsak		S5260

בֵּאדַיִן מַלְכָּא נְבוּכַדְנֶצַּר נְפַל עַל־אַנְפּוֹהִי וּלְדָנִיֵּאל סְגִד וּמִנְחָה וְנִיחֹחִין אֲמַר לְנַסָּכָה לֵהּ׃

Then King Nebuchadnezzar	בֵּאדַיִן מַלְכָּא נְבוּכַדְנֶצַּר
fell on his face	נְפַל עַל־אַנְפּוֹהִי
worshiped Daniel	וּלְדָנִיֵּאל סְגִד
and . . . a grain offering and incense	וּמִנְחָה וְנִיחֹחִין
commanded that	אֲמַר
be offered to him	לְנַסָּכָה לֵהּ

King Nebuchadnezzar made a golden statue whose height was sixty cubits and whose width was six cubits; he set it up on the **plain** (בִּקְעַת) of **Dura** (דּוּרָא) in the province of Babylon. (NRSV)

בִּקְעָה *biqʿâ*	*plain*	1x S1236
דּוּרָא *dûrāʾ*	*Dura*	1x S1757

נְבוּכַדְנֶצַּר מַלְכָּא עֲבַד צְלֵם דִּי־דְהַב רוּמֵהּ אַמִּין שִׁתִּין פְּתָיֵהּ אַמִּין
שִׁת אֲקִימֵהּ בְּבִקְעַת דּוּרָא בִּמְדִינַת בָּבֶל׃

King Nebuchadnezzar	נְבוּכַדְנֶצַּר מַלְכָּא
made a golden statue	עֲבַד צְלֵם דִּי־דְהַב
whose height was sixty cubits	רוּמֵהּ אַמִּין שִׁתִּין
and whose width was six cubits	פְּתָיֵהּ אַמִּין שִׁת
he set it up	אֲקִימֵהּ
on the **plain** of **Dura**	בְּבִקְעַת דּוּרָא
in the province of Babylon	בִּמְדִינַת בָּבֶל

DAN 3:4

And the **herald** (כָּרוֹזָא) proclaimed aloud, "You are commanded, O peoples, nations, and languages, . . ." (ESV)

כָּרוֹז	herald	1x
kārôz		S3744

וְכָרוֹזָא קָרֵא בְחָיִל לְכוֹן אָמְרִין עַמְמַיָּא אֻמַּיָּא וְלִשָּׁנַיָּא:

And the **herald**	וְכָרוֹזָא
proclaimed aloud	קָרֵא בְחָיִל
You are commanded	לְכוֹן אָמְרִין
O peoples	עַמְמַיָּא
nations	אֻמַּיָּא
and languages	וְלִשָּׁנַיָּא

As soon as you hear the sound of the horn, flute, zither, **lyre** (**סַבְּכָא**), harp, pipe and all kinds of music, you must fall down and worship the image of gold that King Nebuchadnezzar has set up. (NIV)

סַבְּכָא	*trigon*	1x
sabbĕḵāʾ		S5443

בְּעִדָּנָא דִּי־תִשְׁמְעוּן קָל קַרְנָא מַשְׁרוֹקִיתָא קַתְרוֹס **סַבְּכָא** פְּסַנְתֵּרִין
סוּמְפֹּנְיָה וְכֹל זְנֵי זְמָרָא תִּפְּלוּן וְתִסְגְּדוּן לְצֶלֶם דַּהֲבָא דִּי הֲקֵים
נְבוּכַדְנֶצַּר מַלְכָּא׃

As soon as you hear	בְּעִדָּנָא דִּי־תִשְׁמְעוּן
the sound of the horn, flute, zither	קָל קַרְנָא מַשְׁרוֹקִיתָא קַתְרוֹס
lyre, harp, pipe	**סַבְּכָא** פְּסַנְתֵּרִין סוּמְפֹּנְיָה
and all kinds of music	וְכֹל זְנֵי זְמָרָא
you must fall down and worship	תִּפְּלוּן וְתִסְגְּדוּן
the image of gold	לְצֶלֶם דַּהֲבָא
that King Nebuchadnezzar has set up	דִּי הֲקֵים נְבוּכַדְנֶצַּר מַלְכָּא

There are certain Jews **whom** (יָתְהוֹן) you have appointed over the affairs of the province of Babylon: Shadrach, Meshach, and Abednego. These men, O king, pay no attention to you; they do not serve your gods or worship the golden image that you have set up. (ESV)

יָת *yāt*	direct object marker	1x S3487

אִיתַי גֻּבְרִין יְהוּדָאיִן דִּי־מַנִּיתָ יָתְהוֹן עַל־עֲבִידַת מְדִינַת בָּבֶל שַׁדְרַךְ מֵישַׁךְ וַעֲבֵד נְגוֹ גֻּבְרַיָּא אִלֵּךְ לָא־שָׂמוּ עֲלָךְ מַלְכָּא טְעֵם לֵאלָהָךְ לָא פָלְחִין וּלְצֶלֶם דַּהֲבָא דִּי הֲקֵימְתָּ לָא סָגְדִין׃

There are certain Jews	אִיתַי גֻּבְרִין יְהוּדָאיִן
whom you have appointed	דִּי־מַנִּיתָ יָתְהוֹן
over the affairs of the province of Babylon	עַל־עֲבִידַת מְדִינַת בָּבֶל
Shadrach, Meshach, and Abednego	שַׁדְרַךְ מֵישַׁךְ וַעֲבֵד נְגוֹ
These men, O king	גֻּבְרַיָּא אִלֵּךְ . . . מַלְכָּא
pay no attention to you	לָא־שָׂמוּ עֲלָךְ . . . טְעֵם
they do not serve your gods	לֵאלָהָךְ לָא פָלְחִין
or worship	לָא סָגְדִין
the golden image that you have set up	וּלְצֶלֶם דַּהֲבָא דִּי הֲקֵימְתָּ

DAY 254 ▪ WEEK 37 ▪ SEPT 11   DAN 3:13

Then Nebuchadnezzar in **rage** (רְגַז) and anger gave orders to bring Shadrach, Meshach and Abed-nego; then these men were brought before the king. (NASB)

רְגַז	rage	1x
rĕgaz		S7265

בֵּאדַיִן נְבוּכַדְנֶצַּר בִּרְגַז וַחֲמָה אֲמַר לְהַיְתָיָה לְשַׁדְרַךְ מֵישַׁךְ וַעֲבֵד נְגוֹ בֵּאדַיִן גֻּבְרַיָּא אִלֵּךְ הֵיתָיוּ קֳדָם מַלְכָּא:

Then Nebuchadnezzar	בֵּאדַיִן נְבוּכַדְנֶצַּר
in **rage** and anger	בִּרְגַז וַחֲמָה
gave orders	אֲמַר
to bring	לְהַיְתָיָה
Shadrach, Meshach and Abed-nego	לְשַׁדְרַךְ מֵישַׁךְ וַעֲבֵד נְגוֹ
then these men	בֵּאדַיִן גֻּבְרַיָּא אִלֵּךְ
were brought	הֵיתָיוּ
before the king	קֳדָם מַלְכָּא

DAN 3:14

And Nebuchadnezzar said to them, "Is it **true (הַצְדָּא)**, Shadrach, Meshach and Abednego, that you do not serve my gods or worship the image of gold I have set up?" (NIV)

צְדָא	truth, true	1x
ṣĕdā'		S6656

עָנֵה נְבֻכַדְנֶצַּר וְאָמַר לְהוֹן הַצְדָּא שַׁדְרַךְ מֵישַׁךְ וַעֲבֵד נְגוֹ לֵאלָהַי לָא אִיתֵיכוֹן פָּלְחִין וּלְצֶלֶם דַּהֲבָא דִּי הֲקֵימֶת לָא סָגְדִין׃

And Nebuchadnezzar said to them	עָנֵה נְבֻכַדְנֶצַּר וְאָמַר לְהוֹן
Is it **true**	הַצְדָּא
Shadrach, Meshach and Abednego	שַׁדְרַךְ מֵישַׁךְ וַעֲבֵד נְגוֹ
that you do not serve	לָא אִיתֵיכוֹן פָּלְחִין
my gods	לֵאלָהַי
or worship	לָא סָגְדִין
the image of gold	וּלְצֶלֶם דַּהֲבָא
I have set up?	דִּי הֲקֵימֶת

Now if you are **ready** (עֲתִידִין) when you hear the sound of the horn, pipe, lyre, trigon, harp, drum, and entire musical ensemble to fall down and worship the statue that I have made, . . . (NRSV)

עֲתִיד	*ready*	1x
ʿătîd		S6263

כְּעַן הֵן אִיתֵיכוֹן עֲתִידִין דִּי בְעִדָּנָא דִּי־תִשְׁמְעוּן קָל קַרְנָא
מַשְׁרוֹקִיתָא קַתְרוֹס שַׂבְּכָא פְּסַנְתֵּרִין וְסוּמְפֹּנְיָה וְכֹל זְנֵי זְמָרָא
תִּפְּלוּן וְתִסְגְּדוּן לְצַלְמָא דִּי־עַבְדֵת

Now if	כְּעַן הֵן
you are **ready**	אִיתֵיכוֹן עֲתִידִין
when	דִּי בְעִדָּנָא
you hear	דִּי־תִשְׁמְעוּן
the sound of the horn	קָל קַרְנָא
pipe, lyre	מַשְׁרוֹקִיתָא קַתְרוֹס
trigon, harp, drum	שַׂבְּכָא פְּסַנְתֵּרִין וְסוּמְפֹּנְיָה
and entire musical ensemble	וְכֹל זְנֵי זְמָרָא
to fall down and worship	תִּפְּלוּן וְתִסְגְּדוּן
the statue that I have made	לְצַלְמָא דִּי־עַבְדֵת

DAN 3:16

Shadrach, Meshach, and Abednego answered and said to the king, "O Nebuchadnezzar, we **have** no **need** (חַשְׁחִין) to answer you in this matter." (ESV)

חשׁח	*need*	1x
ḥăšaḥ		S2818

עֲנוֹ שַׁדְרַךְ מֵישַׁךְ וַעֲבֵד נְגוֹ וְאָמְרִין לְמַלְכָּא נְבוּכַדְנֶצַּר לָא־חַשְׁחִין אֲנַחְנָה עַל־דְּנָה פִּתְגָם לַהֲתָבוּתָךְ:

Shadrach, Meshach, and Abednego	שַׁדְרַךְ מֵישַׁךְ וַעֲבֵד נְגוֹ
answered and said to the king	עֲנוֹ . . . וְאָמְרִין לְמַלְכָּא
O Nebuchadnezzar	נְבוּכַדְנֶצַּר
we **have** no **need**	לָא־חַשְׁחִין אֲנַחְנָה
to answer you	פִּתְגָם לַהֲתָבוּתָךְ
in this matter	עַל־דְּנָה

And he commanded some of the best soldiers [lit., men, **strong men** (גִּבָּרֵי) of valor] in his army to tie up Shadrach, Meshach, and Abednego and throw them into the furnace of blazing fire. (CSB)

גִּבָּר *gibbār*	*hero, warrior, strong man*	1x S1401

וּלְגֻבְרִין גִּבָּרֵי־חַיִל דִּי בְחַיְלֵהּ אֲמַר לְכַפָּתָה לְשַׁדְרַךְ מֵישַׁךְ וַעֲבֵד נְגוֹ לְמִרְמֵא לְאַתּוּן נוּרָא יָקִדְתָּא׃

And . . . some of the best soldiers [lit., men, **strong men** of valor]	וּלְגֻבְרִין גִּבָּרֵי־חַיִל
he commanded . . . to tie up	אֲמַר לְכַפָּתָה
in his army	דִּי בְחַיְלֵהּ
Shadrach, Meshach, and Abednego	לְשַׁדְרַךְ מֵישַׁךְ וַעֲבֵד נְגוֹ
and throw them	לְמִרְמֵא
into the furnace of	לְאַתּוּן
blazing fire	נוּרָא יָקִדְתָּא

Then these men were tied up in their trousers, their **coats** (פַּטְּשֵׁיהוֹן), their **caps** (כַרְבְּלָתְהוֹן) and their other clothes, and were cast into the midst of the furnace of blazing fire. (NASB)

| כַּרְבְּלָה karbĕlâ | cap, hat | 1x S3737 |
| פַּטִּישׁ paṭṭîš | garment, shirt (?), trousers (?) | 1x S6361 |

בֵּאדַיִן גֻּבְרַיָּא אִלֵּךְ כְּפִתוּ בְּסַרְבָּלֵיהוֹן פַּטְּשֵׁיהוֹן וְכַרְבְּלָתְהוֹן וּלְבֻשֵׁיהוֹן וּרְמִיו לְגוֹא־אַתּוּן נוּרָא יָקִדְתָּא:

Then these men	בֵּאדַיִן גֻּבְרַיָּא אִלֵּךְ
were tied up	כְּפִתוּ
in their trousers, their **coats**	בְּסַרְבָּלֵיהוֹן פַּטְּשֵׁיהוֹן
their **caps** and their other clothes	וְכַרְבְּלָתְהוֹן וּלְבֻשֵׁיהוֹן
and were cast into the midst of the furnace of	וּרְמִיו לְגוֹא־אַתּוּן
blazing fire	נוּרָא יָקִדְתָּא

Then King Nebuchadnezzar **was astonished** (תְּוַהּ) and rose up in haste. He declared to his counselors, "Did we not cast three men bound into the fire?" They answered and said to the king, "True, O king." (ESV)

תוה	*be astonished, startled, horrified*	1x
těvah		S8429

אֱדַיִן נְבוּכַדְנֶצַּר מַלְכָּא תְּוַהּ וְקָם בְּהִתְבְּהָלָה עָנֵה וְאָמַר לְהַדָּבְרוֹהִי הֲלָא גֻבְרִין תְּלָתָא רְמֵינָא לְגוֹא־נוּרָא מְכַפְּתִין עָנַיִן וְאָמְרִין לְמַלְכָּא יַצִּיבָא מַלְכָּא׃

Then King Nebuchadnezzar **was astonished**	אֱדַיִן נְבוּכַדְנֶצַּר מַלְכָּא תְּוַהּ
and rose up in haste	וְקָם בְּהִתְבְּהָלָה
He declared to his counselors	עָנֵה וְאָמַר לְהַדָּבְרוֹהִי
Did we not cast	הֲלָא . . . רְמֵינָא
three men	גֻבְרִין תְּלָתָא
bound	מְכַפְּתִין
into the fire?	לְגוֹא־נוּרָא
They answered and said to the king	עָנַיִן וְאָמְרִין לְמַלְכָּא
True, O king	יַצִּיבָא מַלְכָּא

He said, "**Look (הָא)**! I see four men loosed and walking about in the midst of the fire without harm, and the appearance of the fourth is like a son of the gods!" (NASB)

הָא	*behold! look!*	1x
hāʾ		S1888

עָנֵה וְאָמַר הָא־אֲנָה חָזֵה גֻּבְרִין אַרְבְּעָה שְׁרַיִן מַהְלְכִין בְּגוֹא־נוּרָא וַחֲבָל לָא־אִיתַי בְּהוֹן וְרֵוֵהּ דִּי רְבִיעָאָה דָּמֵה לְבַר־אֱלָהִין׃

He said	עָנֵה וְאָמַר
Look! I see	הָא־אֲנָה חָזֵה
four men	גֻּבְרִין אַרְבְּעָה
loosed and walking about	שְׁרַיִן מַהְלְכִין
in the midst of the fire	בְּגוֹא־נוּרָא
without harm	וַחֲבָל לָא־אִיתַי בְּהוֹן
and the appearance of the fourth	וְרֵוֵהּ דִּי רְבִיעָאָה
is like a son of the gods!	דָּמֵה לְבַר־אֱלָהִין

And the satraps, the prefects, the governors, and the king's counselors gathered together and saw that . . . the hair of their heads **was** not **singed** (הִתְחָרַךְ), their tunics were not harmed, and not even the **smell** (רֵיחַ) of fire came from them. (NRSV)

חרך *ḥărak*	*be singed*	1x S2761
רֵיחַ *rêaḥ*	*smell, odor*	1x S7382

וּמִתְכַּנְּשִׁין אֲחַשְׁדַּרְפְּנַיָּא סִגְנַיָּא וּפַחֲוָתָא וְהַדָּבְרֵי מַלְכָּא חָזַיִן . . .
דִּי . . . וּשְׂעַר רֵאשְׁהוֹן לָא הִתְחָרַךְ וְסָרְבָּלֵיהוֹן לָא שְׁנוֹ וְרֵיחַ נוּר
לָא עֲדָת בְּהוֹן׃

And the satraps, the prefects, the governors, and the king's counselors gathered together	וּמִתְכַּנְּשִׁין אֲחַשְׁדַּרְפְּנַיָּא סִגְנַיָּא וּפַחֲוָתָא וְהַדָּבְרֵי מַלְכָּא
and saw that . . .	חָזַיִן . . . דִּי . . .
the hair of their heads	וּשְׂעַר רֵאשְׁהוֹן
was not **singed**	לָא הִתְחָרַךְ
their tunics	וְסָרְבָּלֵיהוֹן
were not harmed	לָא שְׁנוֹ
and not even the **smell** of fire came from them	וְרֵיחַ נוּר לָא עֲדָת בְּהוֹן

DAN 3:28 SEPT 20 ▪ WEEK 38 ▪ DAY 263

Nebuchadnezzar responded and said, "Blessed be the God of Shadrach, Meshach and Abed-nego, who has sent His angel and delivered His servants who **put their trust** (הִתְרְחִצוּ) in Him, violating the king's command, and yielded up their bodies so as not to serve or worship any god except their own God." (NASB)

רחץ	*trust* (w/ עַל) *in*	1x
rĕḥaṣ		S7365

עֲנֵה נְבוּכַדְנֶצַּר וְאָמַר בְּרִיךְ אֱלָהֲהוֹן דִּי־שַׁדְרַךְ מֵישַׁךְ וַעֲבֵד נְגוֹ דִּי־שְׁלַח מַלְאֲכֵהּ וְשֵׁיזִב לְעַבְדוֹהִי דִּי **הִתְרְחִצוּ** עֲלוֹהִי וּמִלַּת מַלְכָּא שַׁנִּיו וִיהַבוּ גֶשְׁמְהוֹן דִּי לָא־יִפְלְחוּן וְלָא־יִסְגְּדוּן לְכָל־אֱלָהּ לָהֵן לֵאלָהֲהוֹן׃

Nebuchadnezzar responded and said	עֲנֵה נְבוּכַדְנֶצַּר וְאָמַר
Blessed be the God of Shadrach, Meshach and Abed-nego	בְּרִיךְ אֱלָהֲהוֹן דִּי־שַׁדְרַךְ מֵישַׁךְ וַעֲבֵד נְגוֹ
who has sent His angel	דִּי־שְׁלַח מַלְאֲכֵהּ
and delivered His servants	וְשֵׁיזִב לְעַבְדוֹהִי
who **put their trust** in Him	דִּי **הִתְרְחִצוּ** עֲלוֹהִי
violating the king's command	וּמִלַּת מַלְכָּא שַׁנִּיו
and yielded up their bodies	וִיהַבוּ גֶשְׁמְהוֹן
so as not to serve or worship	דִּי לָא־יִפְלְחוּן וְלָא־יִסְגְּדוּן
any god except their own God	לְכָל־אֱלָהּ לָהֵן לֵאלָהֲהוֹן

I, Nebuchadnezzar, was **at ease (שְׁלֵה)** in my house and **flourishing (רַעְנַן)** in my palace. (CSB)

רַעְנַן *raʿănan*	*flourishing, happy*	1x S7487
שְׁלֵא *šělēʾ*	*carefree*	1x S7954

אֲנָה נְבוּכַדְנֶצַּר שְׁלֵה הֲוֵית בְּבֵיתִי וְרַעְנַן בְּהֵיכְלִי׃

I	אֲנָה
Nebuchadnezzar	נְבוּכַדְנֶצַּר
was **at ease**	שְׁלֵה הֲוֵית
in my house	בְּבֵיתִי
and **flourishing**	וְרַעְנַן
in my palace	בְּהֵיכְלִי

DAN 4:2 [5]

I had [lit., saw] a dream, and it frightened me; while in my bed, the **images** (הַרְהֹרִין) and visions in my mind alarmed me. (CSB)

| הַרְהֹר | *imagination, fantasy* | 1x |
| harhōr | | S2031 |

חֵלֶם חֲזֵית וִידַחֲלִנַּנִי וְהַרְהֹרִין עַל־מִשְׁכְּבִי וְחֶזְוֵי רֵאשִׁי יְבַהֲלֻנַּנִי:

I had [lit., saw] a dream	חֵלֶם חֲזֵית
and it frightened me	וִידַחֲלִנַּנִי
while in my bed	עַל־מִשְׁכְּבִי
the **images** and visions in my mind	וְהַרְהֹרִין . . . וְחֶזְוֵי רֵאשִׁי
alarmed me	יְבַהֲלֻנַּנִי

DAY 266 ▪ WEEK 38 ▪ SEPT 23 **DAN 4:5 [8]**

At **last** (אָחֳרֵין) Daniel came in before me—he who was named Belteshazzar after the name of my god, and in whom is the spirit of the holy gods—and I told him the dream. (ESV)

אָחֳרֵין	*last*	1x
ʾoḥŏrên		S318

וְעַד אָחֳרֵין עַל קָדָמַי דָּנִיֵּאל דִּי־שְׁמֵהּ בֵּלְטְשַׁאצַּר כְּשֻׁם אֱלָהִי וְדִי
רוּחַ־אֱלָהִין קַדִּישִׁין בֵּהּ וְחֶלְמָא קָדָמוֹהִי אַמְרֵת׃

At **last**	וְעַד אָחֳרֵין
Daniel came in before me	עַל קָדָמַי דָּנִיֵּאל
he who was named Belteshazzar	דִּי־שְׁמֵהּ בֵּלְטְשַׁאצַּר
after the name of my god	כְּשֻׁם אֱלָהִי
and in whom	וְדִי . . . בֵּהּ
is the spirit of the holy gods	רוּחַ־אֱלָהִין קַדִּישִׁין
and I told him the dream	וְחֶלְמָא קָדָמוֹהִי אַמְרֵת

DAN 4:6 [9]

O Belteshazzar, chief of the magicians, since I know that a spirit of the holy gods is in you and no mystery **baffles** (אֲנֵס) you, tell me the visions of my dream which I have seen, along with its interpretation. (NASB)

אנס	oppress, bother	1x
ʾănas		S598

בֵּלְטְשַׁאצַּר רַב חַרְטֻמַיָּא דִּי אֲנָה יִדְעֵת דִּי רוּחַ אֱלָהִין קַדִּישִׁין בָּךְ וְכָל־רָז לָא־אָנֵס לָךְ חֶזְוֵי חֶלְמִי דִי־חֲזֵית וּפִשְׁרֵהּ אֱמַר:

O Belteshazzar, chief of the magicians	בֵּלְטְשַׁאצַּר רַב חַרְטֻמַיָּא
since I know that	דִּי אֲנָה יִדְעֵת דִּי
a spirit of the holy gods is in you	רוּחַ אֱלָהִין קַדִּישִׁין בָּךְ
and no mystery **baffles** you	וְכָל־רָז לָא־אָנֵס לָךְ
tell me the visions of my dream	חֶזְוֵי חֶלְמִי . . . אֱמַר
which I have seen	דִי־חֲזֵית
along with its interpretation	וּפִשְׁרֵהּ

Its leaves were beautiful, its fruit was abundant, and on it was food for all. Wild animals **found shelter** (תַּטְלֵל) under it, the birds of the sky lived in its branches, and every creature **was fed** (יִתְּזִין) from it. (CSB)

זון	*be fed*	1x
zûn		S2110
טלל	*find shade*	1x
ṭĕlal		S2927

עָפְיֵהּ שַׁפִּיר וְאִנְבֵּהּ שַׂגִּיא וּמָזוֹן לְכֹלָּא־בֵהּ תְּחֹתוֹהִי תַּטְלֵל חֵיוַת בָּרָא וּבְעַנְפוֹהִי יְדוּרָן צִפֲּרֵי שְׁמַיָּא וּמִנֵּהּ יִתְּזִין כָּל־בִּשְׂרָא׃

Its leaves were beautiful	עָפְיֵהּ שַׁפִּיר
its fruit was abundant	וְאִנְבֵּהּ שַׂגִּיא
and on it was food for all	וּמָזוֹן לְכֹלָּא־בֵהּ
Wild animals **found shelter** under it	תְּחֹתוֹהִי תַּטְלֵל חֵיוַת בָּרָא
the birds of the sky lived in its branches	וּבְעַנְפוֹהִי יְדוּרָן צִפֲּרֵי שְׁמַיָּא
and every creature **was fed** from it	וּמִנֵּהּ יִתְּזִין כָּל־בִּשְׂרָא

DAN 4:11 [14] SEPT 26 ▪ WEEK 39 ▪ **DAY 269**

He cried aloud and said: "Cut down the tree and **chop off** (קַצִּצוּ) its branches, **strip off** (אַתַּרוּ) its foliage and **scatter** (בַדַּרוּ) its fruit. **Let** the animals **flee** (תְּנֻד) from beneath it and the birds from its branches." (NRSV)

בדר *bĕdar*	*scatter*	1x S921
נוד *nûd*	*flee*	1x S5075
נתר *nĕtar*	*strip off*	1x S5426
קצץ *qĕṣaṣ*	*cut off, lop off*	1x S7113

קָרֵא בְחַיִל וְכֵן אָמַר גֹּדּוּ אִילָנָא וְקַצִּצוּ עַנְפוֹהִי אַתַּרוּ עָפְיֵהּ וּבַדַּרוּ אִנְבֵּהּ תְּנֻד חֵיוְתָא מִן־תַּחְתּוֹהִי וְצִפְּרַיָּא מִן־עַנְפוֹהִי׃

He cried aloud and said	קָרֵא בְחַיִל וְכֵן אָמַר
Cut down the tree	גֹּדּוּ אִילָנָא
and **chop off** its branches	וְקַצִּצוּ עַנְפוֹהִי
strip off its foliage	אַתַּרוּ עָפְיֵהּ
and **scatter** its fruit	וּבַדַּרוּ אִנְבֵּהּ
Let the animals **flee** from beneath it	תְּנֻד חֵיוְתָא מִן־תַּחְתּוֹהִי
and the birds from its branches	וְצִפְּרַיָּא מִן־עַנְפוֹהִי

DAY 270 ■ WEEK 39 ■ SEPT 27 — DAN 4:14 [17]

The sentence is by the decree of the watchers, the **decision** (שְׁאֵלְתָא) by the word of the holy ones, to the end that the living may know that the Most High rules the kingdom of men and gives it to whom he will and sets over it the **lowliest** (שְׁפַל) of men. (ESV)

| שְׁאֵלָה šĕʾēlâ | decision | 1x S7595 |
| שְׁפַל šĕfal | low, lowest | 1x S8215 |

בִּגְזֵרַת עִירִין פִּתְגָמָא וּמֵאמַר קַדִּישִׁין שְׁאֵלְתָא עַד־דִּבְרַת דִּי יִנְדְּעוּן חַיַּיָּא דִּי־שַׁלִּיט עִלָּאָה בְּמַלְכוּת אֲנָשָׁא וּלְמַן־דִּי יִצְבֵּא יִתְּנִנַּהּ וּשְׁפַל אֲנָשִׁים יְקִים עֲלַהּ:

The sentence is by the decree of the watchers	בִּגְזֵרַת עִירִין פִּתְגָמָא
the **decision** by the word of the holy ones	וּמֵאמַר קַדִּישִׁין שְׁאֵלְתָא
to the end that the living may know	עַד־דִּבְרַת דִּי יִנְדְּעוּן חַיַּיָּא
that the Most High rules the kingdom of men	דִּי־שַׁלִּיט עִלָּאָה בְּמַלְכוּת אֲנָשָׁא
and gives it to whom he will	וּלְמַן־דִּי יִצְבֵּא יִתְּנִנַּהּ
and sets over it the **lowliest** of men	וּשְׁפַל אֲנָשִׁים יְקִים עֲלַהּ

Then Daniel, whose name is Belteshazzar, **was appalled** (אֶשְׁתּוֹמַם) for a while as his thoughts alarmed him. . . . Belteshazzar replied, "My lord, if only the dream applied to **those who hate** (שָׂנְאָךְ) you and its interpretation to your **adversaries** (עָרָךְ)!" (NASB)

עַר *ʿar*	*adversary*	1x S6146
שְׂנא *śĕnāʾ*	*hate, be an enemy*	1x S8130
שְׁמם *šĕmam*	*be appalled*	1x S8075

אֱדַיִן דָּנִיֵּאל דִּי־שְׁמֵהּ בֵּלְטְשַׁאצַּר אֶשְׁתּוֹמַם כְּשָׁעָה חֲדָה וְרַעְיֹנֹהִי יְבַהֲלֻנֵּהּ . . . עָנֵה בֵלְטְשַׁאצַּר וְאָמַר מָרִי חֶלְמָא לְשָׂנְאָךְ וּפִשְׁרֵהּ לְעָרָךְ׃

Then Daniel, whose name is Belteshazzar	אֱדַיִן דָּנִיֵּאל דִּי־שְׁמֵהּ בֵּלְטְשַׁאצַּר
was appalled for a while	אֶשְׁתּוֹמַם כְּשָׁעָה חֲדָה
as his thoughts alarmed him. . . .	וְרַעְיֹנֹהִי יְבַהֲלֻנֵּהּ . . .
Belteshazzar replied	עָנֵה בֵלְטְשַׁאצַּר וְאָמַר
My lord	מָרִי
if only the dream applied to **those who hate** you	חֶלְמָא לְשָׂנְאָךְ
and its interpretation to your **adversaries**!	וּפִשְׁרֵהּ לְעָרָךְ

Therefore, O king, let my **counsel** (מִלְכִּי) be acceptable to you: break off your **sins** (חֲטָאָךְ) by practicing righteousness, and your **iniquities** (עֲוָיָתָךְ) by showing mercy to the **oppressed** (עֲנָיִן). (ESV)

חֲטָי	*sin*		1x
ḥăṭāy			S2408
מְלַךְ	*advice*		1x
mĕlak̲			S4431
עֲוָיָה	*iniquity*		1x
ʿăvāyâ			S5758
עֲנֵה	*poor, miserable*		1x
ʿănê			S6033

לָהֵן מַלְכָּא מִלְכִּי יִשְׁפַּר עֲלָךְ וַחֲטָאָךְ בְּצִדְקָה פְרֻק וַעֲוָיָתָךְ בְּמִחַן עֲנָיִן

Therefore, O king	לָהֵן מַלְכָּא
let my **counsel** be acceptable to you	מִלְכִּי יִשְׁפַּר עֲלָךְ
break off your **sins** by practicing righteousness	וַחֲטָאָךְ בְּצִדְקָה פְרֻק
and your **iniquities** by showing mercy to the **oppressed**	וַעֲוָיָתָךְ בְּמִחַן עֲנָיִן

Therefore, O king, may my counsel be acceptable to you: **atone for** (פְּרֻק) your sins with **righteousness** (צִדְקָה), and your iniquities with mercy to the oppressed, so that your **prosperity** (שְׁלֵוְתָךְ) may be prolonged. (NRSV)

פרק	*wipe away, ransom*	1x
*pĕ**raq***		S6562
צִדְקָה	*righteousness, charity*	1x
*ṣid**qâ***		S6665
שְׁלֵוָה	*ease, serenity*	1x
*šĕlē**vâ***		S7963

לָהֵן מַלְכָּא מִלְכִּי יִשְׁפַּר עֲלָךְ וַחֲטָאָךְ בְּצִדְקָה פְרֻק וַעֲוָיָתָךְ בְּמִחַן עֲנָיִן הֵן תֶּהֱוֵא אַרְכָה לִשְׁלֵוְתָךְ׃

Therefore, O king	לָהֵן מַלְכָּא
may my counsel be acceptable to you	מִלְכִּי יִשְׁפַּר עֲלָךְ
atone for your sins with **righteousness**	וַחֲטָאָךְ בְּצִדְקָה פְרֻק
and your iniquities with mercy to the oppressed	וַעֲוָיָתָךְ בְּמִחַן עֲנָיִן
so that your **prosperity**	הֵן . . . לִשְׁלֵוְתָךְ
may be prolonged	תֶּהֱוֵא אַרְכָה

DAY 274 ▪ WEEK 40 ▪ OCT 1 DAN 4:27 [30]

The king reflected and said, “Is this not Babylon the great, which I myself have built as a royal residence by the **might** (תְּקָף) of my power and for the glory of my majesty?” (NASB)

תְּקָף	*strength, might*	1x
tĕqāf		S8632

עָנֵה מַלְכָּא וְאָמַר הֲלָא דָא־הִיא בָּבֶל רַבְּתָא דִּי־אֲנָה בֱנַיְתַהּ לְבֵית
מַלְכוּ בִּתְקַף חִסְנִי וְלִיקָר הַדְרִי׃

The king reflected and said	עָנֵה מַלְכָּא וְאָמַר
Is this not	הֲלָא דָא־הִיא
Babylon the great	בָּבֶל רַבְּתָא
which I myself have built	דִּי־אֲנָה בֱנַיְתַהּ
as a royal residence	לְבֵית מַלְכוּ
by the **might** of my power	בִּתְקַף חִסְנִי
and for the glory of my majesty?	וְלִיקָר הַדְרִי

DAN 4:28 [31]   OCT 2 ■ WEEK 40 ■ DAY 275

While the words were **still** (עוֹד) in the king's mouth, there fell a voice from heaven, "O King Nebuchadnezzar, to you it is spoken: The kingdom has departed from you." (ESV)

עוֹד	*still*	1x
ʿôd		S5751

עוֹד מִלְּתָא בְּפֻם מַלְכָּא קָל מִן־שְׁמַיָּא נְפַל לָךְ אָמְרִין נְבוּכַדְנֶצַּר מַלְכָּא מַלְכוּתָה עֲדָת מִנָּךְ:

While the words were **still**	עוֹד מִלְּתָא
in the king's mouth	בְּפֻם מַלְכָּא
there fell a voice from heaven	קָל מִן־שְׁמַיָּא נְפַל
O King Nebuchadnezzar	נְבוּכַדְנֶצַּר מַלְכָּא
to you it is spoken	לָךְ אָמְרִין
The kingdom	מַלְכוּתָה
has departed from you	עֲדָת מִנָּךְ

All the inhabitants of the earth **are counted** (חֲשִׁיבִין) as nothing, and he does what he wants with the army of heaven and the inhabitants of the earth. There is no one who can block his hand or say to him, "What have you done?" (CSB)

חשב	*be thought of*	1x
ḥăšav		S2804

וְכָל־דָּיְרֵי אַרְעָא כְּלָה חֲשִׁיבִין וּכְמִצְבְּיֵהּ עָבֵד בְּחֵיל שְׁמַיָּא וְדָיְרֵי אַרְעָא וְלָא אִיתַי דִּי־יְמַחֵא בִידֵהּ וְיֵאמַר לֵהּ מָה עֲבַדְתְּ׃

All the inhabitants of the earth	וְכָל־דָּיְרֵי אַרְעָא
are counted as nothing	כְּלָה חֲשִׁיבִין
and he does what he wants	וּכְמִצְבְּיֵהּ עָבֵד
with the army of heaven	בְּחֵיל שְׁמַיָּא
and the inhabitants of the earth	וְדָיְרֵי אַרְעָא
There is no one	וְלָא אִיתַי
who can block his hand	דִּי־יְמַחֵא בִידֵהּ
or say to him	וְיֵאמַר לֵהּ
What have you done?	מָה עֲבַדְתְּ

DAN 4:33 [36] OCT 4 ■ WEEK 40 ■ DAY 277

At the same time my reason returned to me, and for the glory of my kingdom, my majesty and splendor returned to me. My counselors and my lords sought me, and **I was established** (הָתְקְנַת) in my kingdom, and still more greatness **was added** (הוּסְפַת) to me. (ESV)

| יסף
yĕsaf | be added | 1x
S3255 |
| תקן
tĕqan | be reestablished | 1x
S8627 |

בֵּהּ־זִמְנָא מַנְדְּעִי יְתוּב עֲלַי וְלִיקַר מַלְכוּתִי הַדְרִי וְזִוִי יְתוּב עֲלַי וְלִי הַדָּבְרַי וְרַבְרְבָנַי יְבַעוֹן וְעַל־מַלְכוּתִי הָתְקְנַת וּרְבוּ יַתִּירָה הוּסְפַת לִי:

At the same time	בֵּהּ־זִמְנָא
my reason returned to me	מַנְדְּעִי יְתוּב עֲלַי
and for the glory of my kingdom	וְלִיקַר מַלְכוּתִי
my majesty and splendor returned to me	הַדְרִי וְזִוִי יְתוּב עֲלַי
My counselors and my lords sought me	וְלִי הַדָּבְרַי וְרַבְרְבָנַי יְבַעוֹן
and **I was established** in my kingdom	וְעַל־מַלְכוּתִי הָתְקְנַת
and still more greatness	וּרְבוּ יַתִּירָה
was added to me	הוּסְפַת לִי

Now I, Nebuchadnezzar, praise and extol and honor the King of heaven, for all his **works** (מַעֲבָדוֹהִי) are truth, and his ways are justice; and he is able to bring low those who walk in **pride** (גֵוָה). (NRSV)

גֵּוָה *gēvâ*	*pride*	1x S1467
מַעֲבָד *maʿăvād*	*work, deed*	1x S4567

כְּעַן אֲנָה נְבוּכַדְנֶצַּר מְשַׁבַּח וּמְרוֹמֵם וּמְהַדַּר לְמֶלֶךְ שְׁמַיָּא דִּי כָל־מַעֲבָדוֹהִי קְשֹׁט וְאֹרְחָתֵהּ דִּין וְדִי מַהְלְכִין בְּגֵוָה יָכִל לְהַשְׁפָּלָה׃

Now I, Nebuchadnezzar	כְּעַן אֲנָה נְבוּכַדְנֶצַּר
praise and extol	מְשַׁבַּח וּמְרוֹמֵם
and honor the King of heaven	וּמְהַדַּר לְמֶלֶךְ שְׁמַיָּא
for all his **works** are truth	דִּי כָל־מַעֲבָדוֹהִי קְשֹׁט
and his ways are justice	וְאֹרְחָתֵהּ דִּין
and he is able to bring low	וְדִי . . . יָכִל לְהַשְׁפָּלָה
those who walk in **pride**	מַהְלְכִין בְּגֵוָה

King Belshazzar made a great **feast** (לְחֶם) for a thousand of his lords and drank wine in front of the thousand. (ESV)

לְחֶם	*feast*	1x
lĕḥem		S3900

בֵּלְשַׁאצַּר מַלְכָּא עֲבַד לְחֶם רַב לְרַבְרְבָנוֹהִי אֲלַף וְלָקֳבֵל אַלְפָּא
חַמְרָא שָׁתֵה׃

King Belshazzar	בֵּלְשַׁאצַּר מַלְכָּא
made	עֲבַד
a great **feast**	לְחֶם רַב
for a thousand of his lords	לְרַבְרְבָנוֹהִי אֲלַף
and . . . in front of the thousand	וְלָקֳבֵל אַלְפָּא
drank wine	חַמְרָא שָׁתֵה

DAY 280 • WEEK 40 • OCT 7 — DAN 5:5

Suddenly the fingers of a man's hand emerged and began writing opposite the **lampstand** (נֶבְרַשְׁתָּא) on the **plaster** (גִּירָא) of the wall of the king's palace, and the king saw the back of the hand that did the writing. (NASB)

גִּיר	plaster	1x
gîr		S1528

נֶבְרְשָׁה	lampstand	1x
nevrĕšâ		S5043

בַּהּ־שַׁעֲתָה נְפַקָה אֶצְבְּעָן דִּי יַד־אֱנָשׁ וְכָתְבָן לָקֳבֵל נֶבְרַשְׁתָּא עַל־גִּירָא דִּי־כְתַל הֵיכְלָא דִּי מַלְכָּא וּמַלְכָּא חָזֵה פַּס יְדָה דִּי כָתְבָה:

Suddenly	בַּהּ־שַׁעֲתָה
the fingers of a man's hand emerged	נְפַקָה אֶצְבְּעָן דִּי יַד־אֱנָשׁ
and began writing opposite the **lampstand**	וְכָתְבָן לָקֳבֵל נֶבְרַשְׁתָּא
on the **plaster** of the wall of	עַל־גִּירָא דִּי־כְתַל
the king's palace	הֵיכְלָא דִּי מַלְכָּא
and the king saw	וּמַלְכָּא חָזֵה
the back of the hand that did the writing	פַּס יְדָה דִּי כָתְבָה

The glorious brightness of the king's face paled [lit., Then, as for the king, his splendor changed on him] and his thoughts alarmed him; the muscles of his **loins** (חַרְצֵהּ) loosened and his **knees** (אַרְכֻבָּתֵהּ) **knocked** (נָקְשָׁן) against each other. (MLB)

אַרְכֻבָּא *ʾarkubbāʾ*	*knee*	1x S755
חֲרַץ *ḥăraṣ*	*hip*	1x S2783
נקשׁ *nĕqaš*	*knock*	1x S5368

אֱדַיִן מַלְכָּא זִיוֹהִי שְׁנוֹהִי וְרַעְיֹנֹהִי יְבַהֲלוּנֵּהּ וְקִטְרֵי חַרְצֵהּ מִשְׁתָּרַיִן
וְאַרְכֻבָּתֵהּ דָּא לְדָא נָקְשָׁן׃

The glorious brightness of the king's face paled [lit., Then, as for the king, his splendor changed on him]	אֱדַיִן מַלְכָּא זִיוֹהִי שְׁנוֹהִי
and his thoughts alarmed him	וְרַעְיֹנֹהִי יְבַהֲלוּנֵּהּ
the muscles of his **loins**	וְקִטְרֵי חַרְצֵהּ
loosened	מִשְׁתָּרַיִן
and his **knees**	וְאַרְכֻבָּתֵהּ
knocked against each other	דָּא לְדָא נָקְשָׁן

Then King Belshazzar became greatly terrified and his face turned pale [lit., his splendor changed upon him], and his lords **were perplexed** (מִשְׁתַּבְּשִׁין). (NRSV)

שׁבשׁ	*be perplexed*	1x
šĕvaš		S7672

אֱדַיִן מַלְכָּא בֵלְשַׁאצַּר שַׂגִּיא מִתְבָּהַל וְזִיוֹהִי שָׁנַיִן עֲלוֹהִי וְרַבְרְבָנוֹהִי מִשְׁתַּבְּשִׁין׃

Then King Belshazzar	אֱדַיִן מַלְכָּא בֵלְשַׁאצַּר
became greatly terrified	שַׂגִּיא מִתְבָּהַל
and his face turned pale [lit., his splendor changed upon him]	וְזִיוֹהִי שָׁנַיִן עֲלוֹהִי
and his lords **were perplexed**	וְרַבְרְבָנוֹהִי מִשְׁתַּבְּשִׁין

The queen, because of the words of the king and his lords, came into the banqueting hall [lit., house of the **banquet** (**מִשְׁתְּיָא**)], and the queen declared, “O king, live forever! Let not your thoughts alarm you or your color change.” (ESV)

מִשְׁתֵּא *mištēʾ*	*banquet*	1x S4961

מַלְכְּתָא לָקֳבֵל מִלֵּי מַלְכָּא וְרַבְרְבָנוֹהִי לְבֵית **מִשְׁתְּיָא** עַלַּת עֲנָת מַלְכְּתָא וַאֲמֶרֶת מַלְכָּא לְעָלְמִין חֱיִי אַל־יְבַהֲלוּךְ רַעְיוֹנָךְ וְזִיוָיךְ אַל־יִשְׁתַּנּוֹ׃

The queen	מַלְכְּתָא
because of the words of the king and his lords	לָקֳבֵל מִלֵּי מַלְכָּא וְרַבְרְבָנוֹהִי
came into the banqueting hall [lit., house of the **banquet**]	לְבֵית מִשְׁתְּיָא עַלַּת
and the queen declared	עֲנָת מַלְכְּתָא וַאֲמֶרֶת
O king, live forever!	מַלְכָּא לְעָלְמִין חֱיִי
Let not your thoughts alarm you	אַל־יְבַהֲלוּךְ רַעְיוֹנָךְ
or your color change	וְזִיוָיךְ אַל־יִשְׁתַּנּוֹ

This was because an extraordinary spirit, knowledge and insight, interpretation of dreams, explanation of **enigmas** (אֲחִידָן) and solving of difficult problems were found in this Daniel, whom the king named Belteshazzar. Let Daniel now be summoned and he will declare the interpretation. (NASB)

אֲחִידָה	*riddle*	1x
ʾăḥîdâ		S280

כָּל־קֳבֵל דִּי רוּחַ יַתִּירָה וּמַנְדַּע וְשָׂכְלְתָנוּ מְפַשַּׁר חֶלְמִין וַאַחֲוָיַת
אֲחִידָן וּמְשָׁרֵא קִטְרִין הִשְׁתְּכַחַת בֵּהּ בְדָנִיֵּאל דִּי־מַלְכָּא שָׂם־שְׁמֵהּ
בֵּלְטְשַׁאצַּר כְּעַן דָּנִיֵּאל יִתְקְרֵי וּפִשְׁרָה יְהַחֲוֵה׃

This was because an extraordinary spirit	כָּל־קֳבֵל דִּי רוּחַ יַתִּירָה
knowledge and insight	וּמַנְדַּע וְשָׂכְלְתָנוּ
interpretation of dreams	מְפַשַּׁר חֶלְמִין
explanation of **enigmas**	וַאַחֲוָיַת אֲחִידָן
and solving of difficult problems	וּמְשָׁרֵא קִטְרִין
were found in this Daniel	הִשְׁתְּכַחַת בֵּהּ בְדָנִיֵּאל
whom the king named Belteshazzar	דִּי־מַלְכָּא שָׂם־שְׁמֵהּ בֵּלְטְשַׁאצַּר
Let Daniel now be summoned	כְּעַן דָּנִיֵּאל יִתְקְרֵי
and he will declare the interpretation	וּפִשְׁרָה יְהַחֲוֵה

But when his heart was lifted up and his spirit was hardened **so that he acted proudly** (הֲזָדָה), he was deposed from his kingly throne, and his glory was stripped from him. (NRSV)

זוד	*be arrogant, act presumptuously*	1x
zûd		S2103

וּכְדִי רִם לִבְבֵהּ וְרוּחֵהּ תִּקְפַת לַהֲזָדָה הָנְחַת מִן־כָּרְסֵא מַלְכוּתֵהּ וִיקָרָה הֶעְדִּיו מִנֵּהּ׃

But when	וּכְדִי
his heart was lifted up	רִם לִבְבֵהּ
and his spirit was hardened	וְרוּחֵהּ תִּקְפַת
so that he acted proudly	לַהֲזָדָה
he was deposed	הָנְחַת
from his kingly throne	מִן־כָּרְסֵא מַלְכוּתֵהּ
and his glory was stripped from him	וִיקָרָה הֶעְדִּיו מִנֵּהּ

He was driven from among the children of mankind, and his mind was made like that of a beast, and his dwelling was with the **wild donkeys (עֲרָדַיָּא)**. He was fed grass like an ox, and his body was wet with the dew of heaven. (ESV)

עֲרָד	*wild donkey*	1x
ʿărād		S6167

וּמִן־בְּנֵי אֲנָשָׁא טְרִיד וְלִבְבֵהּ עִם־חֵיוְתָא שַׁוִּיו וְעִם־עֲרָדַיָּא מְדוֹרֵהּ
עִשְׂבָּא כְתוֹרִין יְטַעֲמוּנֵּהּ וּמִטַּל שְׁמַיָּא גִּשְׁמֵהּ יִצְטַבַּע

He was driven from among the children of mankind	וּמִן־בְּנֵי אֲנָשָׁא טְרִיד
and his mind was made like that of a beast	וְלִבְבֵהּ עִם־חֵיוְתָא שַׁוִּיו
and his dwelling was with the **wild donkeys**	וְעִם־עֲרָדַיָּא מְדוֹרֵהּ
He was fed grass like an ox	עִשְׂבָּא כְתוֹרִין יְטַעֲמוּנֵּהּ
and his body was wet with the dew of heaven	וּמִטַּל שְׁמַיָּא גִּשְׁמֵהּ יִצְטַבַּע

You have praised the gods of silver and gold, of bronze, iron, wood, and stone, which do not see or hear or know; but the God in whose power is your very **breath** (נִשְׁמְתָךְ), and to whom belong all your ways, you have not honored. (NRSV)

נִשְׁמָה	*breath*	1x
nišmâ		S5396

וְלֵאלָהֵי כַסְפָּא־וְדַהֲבָא נְחָשָׁא פַרְזְלָא אָעָא וְאַבְנָא דִּי לָא־חָזַיִן וְלָא־
שָׁמְעִין וְלָא יָדְעִין שַׁבַּחְתָּ וְלֵאלָהָא דִּי־נִשְׁמְתָךְ בִּידֵהּ וְכָל־אֹרְחָתָךְ
לֵהּ לָא הַדַּרְתָּ׃

You have praised	שַׁבַּחְתָּ
the gods of silver and gold	וְלֵאלָהֵי כַסְפָּא־וְדַהֲבָא
of bronze, iron, wood, and stone	נְחָשָׁא פַרְזְלָא אָעָא וְאַבְנָא
which do not see or hear or know	דִּי לָא־חָזַיִן וְלָא־שָׁמְעִין וְלָא יָדְעִין
but the God in whose power is your very **breath**	וְלֵאלָהָא דִּי־נִשְׁמְתָךְ בִּידֵהּ
and to whom belong all your ways	וְכָל־אֹרְחָתָךְ לֵהּ
you have not honored	לָא הַדַּרְתָּ

"Tekel"—**you have been weighed** (תְּקִילְתָּה) in the **balances** (מֹאזַנְיָא) and been found **wanting** (חַסִּיר). (MLB)

חַסִּיר *ḥassîr*	*lacking*	1x S2627
מֹאזְנֵא *mō'zĕnē'*	*balance*	1x S3977
תקל *tĕqal*	*be weighed*	1x S8254

תְּקֵל תְּקִילְתָּה בְמֹאזַנְיָא וְהִשְׁתְּכַחַתְּ חַסִּיר׃

"Tekel"	תְּקֵל
you have been weighed	תְּקִילְתָּה
in the **balances**	בְמֹאזַנְיָא
and been found	וְהִשְׁתְּכַחַתְּ
wanting	חַסִּיר

Peres: Your kingdom **is divided** (פְּרִיסַת) and given to the Medes and Persians. (NIV)

פרס	*be divided*	1x
pĕras		S6537

פְּרֵס פְּרִיסַת מַלְכוּתָךְ וִיהִיבַת לְמָדַי וּפָרָס׃

Peres	פְּרֵס
Your kingdom	מַלְכוּתָךְ
is divided	פְּרִיסַת
and given	וִיהִיבַת
to the Medes	לְמָדַי
and Persians	וּפָרָס

Then Belshazzar gave an order, and they clothed Daniel in purple, placed a gold chain around his neck, and **issued a proclamation** (הַכְרִזוּ) concerning him that he should be the third ruler in the kingdom. (CSB)

כרז	*herald, proclaim*	1x
kĕraz		S3745

בֵּאדַיִן אֲמַר בֵּלְשַׁאצַּר וְהַלְבִּישׁוּ לְדָנִיֵּאל אַרְגְּוָנָא וְהַמְנִיכָא דִּי־
דַהֲבָא עַל־צַוְּארֵהּ וְהַכְרִזוּ עֲלוֹהִי דִּי־לֶהֱוֵא שַׁלִּיט תַּלְתָּא בְּמַלְכוּתָא׃

Then Belshazzar gave an order	בֵּאדַיִן אֲמַר בֵּלְשַׁאצַּר
and they clothed Daniel in purple	וְהַלְבִּישׁוּ לְדָנִיֵּאל אַרְגְּוָנָא
placed a gold chain	וְהַמְנִיכָא דִּי־דַהֲבָא
around his neck	עַל־צַוְּארֵהּ
and **issued a proclamation** concerning him	וְהַכְרִזוּ עֲלוֹהִי
that he should be	דִּי־לֶהֱוֵא
the third ruler in the kingdom	שַׁלִּיט תַּלְתָּא בְּמַלְכוּתָא

DAN 6:1 [5:31]

So Darius the **Mede** (מָדָאָה) received the kingdom at about the age of sixty-two [lit., as a son of sixty-two years]. (NASB)

מָדַי	Mede	1x
māday		S4076

וְדָרְיָוֶשׁ מָדָאָה קַבֵּל מַלְכוּתָא כְּבַר שְׁנִין שִׁתִּין וְתַרְתֵּין:

So Darius the **Mede**	וְדָרְיָוֶשׁ מָדָאָה
received	קַבֵּל
the kingdom	מַלְכוּתָא
at about the age of sixty-two [lit., as a son of sixty-two years]	כְּבַר שְׁנִין שִׁתִּין וְתַרְתֵּין

It pleased Darius to set over the kingdom one hundred **twenty** (עֶשְׂרִין) satraps, stationed throughout the whole kingdom. (NRSV)

עֶשְׂרִין *ʿeśrîn*	*twenty*	1x S6243

שְׁפַר קֳדָם דָּרְיָוֶשׁ וַהֲקִים עַל־מַלְכוּתָא לַאֲחַשְׁדַּרְפְּנַיָּא מְאָה וְעֶשְׂרִין
דִּי לֶהֱוֹן בְּכָל־מַלְכוּתָא׃

It pleased Darius	שְׁפַר קֳדָם דָּרְיָוֶשׁ
to set over the kingdom	וַהֲקִים עַל־מַלְכוּתָא
one hundred **twenty** satraps	לַאֲחַשְׁדַּרְפְּנַיָּא מְאָה וְעֶשְׂרִין
stationed	דִּי לֶהֱוֹן
throughout the whole kingdom	בְּכָל־מַלְכוּתָא

and **over (עֵלָּא)** them three commissioners (of whom Daniel was one), that these satraps might be accountable [lit., might be giving a report] to them, and that the king might not suffer loss. (NASB)

עֵלָּא	*over*	1x
ʿēllāʾ		S5924

וְעֵלָּא מִנְּהוֹן סָרְכִין תְּלָתָא דִּי דָנִיֵּאל חַד־מִנְּהוֹן דִּי־לֶהֱוֺן אֲחַשְׁדַּרְפְּנַיָּא אִלֵּין יָהֲבִין לְהוֹן טַעְמָא וּמַלְכָּא לָא־לֶהֱוֵא נָזִק׃

and **over** them	וְעֵלָּא מִנְּהוֹן
three commissioners	סָרְכִין תְּלָתָא
(of whom Daniel was one)	דִּי דָנִיֵּאל חַד־מִנְּהוֹן
that these satraps	דִּי־ . . . אֲחַשְׁדַּרְפְּנַיָּא אִלֵּין
might be accountable [lit., might be giving a report]	לֶהֱוֺן . . . יָהֲבִין . . . טַעְמָא
to them	לְהוֹן
and that the king	וּמַלְכָּא
might not suffer loss	לָא־לֶהֱוֵא נָזִק

DAY 294 • WEEK 42 • OCT 21 — DAN 6:4 [3]

Then this Daniel became **distinguished** (מִתְנַצַּח) above all the other high officials and satraps, because an excellent spirit was in him. And the king **planned** (עֲשִׁית) to set him over the whole kingdom. (ESV)

נצח nĕṣaḥ	distinguish oneself, surpass	1x S5330
עשׁת ʿăšat	intend	1x S6246

אֱדַיִן דָּנִיֵּאל דְּנָה הֲוָא מִתְנַצַּח עַל־סָרְכַיָּא וַאֲחַשְׁדַּרְפְּנַיָּא כָּל־קֳבֵל דִּי
רוּחַ יַתִּירָא בֵּהּ וּמַלְכָּא עֲשִׁית לַהֲקָמוּתֵהּ עַל־כָּל־מַלְכוּתָא׃

Then this Daniel	אֱדַיִן דָּנִיֵּאל דְּנָה
became **distinguished**	הֲוָא מִתְנַצַּח
above all the other high officials and satraps	עַל־סָרְכַיָּא וַאֲחַשְׁדַּרְפְּנַיָּא
because an excellent spirit was in him	כָּל־קֳבֵל דִּי רוּחַ יַתִּירָא בֵּהּ
And the king **planned**	וּמַלְכָּא עֲשִׁית
to set him	לַהֲקָמוּתֵהּ
over the whole kingdom	עַל־כָּל־מַלְכוּתָא

He continued to go to his house, which had **windows** (כַוִּין) in its **upper room** (עִלִּיתֵהּ) open **toward** (נֶגֶד) Jerusalem, and **to get down** (בָּרֵךְ) on his **knees** (בִּרְכוֹהִי) . . . (NRSV)

ברך *bĕrak*	*kneel*	1x S1289
בְּרַךְ *bĕrak*	*knee*	1x S1291
כַּוָּה *kavvâ*	*window*	1x S3551
נֶגֶד *neged*	*toward*	1x S5049
עִלִּי *ʿillî*	*upstairs room*	1x S5952

עַל לְבַיְתֵהּ וְכַוִּין פְּתִיחָן לֵהּ בְּעִלִּיתֵהּ נֶגֶד יְרוּשְׁלֶם . . . הוּא בָּרֵךְ עַל־בִּרְכוֹהִי

He continued to go to his house	עַל לְבַיְתֵהּ
which had **windows** in its **upper room**	וְכַוִּין . . . לֵהּ בְּעִלִּיתֵהּ
open **toward** Jerusalem	פְּתִיחָן . . . נֶגֶד יְרוּשְׁלֶם . . .
and **to get down** on his **knees**	הוּא בָּרֵךְ עַל־בִּרְכוֹהִי

He was very displeased [lit., **it was** very **bad** (בְּאֵשׁ) to him]; he set his **mind** (בָּל) on rescuing Daniel and **made every effort** (הֲוָא מִשְׁתַּדַּר) until sundown [lit., the **setting** (מֶעָלֵי) of the **sun** (שִׁמְשָׁא)] to deliver him. (CSB)

באשׁ *bĕʾēš*	*be bad, evil (w/* עַל*) to*	1x	S888
בָּל *bāl*	*mind*	1x	S1079
מֶעָל *meʿāl*	*entering (= setting)*	1x	S4606
שׁדר *šĕrad*	*strive, make every effort*	1x	S7712
שְׁמַשׁ *šĕmaš*	*sun*	1x	S8122

שַׂגִּיא בְּאֵשׁ עֲלוֹהִי וְעַל דָּנִיֵּאל שָׂם בָּל לְשֵׁיזָבוּתֵהּ וְעַד מֶעָלֵי שִׁמְשָׁא הֲוָא מִשְׁתַּדַּר לְהַצָּלוּתֵהּ׃

He was very displeased [lit., **it was** very **bad** to him]	שַׂגִּיא בְּאֵשׁ עֲלוֹהִי
he set his **mind** on rescuing Daniel	וְעַל דָּנִיֵּאל שָׂם בָּל לְשֵׁיזָבוּתֵהּ
and **made every effort** . . . to deliver him	הֲוָא מִשְׁתַּדַּר לְהַצָּלוּתֵהּ
until sundown [lit., the **setting** of the **sun**]	וְעַד מֶעָלֵי שִׁמְשָׁא

DAN 6:18 [17] OCT 24 ▪ WEEK 43 ▪ DAY 297

A stone was brought and placed over the mouth of the den, and the king **sealed** (חַתְמַהּ) it with his own signet ring and with the rings of his nobles, so that Daniel's **situation** (צְבוּ) might not be changed. (NIV)

חתם	*seal*	1x
ḥătam		S2857
צְבוּ	*thing, matter*	1x
ṣĕvû		S6640

וְהֵיתָיִת אֶבֶן חֲדָה וְשֻׂמַת עַל־פֻּם גֻּבָּא וְחַתְמַהּ מַלְכָּא בְּעִזְקְתֵהּ וּבְעִזְקָת רַבְרְבָנוֹהִי דִּי לָא־תִשְׁנֵא צְבוּ בְּדָנִיֵּאל׃

A stone was brought	וְהֵיתָיִת אֶבֶן חֲדָה
and placed over the mouth of the den	וְשֻׂמַת עַל־פֻּם גֻּבָּא
and the king **sealed** it	וְחַתְמַהּ מַלְכָּא
with his own signet ring	בְּעִזְקְתֵהּ
and with the rings of his nobles	וּבְעִזְקָת רַבְרְבָנוֹהִי
so that Daniel's **situation**	דִּי . . . צְבוּ בְּדָנִיֵּאל
might not be changed	לָא־תִשְׁנֵא

Then the king went off to his palace and **spent the night** (בָּת) **fasting** (טְוָת), and no **entertainment** (דַּחֲוָן) was brought before him; and his **sleep** (שִׁנְתֵּהּ) **fled** (נַדַּת) from him. (NASB)

בית *bît*	*spend the night*	1x S956
דַּחֲוָה *daḥăvâ*	*food* (?), *table* (?); *concubine* (?), *dancing girl* (?); *diversion* (?)	1x S1761
טְוָת *ṭĕvāt*	*fasting*	1x S2908
נדד *nĕdad*	*flee*	1x S5075
שְׁנָה *šĕnâ*	*sleep*	1x S8139

אֱדַיִן אֲזַל מַלְכָּא לְהֵיכְלֵהּ וּבָת טְוָת וְדַחֲוָן לָא־הַנְעֵל קָדָמוֹהִי
וְשִׁנְתֵּהּ נַדַּת עֲלוֹהִי׃

Then the king went off to his palace	אֱדַיִן אֲזַל מַלְכָּא לְהֵיכְלֵהּ
and **spent the night fasting**	וּבָת טְוָת
and no **entertainment** was brought before him	וְדַחֲוָן לָא־הַנְעֵל קָדָמוֹהִי
and his **sleep fled** from him	וְשִׁנְתֵּהּ נַדַּת עֲלוֹהִי

Then the king arose at **dawn** (**בִּשְׁפַּרְפָּרָא**), at the **break of day** (**נָגְהָא**), and went in haste to the lions' den. (NASB)

נְגַהּ	*first light*	1x
nĕgah		S5053
שְׁפַרְפָּר	*dawn*	1x
*šĕfar**pār***		S8238

בֵּאדַיִן מַלְכָּא **בִּשְׁפַּרְפָּרָא** יְקוּם **בְּנָגְהָא** וּבְהִתְבְּהָלָה לְגֻבָּא דִּי־אַרְיָוָתָא אֲזַל׃

Then the king arose	בֵּאדַיִן מַלְכָּא . . . יְקוּם
at **dawn**	בִּשְׁפַּרְפָּרָא
at the **break of day**	בְּנָגְהָא
and went in haste	וּבְהִתְבְּהָלָה . . . אֲזַל
to the lions' den	לְגֻבָּא דִּי־אַרְיָוָתָא

DAY 300 ▪ WEEK 43 ▪ OCT 27 **DAN 6:21 [20]**

When he had come near the den to Daniel, **he cried out** (זְעִק) with a **troubled** (עֲצִיב) voice. The king spoke and said to Daniel, “Daniel, servant of the living God, has your God, whom you constantly serve, been able to deliver you from the lions?” (NASB)

זעק	*yell*	1x
*zĕʿ**iq***		S2200
עֲצִיב	*anxious* (?), *sad* (?)	1x
*ʿ**ăṣîv***		S6088

וּכְמִקְרְבֵהּ לְגֻבָּא לְדָנִיֵּאל בְּקָל עֲצִיב זְעִק עָנֵה מַלְכָּא וְאָמַר לְדָנִיֵּאל
דָּנִיֵּאל עֲבֵד אֱלָהָא חַיָּא אֱלָהָךְ דִּי אַנְתְּ פָּלַח־לֵהּ בִּתְדִירָא הַיְכִל
לְשֵׁיזָבוּתָךְ מִן־אַרְיָוָתָא׃

When he had come near the den to Daniel	וּכְמִקְרְבֵהּ לְגֻבָּא לְדָנִיֵּאל
he cried out with a **troubled** voice	בְּקָל עֲצִיב זְעִק
The king spoke and said to Daniel	עָנֵה מַלְכָּא וְאָמַר לְדָנִיֵּאל
Daniel, servant of the living God	דָּנִיֵּאל עֲבֵד אֱלָהָא חַיָּא
has your God . . . been able	אֱלָהָךְ . . . הַיְכִל
whom you constantly serve	דִּי אַנְתְּ פָּלַח־לֵהּ בִּתְדִירָא
to deliver you from the lions?	לְשֵׁיזָבוּתָךְ מִן־אַרְיָוָתָא

My God sent his angel and **shut** (סְגַר) the lions' mouths, and they have not harmed me, because I was found blameless [lit., **innocence** (זָכוּ) was found in me] before him; and also before you, O king, I have done no **harm** (חֲבוּלָה). (ESV)

זָכוּ	*innocence*	1x
zā<u>k</u>û		S2136
חֲבוּלָה	*wrong, harm, crime*	1x
ḥăvûlâ		S2248
סגר	*close, shut*	1x
sĕgar		S5463

אֱלָהִי שְׁלַח מַלְאֲכֵהּ וּסֲגַר פֻּם אַרְיָוָתָא וְלָא חַבְּלוּנִי כָּל־קֳבֵל דִּי קָדָמוֹהִי זָכוּ הִשְׁתְּכַחַת לִי וְאַף קָדָמָךְ מַלְכָּא חֲבוּלָה לָא עַבְדֵת׃

My God sent his angel	אֱלָהִי שְׁלַח מַלְאֲכֵהּ
and **shut** the lions' mouths	וּסֲגַר פֻּם אַרְיָוָתָא
and they have not harmed me	וְלָא חַבְּלוּנִי
because . . . before him	כָּל־קֳבֵל דִּי קָדָמוֹהִי
I was found blameless [lit., **innocence** was found in me]	זָכוּ הִשְׁתְּכַחַת לִי
and also before you, O king	וְאַף קָדָמָךְ מַלְכָּא
I have done no **harm**	חֲבוּלָה לָא עַבְדֵת

The king was overjoyed [lit., Then, as for the king, **it was** very **good (טְאֵב)** to him] and gave orders to lift Daniel out of the den. And when Daniel was lifted from the den, no wound was found on him, because he had trusted in his God. (NIV)

טאב *ṭĕʾēv*	*be good (w/ עַל) to*	1x S2868

בֵּאדַ֫יִן מַלְכָּא שַׂגִּיא טְאֵב עֲלוֹהִי וּלְדָנִיֵּאל אֲמַר לְהַנְסָקָה מִן־גֻּבָּא
וְהֻסַּק דָּנִיֵּאל מִן־גֻּבָּא וְכָל־חֲבָל לָא־הִשְׁתְּכַח בֵּהּ דִּי הֵימִן בֵּאלָהֵהּ׃

The king was overjoyed [lit., Then, as for the king, **it was** very **good** to him]	בֵּאדַ֫יִן מַלְכָּא שַׂגִּיא **טְאֵב** עֲלוֹהִי
and gave orders to lift Daniel	וּלְדָנִיֵּאל אֲמַר לְהַנְסָקָה
out of the den	מִן־גֻּבָּא
And when Daniel was lifted	וְהֻסַּק דָּנִיֵּאל
from the den	מִן־גֻּבָּא
no wound was found on him	וְכָל־חֲבָל לָא־הִשְׁתְּכַח בֵּהּ
because he had trusted in his God	דִּי הֵימִן בֵּאלָהֵהּ

The king then gave the command, and those men . . . were brought and thrown into the lions' den—they, their children, and their **wives** (נְשֵׁיהוֹן). They had not reached the **bottom** (אַרְעִית) of the den before the lions overpowered them and crushed all their **bones** (גַּרְמֵיהוֹן). (CSB)

אַרְעִי	*bottom*	1x
ʾarʿî		S773
גְּרַם	*bone*	1x
gĕram		S1635
נְשִׁין	*wives*	1x
nĕšîn		S5389

וַאֲמַר מַלְכָּא וְהַיְתִיו גֻּבְרַיָּא אִלֵּךְ . . . וּלְגֹב אַרְיָוָתָא רְמוֹ אִנּוּן בְּנֵיהוֹן וּנְשֵׁיהוֹן וְלָא־מְטוֹ לְאַרְעִית גֻּבָּא עַד דִּי־שְׁלִטוּ בְהוֹן אַרְיָוָתָא וְכָל־גַּרְמֵיהוֹן הַדִּקוּ׃

The king then gave the command	וַאֲמַר מַלְכָּא
and those men . . . were brought and thrown into the lions' den	וְהַיְתִיו גֻּבְרַיָּא אִלֵּךְ . . . וּלְגֹב אַרְיָוָתָא רְמוֹ
they, their children, and their **wives**	אִנּוּן בְּנֵיהוֹן וּנְשֵׁיהוֹן
They had not reached the **bottom** of the den	וְלָא־מְטוֹ לְאַרְעִית גֻּבָּא
before the lions overpowered them	עַד דִּי־שְׁלִטוּ בְהוֹן אַרְיָוָתָא
and crushed all their **bones**	וְכָל־גַּרְמֵיהוֹן הַדִּקוּ

So this Daniel prospered during the reign of Darius, and also during the reign of Cyrus the **Persian** (פָּרְסָאָה). (MLB)

פָּרְסִי	Persian	1x
pārsî		S6543

וְדָנִיֵּאל דְּנָה הַצְלַח בְּמַלְכוּת דָּרְיָוֶשׁ וּבְמַלְכוּת כּוֹרֶשׁ פָּרְסָאָה׃

So this Daniel	וְדָנִיֵּאל דְּנָה
prospered	הַצְלַח
during the reign of Darius	בְּמַלְכוּת דָּרְיָוֶשׁ
and also during the reign of Cyrus the **Persian**	וּבְמַלְכוּת כּוֹרֶשׁ פָּרְסָאָה

DAN 7:2

Daniel said, "I saw in my vision by night and behold, the four winds of heaven **were stirring up** (מְגִיחָן) the great sea." (MLB)

גוח	stir up	1x
gûaḥ		S1519

עָנֵה דָנִיֵּאל וְאָמַר חָזֵה הֲוֵית בְּחֶזְוִי עִם־לֵילְיָא וַאֲרוּ אַרְבַּע רוּחֵי שְׁמַיָּא מְגִיחָן לְיַמָּא רַבָּא:

Daniel said	עָנֵה דָנִיֵּאל וְאָמַר
I saw	חָזֵה הֲוֵית
in my vision by night	בְּחֶזְוִי עִם־לֵילְיָא
and behold	וַאֲרוּ
the four winds of heaven	אַרְבַּע רוּחֵי שְׁמַיָּא
were stirring up	מְגִיחָן
the great sea	לְיַמָּא רַבָּא

DAY 306 ▪ WEEK 44 ▪ NOV 2 DAN 7:4

The first was like a lion and had wings like an eagle. As I looked, its wings **were plucked off** (מְרִיטוּ) and it was lifted from the ground and made to stand on two feet like a man, and the mind of a man was given to it. (MLB)

מרט	*be plucked*	1x
mĕraṭ		S4804

קַדְמָיְתָא כְאַרְיֵה וְגַפִּין דִּי־נְשַׁר לַהּ חָזֵה הֲוֵית עַד דִּי־מְּרִיטוּ גַפַּהּ
וּנְטִילַת מִן־אַרְעָא וְעַל־רַגְלַיִן כֶּאֱנָשׁ הֳקִימַת וּלְבַב אֱנָשׁ יְהִיב לַהּ׃

The first was like a lion	קַדְמָיְתָא כְאַרְיֵה
and had wings like an eagle	וְגַפִּין דִּי־נְשַׁר לַהּ
As I looked	חָזֵה הֲוֵית עַד דִּי־
its wings **were plucked off**	מְּרִיטוּ גַפַּהּ
and it was lifted from the ground	וּנְטִילַת מִן־אַרְעָא
and made to stand on two feet like a man	וְעַל־רַגְלַיִן כֶּאֱנָשׁ הֳקִימַת
and the mind of a man was given to it	וּלְבַב אֱנָשׁ יְהִיב לַהּ

DAN 7:5 NOV 3 ▪ WEEK 44 ▪ **DAY 307**

And behold, another beast, a **second** (תִּנְיָנָה) one, resembling a **bear** (דֹּב). And it was raised up on one **side** (שְׂטַר), and three **ribs** (עִלְעִין) were in its mouth between its teeth. (NASB)

דֹּב *dōv*	*bear*	1x S1678
עֲלַע *ʿăla*ʿ	*rib*	1x S5967
שְׂטַר *śĕṭar*	*side*	1x S7859
תִּנְיָן *tinyān*	*second*	1x S8578

וַאֲרוּ חֵיוָה אָחֳרִי תִנְיָנָה דָּמְיָה לְדֹב וְלִשְׂטַר־חַד הֳקִמַת וּתְלָת עִלְעִין בְּפֻמַּהּ בֵּין שִׁנַּהּ

And behold, another beast	וַאֲרוּ חֵיוָה אָחֳרִי
a **second** one	תִנְיָנָה
resembling a **bear**	דָּמְיָה לְדֹב
And it was raised up on one **side**	וְלִשְׂטַר־חַד הֳקִמַת
and three **ribs** were in its mouth	וּתְלָת עִלְעִין בְּפֻמַּהּ
between its teeth	בֵּין שִׁנַּהּ

After this I looked, and behold, another, like a **leopard** (נְמַר), with four wings of a bird on its **back** (גַּבַּהּ). And the beast had four heads, and dominion was given to it. (ESV)

גַּב *gav*	*side, back*	1x S1355
נְמַר ***nĕmar***	*leopard*	1x S5246

בָּאתַר דְּנָה חָזֵה הֲוֵית וַאֲרוּ אָחֳרִי כִּנְמַר וְלַהּ גַּפִּין אַרְבַּע דִּי־עוֹף
עַל־גַּבַּהּ וְאַרְבְּעָה רֵאשִׁין לְחֵיוְתָא וְשָׁלְטָן יְהִיב לַהּ׃

After this	בָּאתַר דְּנָה
I looked	חָזֵה הֲוֵית
and behold, another, like a **leopard**	וַאֲרוּ אָחֳרִי כִּנְמַר
with four wings of a bird	גַּפִּין אַרְבַּע דִּי־עוֹף
on its **back**	וְלַהּ . . . עַל־גַּבַּהּ
And the beast had four heads	וְאַרְבְּעָה רֵאשִׁין לְחֵיוְתָא
and dominion was given to it	וְשָׁלְטָן יְהִיב לַהּ

After this I kept looking in the night visions, and behold, a fourth beast, dreadful and **terrifying (אֵימְתָנִי)** and extremely strong; and it had large iron teeth. It devoured and crushed and trampled down the remainder with its feet. (NASB)

אֵימְתָן ʾ*ê*m*ĕ*t*ā*n	*terrible*	1x S574

בָּאתַר דְּנָה חָזֵה הֲוֵית בְּחֶזְוֵי לֵילְיָא וַאֲרוּ חֵיוָה רְבִיעָאָה דְּחִילָה וְאֵימְתָנִי וְתַקִּיפָא יַתִּירָא וְשִׁנַּיִן דִּי־פַרְזֶל לַהּ רַבְרְבָן אָכְלָה וּמַדֱּקָה וּשְׁאָרָא בְּרַגְלַהּ רָפְסָה וְהִיא מְשַׁנְּיָה מִן־כָּל־חֵיוָתָא דִּי קָדָמַיהּ וְקַרְנַיִן עֲשַׂר לַהּ׃

After this	בָּאתַר דְּנָה
I kept looking	חָזֵה הֲוֵית
in the night visions	בְּחֶזְוֵי לֵילְיָא
and behold, a fourth beast	וַאֲרוּ חֵיוָה רְבִיעָאָה
dreadful and **terrifying**	דְּחִילָה וְאֵימְתָנִי
and extremely strong	וְתַקִּיפָא יַתִּירָא
and it had large iron teeth	וְשִׁנַּיִן דִּי־פַרְזֶל לַהּ רַבְרְבָן
It devoured and crushed	אָכְלָה וּמַדֱּקָה
and trampled down the remainder with its feet	וּשְׁאָרָא בְּרַגְלַהּ רָפְסָה

While I was **thinking** (מִשְׂתַּכַּל) about the horns, there before me was another horn, a **little** (זְעֵירָה) one, which came up among them; and three of the first horns **were uprooted** (אֶתְעֲקַרָה) before it. (NIV)

זְעֵיר *zĕʿêr*	*little*	1x S2192
עקר *ʿăqar*	*be ripped out*	1x S6132
שׂכל *śĕk̲al*	*contemplate*	1x S7920

מִשְׂתַּכַּל הֲוֵית בְּקַרְנַיָּא וַאֲלוּ קֶרֶן אָחֳרִי זְעֵירָה סִלְקָת בֵּינֵיהֵן וּתְלָת מִן־קַרְנַיָּא קַדְמָיָתָא אֶתְעֲקַרָה מִן־קֳדָמַהּ

While I was **thinking** about the horns	מִשְׂתַּכַּל הֲוֵית בְּקַרְנַיָּא
there before me was another horn	וַאֲלוּ קֶרֶן אָחֳרִי
a **little** one	זְעֵירָה
which came up among them	סִלְקָת בֵּינֵיהֵן
and three of the first horns	וּתְלָת מִן־קַרְנַיָּא קַדְמָיָתָא
were uprooted before it	אֶתְעֲקַרָה מִן־קֳדָמַהּ

His clothing was **white** (חִוָּר) as **snow** (תְּלַג), and the hair of his head like **pure** (נְקֵא) **wool** (עֲמַר); his throne was fiery flames; its **wheels** (גַּלְגִּלּוֹהִי) were **burning** (דָּלִק) fire. (ESV)

גַּלְגַּל *gal**gal***	*wheel*	1x S1535
דלק *dĕ**laq***	*be on fire*	1x S1815
חִוָּר *ḥiv**vār***	*white*	1x S2358
נְקֵא *nĕ**qē***ʾ	*pure*	1x S5343
עֲמַר *ʿă**mar***	*wool*	1x S6015
תְּלַג *tĕ**lag***	*snow*	1x S8517

לְבוּשֵׁהּ כִּתְלַג **חִוָּר** וּשְׂעַר רֵאשֵׁהּ כַּעֲמַר **נְקֵא** כָּרְסְיֵהּ שְׁבִיבִין דִּי־נוּר
גַּלְגִּלּוֹהִי נוּר **דָּלִק**:

His clothing was **white** as **snow**	לְבוּשֵׁהּ כִּתְלַג חִוָּר
and the hair of his head like **pure wool**	וּשְׂעַר רֵאשֵׁהּ כַּעֲמַר נְקֵא
his throne was fiery flames	כָּרְסְיֵהּ שְׁבִיבִין דִּי־נוּר
its **wheels** were **burning** fire	גַּלְגִּלּוֹהִי נוּר דָּלִק

A **river** (נְהַר) of fire was **flowing** (נָגֵד), coming out from before him. Thousands upon thousands **attended** (יְשַׁמְּשׁוּנֵּהּ) him; ten thousand times ten thousand stood before him. The court was seated, and the books were opened. (NIV)

נגד *něgad*	*flow*	1x S5047
נְהַר *něhar*	*river*	1x S5103
שׁמשׁ *šěmaš*	*minister, attend, serve*	1x S8120

נְהַר דִּי־נוּר נָגֵד וְנָפֵק מִן־קֳדָמוֹהִי אֶלֶף אַלְפִין יְשַׁמְּשׁוּנֵּהּ וְרִבּוֹ רִבְבָן
קָדָמוֹהִי יְקוּמוּן דִּינָא יְתִב וְסִפְרִין פְּתִיחוּ׃

A **river** of fire was **flowing**	נְהַר דִּי־נוּר נָגֵד
coming out from before him	וְנָפֵק מִן־קֳדָמוֹהִי
Thousands upon thousands **attended** him	אֶלֶף אַלְפִין יְשַׁמְּשׁוּנֵּהּ
ten thousand times ten thousand	וְרִבּוֹ רִבְבָן
stood before him	קָדָמוֹהִי יְקוּמוּן
The court was seated	דִּינָא יְתִב
and the books were opened	וְסִפְרִין פְּתִיחוּ

DAN 7:11 — NOV 9 • WEEK 45 • DAY 313

I watched, then, because of the sound of the arrogant words the horn was speaking. As I continued watching, the beast was killed and its body destroyed and given over to the burning fire [lit., **burning (לִיקֵדַת)** of **fire (אֶשָּׁא)**]. (CSB)

| אֶשָּׁא | fire | 1x |
| 'eššā' | | S785 |

| יְקֵדָה | burning | 1x |
| yĕqēdâ | | S3346 |

חָזֵה הֲוֵית בֵּאדַיִן מִן־קָל מִלַּיָּא רַבְרְבָתָא דִּי קַרְנָא מְמַלֱּלָה חָזֵה הֲוֵית עַד דִּי קְטִילַת חֵיוְתָא וְהוּבַד גִּשְׁמַהּ וִיהִיבַת לִיקֵדַת אֶשָּׁא:

I watched, then	חָזֵה הֲוֵית בֵּאדַיִן
because of the sound of the arrogant words	מִן־קָל מִלַּיָּא רַבְרְבָתָא
the horn was speaking	דִּי קַרְנָא מְמַלֱּלָה
As I continued watching	חָזֵה הֲוֵית עַד דִּי
the beast was killed	קְטִילַת חֵיוְתָא
and its body destroyed	וְהוּבַד גִּשְׁמַהּ
and given over to the burning fire [lit., **burning** of **fire**]	וִיהִיבַת לִיקֵדַת אֶשָּׁא

DAY 314 • WEEK 45 • NOV 10   DAN 7:13

I saw in the night visions, and behold, with the **clouds** (עֲנָנֵי) of heaven there came one like a son of man, and he came to the Ancient of Days and was presented before him. (ESV)

עֲנָן	cloud	1x
ʿănān		S6050

חָזֵה הֲוֵית בְּחֶזְוֵי לֵילְיָא וַאֲרוּ עִם־עֲנָנֵי שְׁמַיָּא כְּבַר אֱנָשׁ אָתֵה הֲוָה וְעַד־עַתִּיק יוֹמַיָּא מְטָה וּקְדָמוֹהִי הַקְרְבוּהִי:

I saw	חָזֵה הֲוֵית
in the night visions	בְּחֶזְוֵי לֵילְיָא
and behold	וַאֲרוּ
with the **clouds** of heaven	עִם־עֲנָנֵי שְׁמַיָּא
there came	אָתֵה הֲוָה
one like a son of man	כְּבַר אֱנָשׁ
and . . . to the Ancient of Days	וְעַד־עַתִּיק יוֹמַיָּא
he came	מְטָה
and was presented before him	וּקְדָמוֹהִי הַקְרְבוּהִי

As for me, Daniel, my spirit **was troubled (אֶתְכְּרִיַּת)** within me [lit., in the midst of the **sheath (נִדְנֶה)** (i.e., my body)], and the visions of my head terrified me. (NRSV)

כרה *kĕrâ*	*be distressed, troubled, disturbed*	1x S3735
נְדַן *nĕdan*	*sheath (= body)*	1x S5085

אֶתְכְּרִיַּת רוּחִי אֲנָה דָנִיֵּאל בְּגוֹא נִדְנֶה וְחֶזְוֵי רֵאשִׁי יְבַהֲלֻנַּנִי׃

As for me, Daniel	אֲנָה דָנִיֵּאל
my spirit **was troubled**	אֶתְכְּרִיַּת רוּחִי
within me [lit., in the midst of the **sheath** (i.e., my body)]	בְּגוֹא נִדְנֶה
and the visions of my head	וְחֶזְוֵי רֵאשִׁי
terrified me	יְבַהֲלֻנַּנִי

These huge beasts, four in number [lit., which **are (אִנּוּן)** four], are four kings who will rise from the earth. (CSB)

אִנּוּן	*they;* as copula *are*	1x
ʾinnûn		S581

אִלֵּין חֵיוָתָא רַבְרְבָתָא דִּי אִנּוּן אַרְבַּע אַרְבְּעָה מַלְכִין יְקוּמוּן מִן־אַרְעָא׃

These huge beasts	אִלֵּין חֵיוָתָא רַבְרְבָתָא
four in number [lit., which **are** four]	דִּי אִנּוּן אַרְבַּע
are four kings	אַרְבְּעָה מַלְכִין
who will rise	יְקוּמוּן
from the earth	מִן־אַרְעָא

Then I desired **to know the truth** (יַצָּבָא) about the fourth beast, which was different from all the rest, exceedingly terrifying, with its teeth of iron and claws of bronze, and which devoured and broke in pieces and stamped what was left with its feet. (ESV)

יצב	*ascertain, make certain of*	1x
yĕṣēv		S3321

אֱדַיִן צְבִית לְיַצָּבָא עַל־חֵיוְתָא רְבִיעָיְתָא דִּי־הֲוָת שָׁנְיָה מִן־כָּלְּהֵין
דְּחִילָה יַתִּירָה שִׁנַּהּ דִּי־פַרְזֶל וְטִפְרַהּ דִּי־נְחָשׁ אָכְלָה מַדֱּקָה וּשְׁאָרָא
בְּרַגְלַהּ רָפְסָה׃

Then I desired	אֱדַיִן צְבִית
to know the truth	**לְיַצָּבָא**
about the fourth beast	עַל־חֵיוְתָא רְבִיעָיְתָא
which was different	דִּי־הֲוָת שָׁנְיָה
from all the rest	מִן־כָּלְּהֵין
exceedingly terrifying	דְּחִילָה יַתִּירָה
with its teeth of iron	שִׁנַּהּ דִּי־פַרְזֶל
and claws of bronze	וְטִפְרַהּ דִּי־נְחָשׁ
and which devoured and broke in pieces	אָכְלָה מַדֱּקָה
and stamped what was left with its feet	וּשְׁאָרָא בְּרַגְלַהּ רָפְסָה

and about the ten horns that were on its head, and the other horn that came up and before which three of them fell, the horn that had eyes and a mouth that spoke great things, and that seemed greater than its **companions** (חַבְרָתַהּ). (ESV)

חַבְרָה	companion	1x
ḥavrâ		S2273

וְעַל־קַרְנַיָּא עֲשַׂר דִּי בְרֵאשַׁהּ וְאָחֳרִי דִּי סִלְקַת וּנְפַלָה מִן־קֳדָמַהּ תְּלָת וְקַרְנָא דִכֵּן וְעַיְנִין לַהּ וּפֻם מְמַלִּל רַבְרְבָן וְחֶזְוַהּ רַב מִן־חַבְרָתַהּ׃

and about the ten horns	וְעַל־קַרְנַיָּא עֲשַׂר
that were on its head	דִּי בְרֵאשַׁהּ
and the other horn that came up	וְאָחֳרִי דִּי סִלְקַת
and before which three of them fell	וּנְפַלָה מִן־קֳדָמַהּ תְּלָת
the horn that had eyes	וְקַרְנָא דִכֵּן וְעַיְנִין לַהּ
and a mouth that spoke great things	וּפֻם מְמַלִּל רַבְרְבָן
and that seemed greater than its **companions**	וְחֶזְוַהּ רַב מִן־חַבְרָתַהּ

DAN 7:21 — NOV 15 • WEEK 46 • DAY 319

This horn I saw making **war** (קְרָב) against the saints, and it was prevailing against them. (MLB)

קְרָב	*war*	1x
qĕrāv		S7128

חָזֵה הֲוֵית וְקַרְנָא דִכֵּן עָבְדָה קְרָב עִם־קַדִּישִׁין וְיָכְלָה לְהוֹן:

This horn	וְקַרְנָא דִכֵּן
I saw	חָזֵה הֲוֵית
making **war**	עָבְדָה קְרָב
against the saints	עִם־קַדִּישִׁין
and it was prevailing	וְיָכְלָה
against them	לְהוֹן

This is what he said: "As for the fourth beast, there shall be a fourth kingdom on earth that shall be different from all the other kingdoms; it shall devour the whole earth, and **trample** it **down** (תְּדוּשִׁנַּהּ), and break it to pieces." (NRSV)

דושׁ	*trample*	1x
dûš		S1759

כֵּן אֲמַר חֵיוְתָא רְבִיעָיְתָא מַלְכוּ רְבִיעָאָה תֶּהֱוֵא בְאַרְעָא דִּי תִשְׁנֵא מִן־כָּל־מַלְכְוָתָא וְתֵאכֻל כָּל־אַרְעָא וּתְדוּשִׁנַּהּ וְתַדְּקִנַּהּ׃

This is what he said	כֵּן אֲמַר
As for the fourth beast	חֵיוְתָא רְבִיעָיְתָא
there shall be . . . on earth	תֶּהֱוֵא בְאַרְעָא
a fourth kingdom	מַלְכוּ רְבִיעָאָה
that shall be different	דִּי תִשְׁנֵא
from all the other kingdoms	מִן־כָּל־מַלְכְוָתָא
it shall devour the whole earth	וְתֵאכֻל כָּל־אַרְעָא
and **trample** it **down**	וּתְדוּשִׁנַּהּ
and break it to pieces	וְתַדְּקִנַּהּ

DAN 7:25

He . . . **shall wear out** (יְבַלֵּא) the holy ones of the Most High, and **shall attempt** (יִסְבַּר) **to change** (הַשְׁנָיָה) the sacred seasons and the law; and they shall be given into his power for a time, two times, and **half** (פְּלַג) a time. (NRSV)

בלה *bĕlâ*	harass, wear out	1x S1086
סבר *sĕvar*	intend	1x S5452
פְּלַג *pĕlag*	half	1x S6387
שׁנה *šĕnâ*	change	1x S8133

וּלְקַדִּישֵׁי עֶלְיוֹנִין יְבַלֵּא וְיִסְבַּר לְהַשְׁנָיָה זִמְנִין וְדָת וְיִתְיַהֲבוּן בִּידֵהּ עַד־עִדָּן וְעִדָּנִין וּפְלַג עִדָּן׃

He . . . **shall wear out** the holy ones of the Most High	וּלְקַדִּישֵׁי עֶלְיוֹנִין יְבַלֵּא
and **shall attempt to change**	וְיִסְבַּר לְהַשְׁנָיָה
the sacred seasons and the law	זִמְנִין וְדָת
and they shall be given into his power	וְיִתְיַהֲבוּן בִּידֵהּ
for a time, two times	עַד־עִדָּן וְעִדָּנִין
and **half** a time	וּפְלַג עִדָּן

But the court will sit, and his power will be taken away and completely destroyed [lit., **to annihilate** (הַשְׁמָדָה) (it) and to destroy (it)] forever. (NIV)

שׁמד	*annihilate*	1x
šĕmad		S8046

וְדִינָא יִתִּב וְשָׁלְטָנֵהּ יְהַעְדּוֹן לְהַשְׁמָדָה וּלְהוֹבָדָה עַד־סוֹפָא׃

But the court will sit	וְדִינָא יִתִּב
and his power will be taken away	וְשָׁלְטָנֵהּ יְהַעְדּוֹן
and completely destroyed [lit., **to annihilate** (it) and to destroy (it)]	לְהַשְׁמָדָה וּלְהוֹבָדָה
forever	עַד־סוֹפָא

The kingdom, dominion, and **greatness** (רְבוּתָא) of the kingdoms under all of heaven will be given to the people, the holy ones of the Most High. His kingdom will be an everlasting kingdom, and all rulers will serve and obey him. (CSB)

רְבוּ	*greatness*	1x
rĕvû		S7238

וּמַלְכוּתָה וְשָׁלְטָנָא וּרְבוּתָא דִּי מַלְכְוָת תְּחוֹת כָּל־שְׁמַיָּא יְהִיבַת לְעַם קַדִּישֵׁי עֶלְיוֹנִין מַלְכוּתֵהּ מַלְכוּת עָלַם וְכֹל שָׁלְטָנַיָּא לֵהּ יִפְלְחוּן וְיִשְׁתַּמְּעוּן׃

The kingdom, dominion	וּמַלְכוּתָה וְשָׁלְטָנָא
and **greatness** of the kingdoms	וּרְבוּתָא דִּי מַלְכְוָת
under all of heaven	תְּחוֹת כָּל־שְׁמַיָּא
will be given to the people	יְהִיבַת לְעַם
the holy ones of the Most High	קַדִּישֵׁי עֶלְיוֹנִין
His kingdom	מַלְכוּתֵהּ
will be an everlasting kingdom	מַלְכוּת עָלַם
and all rulers	וְכֹל שָׁלְטָנַיָּא
will serve and obey him	לֵהּ יִפְלְחוּן וְיִשְׁתַּמְּעוּן

This [lit., unto **here** (כָּה)] is the end of the matter. As for me, Daniel, my thoughts alarmed me greatly, and my color changed [upon me], but **I kept** (נִטְרֵת) the matter in my **heart** (לִבִּי). (MLB)

כָּה *kâ*	*here*	1x	S3542
לֵב *lēv*	*heart*	1x	S3825
נטר *nĕṭar*	*keep*	1x	S5202

עַד־כָּה סוֹפָא דִי־מִלְּתָא אֲנָה דָנִיֵּאל שַׂגִּיא רַעְיוֹנַי יְבַהֲלֻנַּנִי וְזִיוַי
יִשְׁתַּנּוֹן עֲלַי וּמִלְּתָא בְּלִבִּי נִטְרֵת׃

This [lit., unto **here**] is	עַד־כָּה
the end of the matter	סוֹפָא דִי־מִלְּתָא
As for me, Daniel	אֲנָה דָנִיֵּאל
my thoughts alarmed me greatly	שַׂגִּיא רַעְיוֹנַי יְבַהֲלֻנַּנִי
and my color changed [upon me]	וְזִיוַי יִשְׁתַּנּוֹן עֲלַי
but **I kept** the matter in my **heart**	וּמִלְּתָא בְּלִבִּי נִטְרֵת

[Then] Rehum the commander, Shimshai the scribe, and the rest of their associates, the **judges** (דִּינָיֵא), the **governors** (אֲפַרְסַתְכָיֵא), the **officials** (טַרְפְּלָיֵא), the **Persians** (אֲפָרְסָיֵא), . . . (ESV)

אֲפַרְסָי *ʾăfarsāy*	*Apharsite*	1x S670
אֲפַרְסַתְכָי *ʾăfarsatĕ**k̲āy***	*Apharsatechite* or *ambassador, top official, royal ambassador*	1x S671
דִּינָיֵא *dînā**yē**ʾ*	*Dinaite*	1x S1784
טַרְפְּלָי *ṭarpĕ**lāy***	*Tripolisite*, a general term for a class of official	1x S2967

אֱדַיִן רְחוּם בְּעֵל־טְעֵם וְשִׁמְשַׁי סָפְרָא וּשְׁאָר כְּנָוָתְהוֹן דִּינָיֵא
וַאֲפַרְסַתְכָיֵא טַרְפְּלָיֵא אֲפָרְסָיֵא

[Then] Rehum the commander	אֱדַיִן רְחוּם בְּעֵל־טְעֵם
Shimshai the scribe	וְשִׁמְשַׁי סָפְרָא
and the rest of their associates	וּשְׁאָר כְּנָוָתְהוֹן
the **judges**, the **governors**	דִּינָיֵא וַאֲפַרְסַתְכָיֵא
the **officials**, the **Persians**	טַרְפְּלָיֵא אֲפָרְסָיֵא

DAY 326 ▪ WEEK 47 ▪ NOV 22 EZRA 4:9

[Then] Rehum the commander, Shimshai the scribe, and the rest of their associates, . . . the **men of Erech** (אֲַרְכְּוָיֵא), the **Babylonians** (בָבְלָיֵא), the **men of Susa** (שׁוּשַׁנְכָיֵא), that is, the **Elamites** (עֵלְמָיֵא), . . . (ESV)

אַרְכְּוָי *ʾarkĕ**vāy***	*Urukite*	1x S756
בָּבְלָי *bāvĕ**lāy***	*Babylonian*	1x S896
עֵלְמָי *ʿēlĕ**māy***	*Elamite*	1x S5962
שׁוּשַׁנְכָי *šûšanĕ**k̲āy***	*Susaite*	1x S7801

אֱדַיִן רְחוּם בְּעֵל־טְעֵם וְשִׁמְשַׁי סָפְרָא וּשְׁאָר כְּנָוָתְהוֹן . . . אֲַרְכְּוָיֵא
בָבְלָיֵא שׁוּשַׁנְכָיֵא דֶּהָיֵא עֵלְמָיֵא׃

[Then] Rehum the commander	אֱדַיִן רְחוּם בְּעֵל־טְעֵם
Shimshai the scribe	וְשִׁמְשַׁי סָפְרָא
and the rest of their associates, . . .	וּשְׁאָר כְּנָוָתְהוֹן . . .
the **men of Erech**, the **Babylonians**	אֲַרְכְּוָיֵא בָבְלָיֵא
the **men of Susa**, that is, the **Elamites**	שׁוּשַׁנְכָיֵא דֶּהָיֵא עֵלְמָיֵא

EZRA 4:10

and the rest of the nations which the great and honorable **Osnappar** (אָסְנַפַּר) deported and settled in the city of Samaria, and in the rest of the region beyond the River. (NASB)

אָסְנַפַּר	Osnappar	1x
ʾosnap**par**		S620

וּשְׁאָר אֻמַּיָּא דִּי הַגְלִי אָסְנַפַּר רַבָּא וְיַקִּירָא וְהוֹתֵב הִמּוֹ בְּקִרְיָה דִּי שָׁמְרָיִן וּשְׁאָר עֲבַר־נַהֲרָה

and the rest of the nations	וּשְׁאָר אֻמַּיָּא
which the great and honorable **Osnappar**	דִּי . . . אָסְנַפַּר רַבָּא וְיַקִּירָא
deported	הַגְלִי
and settled	וְהוֹתֵב הִמּוֹ
in the city of Samaria	בְּקִרְיָה דִּי שָׁמְרָיִן
and in the rest of the region beyond the River	וּשְׁאָר עֲבַר־נַהֲרָה

Let it be known to the king that the Jews who came up from [**with** (לְוָתָךְ)] you have come to us at Jerusalem; they are rebuilding the rebellious and **evil** (**בִאישְׁתָּא**) city and are finishing the walls and **repairing** (יַחִיטוּ) the foundations. (NASB)

בְּאִישׁ *bī'(y)š*	*bad, evil*	1x S887
חוּט *ḥûṭ*	*repair*	1x S2338
לְוָת *lĕvāt*	*with*	1x S3890

יְדִיעַ לֶהֱוֵא לְמַלְכָּא דִּי יְהוּדָיֵא דִּי סְלִקוּ מִן־לְוָתָךְ עֲלֶינָא אֲתוֹ לִירוּשְׁלֶם קִרְיְתָא מָרָדְתָּא וּבִאישְׁתָּא בָּנַיִן וְשׁוּרַיָּא שַׁכְלִלוּ וְאֻשַּׁיָּא יַחִיטוּ׃

Let it be known to the king that	יְדִיעַ לֶהֱוֵא לְמַלְכָּא דִּי
the Jews who came up	יְהוּדָיֵא דִּי סְלִקוּ
from [**with**] you	מִן־לְוָתָךְ
have come to us	עֲלֶינָא אֲתוֹ
at Jerusalem	לִירוּשְׁלֶם
they are rebuilding	בָּנַיִן
the rebellious and **evil** city	קִרְיְתָא מָרָדְתָּא וּבִאישְׁתָּא
and are finishing the walls	וְשׁוּרַיָּא שַׁכְלִלוּ
and **repairing** the foundations	וְאֻשַּׁיָּא יַחִיטוּ

EZRA 4:13 NOV 25 ▪ WEEK 47 ▪ **DAY 329**

Now may it be known to the king that, if this city is rebuilt and the walls finished, they will not pay tribute, custom, or toll, and the royal **revenue** (אַפְּתֹם) will be reduced. (NRSV)

אַפְּתֹם ʾappĕ**tōm**	*treasury* (?), *surely* (?), *certainly* (?), *finally* (?)	1x S674

כְּעַן יְדִיעַ לֶהֱוֵא לְמַלְכָּא דִּי הֵן קִרְיְתָא דָךְ תִּתְבְּנֵא וְשׁוּרַיָּה יִשְׁתַּכְלְלוּן מִנְדָּה־בְלוֹ וַהֲלָךְ לָא יִנְתְּנוּן וְאַפְּתֹם מַלְכִים תְּהַנְזִק׃

Now may it be known to the king that	כְּעַן יְדִיעַ לֶהֱוֵא לְמַלְכָּא דִּי
if this city is rebuilt	הֵן קִרְיְתָא דָךְ תִּתְבְּנֵא
and the walls finished	וְשׁוּרַיָּה יִשְׁתַּכְלְלוּן
they will not pay	לָא יִנְתְּנוּן
tribute, custom, or toll	מִנְדָּה־בְלוֹ וַהֲלָךְ
and the royal **revenue**	וְאַפְּתֹם מַלְכִים
will be reduced	תְּהַנְזִק

Now because we are in the service [lit., **we eat the salt** (מְלַחְנָא)] of the palace, and it is not **fitting** (אֲרִיךְ) for us to see the king's **dishonor** (עַרְוַת), therefore we have sent and informed the king. (NASB)

אֲרִיךְ *ʾărîḵ*	*proper, fitting*	1x S749
מלח *mĕlaḥ*	*salt*	1x S4417
עַרְוָה *ʿarvâ*	*nakedness*	1x S6173

כְּעַן כָּל־קֳבֵל דִּי־מְלַח הֵיכְלָא מְלַחְנָא וְעַרְוַת מַלְכָּא לָא אֲרִיךְ לַנָא לְמֶחֱזֵא עַל־דְּנָה שְׁלַחְנָא וְהוֹדַעְנָא לְמַלְכָּא׃

Now because	כְּעַן כָּל־קֳבֵל דִּי־
we are in the service [lit., **we eat the salt**] of the palace	מְלַח הֵיכְלָא מְלַחְנָא
and . . . to see the king's **dishonor**	וְעַרְוַת מַלְכָּא . . . לְמֶחֱזֵא
it is not **fitting** for us	לָא אֲרִיךְ לַנָא
therefore we have sent	עַל־דְּנָה שְׁלַחְנָא
and informed the king	וְהוֹדַעְנָא לְמַלְכָּא

EZRA 4:15

NOV 27 • WEEK 48 • DAY 331

You will find in the book of the records and learn that this city is a rebellious city, hurtful to kings and provinces, and that sedition was stirred up in it from of old. That was why this city **was laid waste** (הָחָרְבַת). (ESV)

| חרב | be laid waste | 1x |
| ḥărav | | S2718 |

וּתְהַשְׁכַּח בִּסְפַר דָּכְרָנַיָּא וְתִנְדַּע דִּי קִרְיְתָא דָךְ קִרְיָא מָרָדָא וּמְהַנְזְקַת מַלְכִין וּמְדִנָן וְאֶשְׁתַּדּוּר עָבְדִין בְּגַוַּהּ מִן־יוֹמָת עָלְמָא עַל־דְּנָה קִרְיְתָא דָךְ הָחָרְבַת:

You will find in the book of the records	וּתְהַשְׁכַּח בִּסְפַר דָּכְרָנַיָּא
and learn that this city	וְתִנְדַּע דִּי קִרְיְתָא דָךְ
is a rebellious city	קִרְיָא מָרָדָא
hurtful to kings and provinces	וּמְהַנְזְקַת מַלְכִין וּמְדִנָן
and that sedition was stirred up in it	וְאֶשְׁתַּדּוּר עָבְדִין בְּגַוַּהּ
from of old	מִן־יוֹמָת עָלְמָא
That was why	עַל־דְּנָה
this city **was laid waste**	קִרְיְתָא דָךְ הָחָרְבַת

The letter you sent us **has been translated** (מְפָרַשׁ) and read in my presence. (CSB)

פרשׁ	*be translated, explained*	1x
pěraš		S6568

נִשְׁתְּוָנָא דִּי שְׁלַחְתּוּן עֲלֶינָא מְפָרַשׁ קֱרִי קָדָמָי׃

The letter	נִשְׁתְּוָנָא
you sent us	דִּי שְׁלַחְתּוּן עֲלֶינָא
has been translated	מְפָרַשׁ
and read	קֱרִי
in my presence	קָדָמָי

I gave direction, search was made, and it was found that this city in days past did rise up against kings with **rebellion** (מְרַד) and revolution being made therein. (MLB)

מְרַד	*rebellion*	1x
*mĕ**rad***		S4776

וּמִנִּי שִׂים טְעֵם וּבַקַּרוּ וְהַשְׁכַּחוּ דִּי קִרְיְתָא דָךְ מִן־יוֹמָת עָלְמָא עַל־
מַלְכִין מִתְנַשְּׂאָה וּמְרַד וְאֶשְׁתַּדּוּר מִתְעֲבֶד־בַּהּ׃

I gave direction	וּמִנִּי שִׂים טְעֵם
search was made	וּבַקַּרוּ
and it was found that	וְהַשְׁכַּחוּ דִּי
this city	קִרְיְתָא דָךְ
in days past	מִן־יוֹמָת עָלְמָא
did rise up against kings	עַל־מַלְכִין מִתְנַשְּׂאָה
with **rebellion** and revolution	וּמְרַד וְאֶשְׁתַּדּוּר
being made therein	מִתְעֲבֶד־בַּהּ

DAY 334 ▪ WEEK 48 ▪ NOV 30   **EZRA 4:22**

Be **careful** (זְהִירִין) not to neglect this matter [lit., concerning doing negligence with regard to this]. Why let this threat grow, to the **detriment** (הַנְזָקַת) of the royal interests [lit., of kings]? (NIV)

הַנְזָקָה *hanzāqâ*	injury	1x S5142
זְהִיר *zĕhîr*	careful	1x S2095

וּזְהִירִין הֱווֹ שָׁלוּ לְמֶעְבַּד עַל־דְּנָה לְמָה יִשְׂגֵּא חֲבָלָא לְהַנְזָקַת מַלְכִין:

Be **careful**	וּזְהִירִין הֱווֹ
not to neglect this matter [lit., concerning doing negligence with regard to this]	שָׁלוּ לְמֶעְבַּד עַל־דְּנָה
Why let this threat grow	לְמָה יִשְׂגֵּא חֲבָלָא
to the **detriment** of the royal interests [lit., of kings]?	לְהַנְזָקַת מַלְכִין

Then, when the copy of King Artaxerxes' letter was read before Rehum and Shimshai the scribe and their associates, they went in **haste** (בְּהִילוּ) to the Jews at Jerusalem and by **force** (אֶדְרָע) and power made them cease. (ESV)

אֶדְרָע	*arm (= force)*	1x
ʾedrāʿ		S153
בְּהִילוּ	*haste*	1x
bĕhîlû		S924

אֱדַיִן מִן־דִּי פַּרְשֶׁגֶן נִשְׁתְּוָנָא דִּי אַרְתַּחְשַׁשְׂתְּ מַלְכָּא קֱרִי קֳדָם־רְחוּם
וְשִׁמְשַׁי סָפְרָא וּכְנָוָתְהוֹן אֲזַלוּ בִבְהִילוּ לִירוּשְׁלֶם עַל־יְהוּדָיֵא וּבַטִּלוּ
הִמּוֹ בְּאֶדְרָע וְחָיִל׃

Then, when	אֱדַיִן מִן־דִּי
the copy of King Artaxerxes' letter	פַּרְשֶׁגֶן נִשְׁתְּוָנָא דִּי אַרְתַּחְשַׁשְׂתְּ מַלְכָּא
was read before Rehum	קֱרִי קֳדָם־רְחוּם
and Shimshai the scribe and their associates	וְשִׁמְשַׁי סָפְרָא וּכְנָוָתְהוֹן
they went in **haste**	אֲזַלוּ בִבְהִילוּ
to the Jews at Jerusalem	לִירוּשְׁלֶם עַל־יְהוּדָיֵא
and . . . made them cease	וּבַטִּלוּ הִמּוֹ
by **force** and power	בְּאֶדְרָע וְחָיִל

DAY 336 ▪ WEEK 48 ▪ DEC 2 **EZRA 5:1**

When the prophets, Haggai the prophet and Zechariah the son of Iddo, **prophesied** (הִתְנַבִּי) to the Jews who were in Judah and Jerusalem in the name of the God of Israel, who was over them, . . . (NASB)

נבא *nĕvāʾ*	*prophesy*	1x S5013

וְהִתְנַבִּי חַגַּי נְבִיָּא וּזְכַרְיָה בַר־עִדּוֹא נְבִיַּיָּא עַל־יְהוּדָיֵא דִּי בִיהוּד וּבִירוּשְׁלֶם בְּשֻׁם אֱלָהּ יִשְׂרָאֵל עֲלֵיהוֹן׃

When the prophets . . . **prophesied**	וְהִתְנַבִּי . . . נְבִיַּיָּא
Haggai the prophet	חַגַּי נְבִיָּא
and Zechariah the son of Iddo	וּזְכַרְיָה בַר־עִדּוֹא
to the Jews	עַל־יְהוּדָיֵא
who were in Judah and Jerusalem	דִּי בִיהוּד וּבִירוּשְׁלֶם
in the name of the God of Israel	בְּשֻׁם אֱלָהּ יִשְׂרָאֵל
who was over them	עֲלֵיהוֹן

Then **Zerubbabel** (זְרֻבָּבֶל) the son of **Shealtiel** (שְׁאַלְתִּיאֵל) and **Jeshua** (יֵשׁוּעַ) the son of **Jozadak** (יוֹצָדָק) arose . . . and the prophets of God were with them **supporting** (מְסָעֲדִין) them. (NASB)

זְרֻבָּבֶל	*Zerubbabel*	1x
*zĕrubbā**vel***		S2217
יוֹצָדָק	*Jozadak*	1x
*yôṣā**dāq***		S3136
יֵשׁוּעַ	*Jeshua*	1x
*yē**šûaʿ***		S3443
סעד	*support*	1x
*sĕʿ**ad***		S5583
שְׁאַלְתִּיאֵל	*Shealtiel*	1x
*šĕʾaltî**ʾēl***		S7598

בֵּאדַיִן קָמוּ **זְרֻבָּבֶל** בַּר־**שְׁאַלְתִּיאֵל** וְ**יֵשׁוּעַ** בַּר־**יוֹצָדָק** . . . וְעִמְּהוֹן נְבִיַּיָּא דִי־אֱלָהָא **מְסָעֲדִין** לְהוֹן׃

Then . . . arose . . .	בֵּאדַיִן קָמוּ
Zerubbabel the son of **Shealtiel**	זְרֻבָּבֶל בַּר־שְׁאַלְתִּיאֵל
and **Jeshua** the son of **Jozadak**	וְיֵשׁוּעַ בַּר־יוֹצָדָק . . .
and the prophets of God were with them	וְעִמְּהוֹן נְבִיַּיָּא דִי־אֱלָהָא
supporting them	מְסָעֲדִין לְהוֹן

Then we told them accordingly what the names of the men were who were reconstructing this **building (בִנְיָנָא)**. (NASB)

בִּנְיָן *binyān*	*building, structure*	1x S1147

אֱדַיִן כְּנֵמָא אֲמַרְנָא לְּהֹם מַן־אִנּוּן שְׁמָהָת גֻּבְרַיָּא דִּי־דְנָה בִנְיָנָא בָּנַיִן׃

Then	אֱדַיִן
we told them	אֲמַרְנָא לְּהֹם
accordingly	כְּנֵמָא
what . . . were	מַן־אִנּוּן
the names of the men	שְׁמָהָת גֻּבְרַיָּא
who were reconstructing	דִּי־ . . . בָּנַיִן
this **building**	דְנָה בִנְיָנָא

EZRA 5:12 — DEC 5 • WEEK 49 • DAY 339

But because our ancestors **had angered** (הַרְגִּזוּ) the God of heaven, he gave them into the hand of King Nebuchadnezzar of Babylon, the **Chaldean** (כַּסְדָּאָה), who **destroyed** (סַתְרֵהּ) this house and carried away the people to Babylonia. (NRSV)

כַּסְדָּי kasdāy	Chaldean	1x S3679
סתר sĕtar	destroy	1x S5642
רגז rĕgaz	enrage	1x S7265

לָהֵן מִן־דִּי הַרְגִּזוּ אֲבָהֳתַנָא לֶאֱלָהּ שְׁמַיָּא יְהַב הִמּוֹ בְּיַד נְבוּכַדְנֶצַּר מֶלֶךְ־בָּבֶל כַּסְדָּאָה וּבַיְתָה דְנָה סַתְרֵהּ וְעַמָּה הַגְלִי לְבָבֶל׃

But because	לָהֵן מִן־דִּי
our ancestors **had angered**	הַרְגִּזוּ אֲבָהֳתַנָא
the God of heaven	לֶאֱלָהּ שְׁמַיָּא
he gave them	יְהַב הִמּוֹ
into the hand of King Nebuchadnezzar of Babylon	בְּיַד נְבוּכַדְנֶצַּר מֶלֶךְ־בָּבֶל
the **Chaldean**	כַּסְדָּאָה
who **destroyed** this house	וּבַיְתָה דְנָה סַתְרֵהּ
and carried away the people to Babylonia	וְעַמָּה הַגְלִי לְבָבֶל

DAY 340 ▪ WEEK 49 ▪ DEC 6   EZRA 5:15

He said to him, "Take **these** (אֵל) vessels; go and put them in the temple in Jerusalem, and let the house of God be rebuilt on its site." (NRSV)

אֵל	these	1x
ʾēl		S412

וַאֲמַר־לֵהּ אֵל מָאנַיָּא שֵׂא אֵזֶל־אֲחֵת הִמּוֹ בְּהֵיכְלָא דִּי בִירוּשְׁלֶם וּבֵית אֱלָהָא יִתְבְּנֵא עַל־אַתְרֵהּ׃

He said to him	וַאֲמַר־לֵהּ
Take	שֵׂא
these vessels	אֵל מָאנַיָּא
go and put them	אֵזֶל־אֲחֵת הִמּוֹ
in the temple in Jerusalem	בְּהֵיכְלָא דִּי בִירוּשְׁלֶם
and let the house of God be rebuilt	וּבֵית אֱלָהָא יִתְבְּנֵא
on its site	עַל־אַתְרֵהּ

And in **Ecbatana** (**אַחְמְתָא**), the **citadel** (**בִּירְתָא**) that is in the province of Media, a **scroll** (**מְגִלָּה**) was found on which this was written: "A **record** (**דִּכְרוֹנָה**). . . ." (ESV)

אַחְמְתָא *ʾaḥmĕtā*ʾ	*Ecbatana*	1x S307
בִּירָה *bîrâ*	*citadel*	1x S1001
דִּכְרוֹן *dikrôn*	*record, memorandum*	1x S1799
מְגִלָּה *mĕgillâ*	*scroll*	1x S4040

וְהִשְׁתְּכַח בְּאַחְמְתָא בְּבִירְתָא דִּי בְּמָדַי מְדִינְתָּה מְגִלָּה חֲדָה וְכֵן־
כְּתִיב בְּגַוַּהּ דִּכְרוֹנָה׃

And . . . a **scroll** was found	וְהִשְׁתְּכַח . . . מְגִלָּה חֲדָה
in **Ecbatana**	בְּאַחְמְתָא
the **citadel**	בְּבִירְתָא
that is in the province of Media	דִּי בְּמָדַי מְדִינְתָּה
on which this was written	וְכֵן־כְּתִיב בְּגַוַּהּ
A **record**	דִּכְרוֹנָה

Concerning the house of God at Jerusalem, let the house be rebuilt, the place where **sacrifices** (דִּבְחִין) **were offered** (דָבְחִין), and **let** its foundations **be retained** (מְסוֹבְלִין). (ESV)

דבח *děvaḥ*	*sacrifice*	1x S1685
דְּבַח *děvaḥ*	*sacrifice*	1x S1684
סבל *sěval*	*be maintained (?)*	1x S5446

בֵּית־אֱלָהָא בִירוּשְׁלֶם בַּיְתָא יִתְבְּנֵא אֲתַר דִּי־דָבְחִין דִּבְחִין וְאֻשּׁוֹהִי מְסוֹבְלִין

Concerning the house of God at Jerusalem	בֵּית־אֱלָהָא בִירוּשְׁלֶם
let the house be rebuilt	בַּיְתָא יִתְבְּנֵא
the place where **sacrifices were offered**	אֲתַר דִּי־דָבְחִין דִּבְחִין
and **let** its foundations **be retained**	וְאֻשּׁוֹהִי מְסוֹבְלִין

with three courses of hewn stones and **one** [or: a **new** (חֲדַת)] course of timber; let the cost be paid from the royal treasury. (NRSV)

חֲדַת *ḥădat*	*new*	1x S2323

נִדְבָּכִין דִּי־אֶבֶן גְּלָל תְּלָתָא וְנִדְבָּךְ דִּי־אָע **חֲדַת** וְנִפְקְתָא מִן־בֵּית מַלְכָּא תִּתְיְהִב׃

with three courses	נִדְבָּכִין . . . תְּלָתָא
of hewn stones	דִּי־אֶבֶן גְּלָל
and **one** [or: a **new**] course	וְנִדְבָּךְ . . . **חֲדַת**
of timber	דִּי־אָע
let the cost be paid	וְנִפְקְתָא . . . תִּתְיְהִב
from the royal treasury	מִן־בֵּית מַלְכָּא

Now therefore, Tattenai, governor of the province beyond the River, Shethar-bozenai and your [lit., their] colleagues, the officials of the provinces beyond the River, keep **away** (רַחִיקִין) from there. (NASB)

רַחִיק *raḥîq*	*far away*	1x S7352

כְּעַן תַּתְּנַי פַּחַת עֲבַר־נַהֲרָה שְׁתַר בּוֹזְנַי וּכְנָוָתְהוֹן אֲפַרְסְכָיֵא דִּי בַּעֲבַר נַהֲרָה רַחִיקִין הֲווֹ מִן־תַּמָּה׃

Now therefore	כְּעַן
Tattenai	תַּתְּנַי
governor of the province beyond the River	פַּחַת עֲבַר־נַהֲרָה
Shethar-bozenai	שְׁתַר בּוֹזְנַי
and your [lit., their] colleagues	וּכְנָוָתְהוֹן
the officials	אֲפַרְסְכָיֵא
of the provinces beyond the River	דִּי בַּעֲבַר נַהֲרָה
keep **away**	רַחִיקִין הֲווֹ
from there	מִן־תַּמָּה

Whatever is **needed** (חַשְׁחָן)—young bulls, rams, and lambs for **burnt offerings** (עֲלָוָן) to the God of the heavens, or wheat, salt, wine, and oil, as requested by the priests in Jerusalem—let it be given to them every day without fail. (CSB)

חַשְׁחָה *ḥašḥâ*	*needed*	1x S2818
עֲלָוָה *ʿălāvâ*	*burnt offering*	1x S5928

וּמָה **חַשְׁחָן** וּבְנֵי תוֹרִין וְדִכְרִין וְאִמְּרִין **לַעֲלָוָן** לֶאֱלָהּ שְׁמַיָּא חִנְטִין מְלַח חֲמַר וּמְשַׁח כְּמֵאמַר כָּהֲנַיָּא דִי־בִירוּשְׁלֶם לֶהֱוֵא מִתְיְהֵב לְהֹם יוֹם בְּיוֹם דִּי־לָא שָׁלוּ׃

Whatever is **needed**	וּמָה חַשְׁחָן
young bulls, rams, and lambs	וּבְנֵי תוֹרִין וְדִכְרִין וְאִמְּרִין
for **burnt offerings** to the God of the heavens	לַעֲלָוָן לֶאֱלָהּ שְׁמַיָּא
or wheat, salt, wine, and oil	חִנְטִין מְלַח חֲמַר וּמְשַׁח
as requested by the priests in Jerusalem	כְּמֵאמַר כָּהֲנַיָּא דִי־בִירוּשְׁלֶם
let it be given to them	לֶהֱוֵא מִתְיְהֵב לְהֹם
every day	יוֹם בְּיוֹם
without fail	דִּי־לָא שָׁלוּ

I also issue a decree concerning any man who interferes with this directive: **Let** a beam **be torn** (יִתְנְסַח) from his house and **raised up** (זְקִיף); he will be impaled on it, and his house will be made into a garbage dump because of this offense. (CSB)

זקף *zĕ**qaf***	*raised*	1x S2211
נסח *nĕ**saḥ***	*be pulled out*	1x S5256

וּמִנִּי שִׂים טְעֵם דִּי כָל־אֱנָשׁ דִּי יְהַשְׁנֵא פִּתְגָמָא דְנָה יִתְנְסַח אָע מִן־בַּיְתֵהּ וּזְקִיף יִתְמְחֵא עֲלֹהִי וּבַיְתֵהּ נְוָלוּ יִתְעֲבֵד עַל־דְּנָה׃

I also issue a decree	וּמִנִּי שִׂים טְעֵם
concerning any man	דִּי כָל־אֱנָשׁ
who interferes with this directive	דִּי יְהַשְׁנֵא פִּתְגָמָא דְנָה
Let a beam **be torn** from his house	יִתְנְסַח אָע מִן־בַּיְתֵהּ
and **raised up**	וּזְקִיף
he will be impaled on it	יִתְמְחֵא עֲלֹהִי
and his house will be made into a garbage dump	וּבַיְתֵהּ נְוָלוּ יִתְעֲבֵד
because of this offense	עַל־דְּנָה

May the God who has caused his name to dwell there **overthrow** (יְמַגַּר) any king or people who shall put out a hand to alter this, or to destroy this house of God that is in Jerusalem. I Darius make a decree; let it be done with all diligence. (ESV)

מגר	*overthrow*	1x
*mĕ**gar***		S4049

וֶאֱלָהָא דִּי שַׁכִּן שְׁמֵהּ תַּמָּה יְמַגַּר כָּל־מֶלֶךְ וְעַם דִּי יִשְׁלַח יְדֵהּ לְהַשְׁנָיָה לְחַבָּלָה בֵּית־אֱלָהָא דֵךְ דִּי בִירוּשְׁלֶם אֲנָה דָרְיָוֶשׁ שָׂמֶת טְעֵם אָסְפַּרְנָא יִתְעֲבֵד׃

May the God . . . **overthrow**	וֶאֱלָהָא . . . יְמַגַּר
who has caused his name to dwell there	דִּי שַׁכִּן שְׁמֵהּ תַּמָּה
any king or people	כָּל־מֶלֶךְ וְעַם
who shall put out a hand to alter this	דִּי יִשְׁלַח יְדֵהּ לְהַשְׁנָיָה
or to destroy this house of God that is in Jerusalem	לְחַבָּלָה בֵּית־אֱלָהָא דֵךְ דִּי בִירוּשְׁלֶם
I Darius make a decree	אֲנָה דָרְיָוֶשׁ שָׂמֶת טְעֵם
let it be done with all diligence	אָסְפַּרְנָא יִתְעֲבֵד

And the elders of the Jews built and prospered through the **prophesying** (נְבוּאַת) of Haggai the prophet and Zechariah the son of Iddo. They finished their building by decree of the God of Israel and by decree of Cyrus and Darius and Artaxerxes king of Persia. (ESV)

נְבוּאָה *nĕvûʾâ*	*prophesying*	1x S5017

וְשָׂבֵי יְהוּדָיֵא בָּנַיִן וּמַצְלְחִין בִּנְבוּאַת חַגַּי נְבִיָּא וּזְכַרְיָה בַּר־
עִדּוֹא וּבְנוֹ וְשַׁכְלִלוּ מִן־טַעַם אֱלָהּ יִשְׂרָאֵל וּמִטְּעֵם כּוֹרֶשׁ וְדָרְיָוֶשׁ
וְאַרְתַּחְשַׁשְׁתְּא מֶלֶךְ פָּרָס׃

And the elders of the Jews built and prospered	וְשָׂבֵי יְהוּדָיֵא בָּנַיִן וּמַצְלְחִין
through the **prophesying** of Haggai the prophet	בִּנְבוּאַת חַגַּי נְבִיָּא
and Zechariah the son of Iddo	וּזְכַרְיָה בַּר־עִדּוֹא
They finished their building	וּבְנוֹ וְשַׁכְלִלוּ
by decree of the God of Israel	מִן־טַעַם אֱלָהּ יִשְׂרָאֵל
and by decree of Cyrus and Darius	וּמִטְּעֵם כּוֹרֶשׁ וְדָרְיָוֶשׁ
and Artaxerxes king of Persia	וְאַרְתַּחְשַׁשְׁתְּא מֶלֶךְ פָּרָס

EZRA 6:15 DEC 15 ▪ WEEK 50 ▪ **DAY 349**

This temple **was completed** (שֵׁיצִיא) on the third day of the month **Adar** (אֲדָר); it was the sixth year of the reign of King Darius. (NASB)

אֲדָר	*Adar*	1x
ʾădār		S144
שֵׁיצִיא	*be completed*	1x
šêṣîʾ		S3319

וְשֵׁיצִיא בַּיְתָה דְנָה עַד יוֹם תְּלָתָה לִירַח אֲדָר דִּי־הִיא שְׁנַת־שֵׁת
לְמַלְכוּת דָּרְיָוֶשׁ מַלְכָּא׃

This temple **was completed**	וְשֵׁיצִיא בַּיְתָה דְנָה
on the third day	עַד יוֹם תְּלָתָה
of the month **Adar**	לִירַח אֲדָר
it was the sixth year	דִּי־הִיא שְׁנַת־שֵׁת
of the reign of King Darius	לְמַלְכוּת דָּרְיָוֶשׁ מַלְכָּא

DAY 350 ▪ WEEK 50 ▪ DEC 16   EZRA 6:16

Then the people of Israel—the priests, the Levites and the rest of the exiles [lit., sons of the exile]—celebrated the dedication of the [lit., this] house of God with **joy** (חֶדְוָה). (NIV)

חֶדְוָה	joy	1x
ḥedvâ		S2305

וַעֲבַדוּ בְנֵי־יִשְׂרָאֵל כָּהֲנַיָּא וְלֵוָיֵא וּשְׁאָר בְּנֵי־גָלוּתָא חֲנֻכַּת בֵּית־אֱלָהָא דְנָה בְּחֶדְוָה:

Then the people of Israel . . . celebrated	וַעֲבַדוּ בְנֵי־יִשְׂרָאֵל
the priests	כָּהֲנַיָּא
the Levites	וְלֵוָיֵא
and the rest of the exiles [lit., sons of the exile]	וּשְׁאָר בְּנֵי־גָלוּתָא
the dedication of	חֲנֻכַּת
the [lit., this] house of God	בֵּית־אֱלָהָא דְנָה
with **joy**	בְּחֶדְוָה

and **as a sin offering** (חַטָּאָה) for all Israel, twelve male goats [lit., **he goats** (צְפִירֵי) of **she goats** (עִזִּין)], according to the **number** (מִנְיָן) of the **tribes** (שִׁבְטֵי) of Israel. (NRSV)

חטא *ḥăṭā*ʾ	*sin, make a sin offering*	1x S2398
מִנְיָן *min***yān**	*number*	1x S4510
עֵז *ʿēz*	*she goat*	1x S5796
צְפִיר *ṣĕ***fîr**	*he goat*	1x S6842
שְׁבַט *šĕ***vaṭ**	*tribe*	1x S7626

וּצְפִירֵי עִזִּין לְחַטָּאָה עַל־כָּל־יִשְׂרָאֵל תְּרֵי־עֲשַׂר לְמִנְיָן שִׁבְטֵי
יִשְׂרָאֵל׃

and . . . twelve male goats [lit., **he goats** of **she goats**]	וּצְפִירֵי עִזִּין . . . תְּרֵי־עֲשַׂר
as a sin offering for all Israel	לְחַטָּאָה עַל־כָּל־יִשְׂרָאֵל
according to the **number** of	לְמִנְיָן
the **tribes** of Israel	שִׁבְטֵי יִשְׂרָאֵל

They also appointed the priests by their **divisions** (פְּלֻגָּתְהוֹן) and the Levites by their **groups** (מַחְלְקָתְהוֹן) to the service of God in Jerusalem, according to what is written in the book of **Moses** (מֹשֶׁה). (CSB)

מַחְלְקָה *maḥlĕ**qâ***	*section, course, division*	1x S4255
מֹשֶׁה *mōšê*	*Moses*	1x S4873
פְּלֻגָּה *pĕlug**gâ***	*division*	1x S6392

וַהֲקִימוּ כָהֲנַיָּא בִּפְלֻגָּתְהוֹן וְלֵוָיֵא בְּמַחְלְקָתְהוֹן עַל־עֲבִידַת אֱלָהָא דִּי בִירוּשְׁלֶם כִּכְתָב סְפַר מֹשֶׁה׃

They also appointed	וַהֲקִימוּ
the priests by their **divisions**	כָהֲנַיָּא בִּפְלֻגָּתְהוֹן
and the Levites by their **groups**	וְלֵוָיֵא בְּמַחְלְקָתְהוֹן
to the service of God in Jerusalem	עַל־עֲבִידַת אֱלָהָא דִּי בִירוּשְׁלֶם
according to what is written in the book of **Moses**	כִּכְתָב סְפַר מֹשֶׁה

EZRA 7:12

Artaxerxes, king of kings, to the priest Ezra, the scribe of the law of the God of heaven: Peace [lit., **complete** (גְּמִיר)]. And now . . . (NRSV)

| גמר | *perfect, completed*; as adv *completely* (?) | 1x |
| gĕmar | | S1585 |

אַרְתַּחְשַׁסְתְּא מֶלֶךְ מַלְכַיָּא לְעֶזְרָא כָהֲנָא סָפַר דָּתָא דִּי־אֱלָהּ שְׁמַיָּא גְּמִיר וּכְעֶנֶת:

Artaxerxes	אַרְתַּחְשַׁסְתְּא
king of kings	מֶלֶךְ מַלְכַיָּא
to the priest Ezra	לְעֶזְרָא כָהֲנָא
the scribe of the law	סָפַר דָּתָא
of the God of heaven	דִּי־אֱלָהּ שְׁמַיָּא
Peace [lit., **complete**]	גְּמִיר
And now	וּכְעֶנֶת

DAY 354 ▪ WEEK 51 ▪ DEC 20 EZRA 7:15

and to bring the silver and gold, which the king and his counselors have freely offered to the God of Israel, whose **dwelling** (מִשְׁכְּנֵהּ) is in Jerusalem, . . . (NASB)

מִשְׁכַּן	dwelling	1x
miškan		S4907

וּלְהֵיבָלָה כְּסַף וּדְהַב דִּי־מַלְכָּא וְיָעֲטוֹהִי הִתְנַדַּבוּ לֶאֱלָהּ יִשְׂרָאֵל דִּי בִירוּשְׁלֶם מִשְׁכְּנֵהּ:

and to bring	וּלְהֵיבָלָה
the silver and gold	כְּסַף וּדְהַב
which the king and his counselors	דִּי־מַלְכָּא וְיָעֲטוֹהִי
have freely offered	הִתְנַדַּבוּ
to the God of Israel	לֶאֱלָהּ יִשְׂרָאֵל
whose **dwelling** is in Jerusalem	דִּי בִירוּשְׁלֶם מִשְׁכְּנֵהּ

EZRA 7:16

with all the silver and gold that you shall find in the whole province of Babylonia, and with the **freewill offerings** (הִתְנַדָּבוּת) of the people and the priests, given willingly for the house of their God in Jerusalem. (NRSV)

הִתְנַדָּבוּ	gift, donation	1x
hitnaddāvû		S5069

וְכֹל כְּסַף וּדְהַב דִּי תְהַשְׁכַּח בְּכֹל מְדִינַת בָּבֶל עִם הִתְנַדָּבוּת עַמָּא וְכָהֲנַיָּא מִתְנַדְּבִין לְבֵית אֱלָהֲהֹם דִּי בִירוּשְׁלֶם:

with all the silver and gold	וְכֹל כְּסַף וּדְהַב
that you shall find	דִּי תְהַשְׁכַּח
in the whole province of Babylonia	בְּכֹל מְדִינַת בָּבֶל
and with the **freewill offerings** of	עִם הִתְנַדָּבוּת
the people and the priests	עַמָּא וְכָהֲנַיָּא
given willingly for the house of their God	מִתְנַדְּבִין לְבֵית אֱלָהֲהֹם
in Jerusalem	דִּי בִירוּשְׁלֶם

With this money, then, **you shall** with all diligence **buy** (תִּקְנֵא) bulls, rams, and lambs, with their grain offerings and their **drink offerings** (נִסְכֵּיהוֹן), and you shall offer them on the **altar** (מַדְבְּחָה). (ESV)

מַדְבַּח *madbaḥ*	*altar*	1x S4056
נְסַךְ *nĕsak̠*	*libation*	1x S5261
קנה *qĕnâ*	*buy*	1x S7066

כָּל־קֳבֵל דְּנָה אָסְפַּרְנָא תִקְנֵא בְּכַסְפָּא דְנָה תּוֹרִין דִּכְרִין אִמְּרִין וּמִנְחָתְהוֹן וְנִסְכֵּיהוֹן וּתְקָרֵב הִמּוֹ עַל־מַדְבְּחָה

With this money	בְּכַסְפָּא דְנָה
then	כָּל־קֳבֵל דְּנָה
you shall . . . buy	תִקְנֵא
with all diligence	אָסְפַּרְנָא
bulls, rams, and lambs	תּוֹרִין דִּכְרִין אִמְּרִין
with their grain offerings and their **drink offerings**	וּמִנְחָתְהוֹן וְנִסְכֵּיהוֹן
and you shall offer them on the **altar**	וּתְקָרֵב הִמּוֹ עַל־מַדְבְּחָה

Whatever **seems good** (**יֵיטַב**) to you and your **brothers** (**אֶחָךְ**) to do with the rest of the silver and gold, you may do, according to the will of your God. (ESV)

אַח	*brother*	1x
ʾaḥ		S252
יטב	*be good (w/ עַל) to*	1x
yĕṭav		S3191

וּמָה דִי עֲלָךְ וְעַל־אֶחָךְ **יֵיטַב** בִּשְׁאָר כַּסְפָּא וְדַהֲבָה לְמֶעְבַּד כִּרְעוּת אֱלָהֲכֹם תַּעַבְדוּן׃

Whatever **seems good**	וּמָה דִי . . . יֵיטַב
to you and your **brothers**	עֲלָךְ וְעַל־אֶחָךְ
to do	לְמֶעְבַּד
with the rest of the silver and gold	בִּשְׁאָר כַּסְפָּא וְדַהֲבָה
you may do	תַּעַבְדוּן
according to the will of your God	כִּרְעוּת אֱלָהֲכֹם

Also the utensils which are given to you for the **service** (פָּלְחָן) of the house of your God, deliver in full before the God of Jerusalem. (NASB)

פָּלְחָן	*service, ritual observance*	1x
polḥān		S6402

וּמָאנַיָּא דִּֽי־מִתְיַהֲבִין לָךְ לְפָלְחָן בֵּית אֱלָהָךְ הַשְׁלֵם קֳדָם אֱלָהּ יְרוּשְׁלֶם׃

Also the utensils	וּמָאנַיָּא
which are given to you	דִּֽי־מִתְיַהֲבִין לָךְ
for the **service** of	לְפָלְחָן
the house of your God	בֵּית אֱלָהָךְ
deliver in full	הַשְׁלֵם
before the God of Jerusalem	קֳדָם אֱלָהּ יְרוּשְׁלֶם

The rest of the **needs** (**חַשְׁחוּת**) for the house of your God, for which you may have occasion [lit., which it may fall to you] to provide, provide for it from the royal treasury. (NASB)

חַשְׁחוּ	*needs*	1x
ḥašḥû		S2819

וּשְׁאָר חַשְׁחוּת בֵּית אֱלָהָךְ דִּי יִפֶּל־לָךְ לְמִנְתַּן תִּנְתֵּן מִן־בֵּית גִּנְזֵי
מַלְכָּא׃

The rest of the **needs** for	וּשְׁאָר חַשְׁחוּת
the house of your God	בֵּית אֱלָהָךְ
for which you may have occasion [lit., which it may fall to you]	דִּי יִפֶּל־לָךְ
to provide	לְמִנְתַּן
provide for it	תִּנְתֵּן
from the royal treasury	מִן־בֵּית גִּנְזֵי מַלְכָּא

And I, Artaxerxes the king, make a decree to all the **treasurers** (גִּזַּבְרַיָּא) in the province Beyond the River: Whatever Ezra the priest, the scribe of the Law of the God of heaven, requires of you, let it be done with all diligence. (ESV)

גִּזְבַּר	*treasurer*	1x
gizbar		S1490

וּמִנִּי אֲנָה אַרְתַּחְשַׁסְתְּא מַלְכָּא שִׂים טְעֵם לְכֹל **גִּזַּבְרַיָּא** דִּי בַּעֲבַר נַהֲרָה דִּי כָל־דִּי יִשְׁאֲלֶנְכוֹן עֶזְרָא כָהֲנָה סָפַר דָּתָא דִּי־אֱלָהּ שְׁמַיָּא אָסְפַּרְנָא יִתְעֲבִד׃

And I . . . make a decree	וּמִנִּי אֲנָה . . . שִׂים טְעֵם
Artaxerxes the king	אַרְתַּחְשַׁסְתְּא מַלְכָּא
to all the **treasurers**	לְכֹל **גִּזַּבְרַיָּא**
in the province Beyond the River	דִּי בַּעֲבַר נַהֲרָה
Whatever Ezra the priest	דִּי כָל־דִּי . . . עֶזְרָא כָהֲנָה
the scribe of the Law	סָפַר דָּתָא
of the God of heaven	דִּי־אֱלָהּ שְׁמַיָּא
requires of you	יִשְׁאֲלֶנְכוֹן
let it be done with all diligence	אָסְפַּרְנָא יִתְעֲבִד

EZRA 7:22 — DEC 27 • WEEK 52 • DAY 361

up to a hundred **talents** (כַּכְּרִין) of silver, a hundred **cors** (כֹּרִין) of wheat, a hundred baths of wine, a hundred baths of olive oil, and salt without limit. (NIV)

כַּכַּר *kakkar*	weight measure *talent*	1x S3604
כֹּר *kōr*	volume measure *kor*	1x S3734

עַד־כְּסַף כַּכְּרִין מְאָה וְעַד־חִנְטִין כֹּרִין מְאָה וְעַד־חֲמַר בַּתִּין מְאָה וְעַד־בַּתִּין מְשַׁח מְאָה וּמְלַח דִּי־לָא כְתָב:

up to a hundred **talents** of silver	עַד־כְּסַף כַּכְּרִין מְאָה
a hundred **cors** of wheat	וְעַד־חִנְטִין כֹּרִין מְאָה
a hundred baths of wine	וְעַד־חֲמַר בַּתִּין מְאָה
a hundred baths of olive oil	וְעַד־בַּתִּין מְשַׁח מְאָה
and salt	וּמְלַח
without limit	דִּי־לָא כְתָב

DAY 362 ■ WEEK 52 ■ DEC 28   **EZRA 7:23**

Whatever the God of heaven has prescribed, let it be done **with diligence** (אַדְרַזְדָּא) for the temple of the God of heaven. Why should his **wrath** (קְצַף) fall [lit., be] on the realm of the king and of his sons? (NIV)

| אַדְרַזְדָּא | diligently | 1x |
| ʾadrazdāʾ | | S149 |

| קְצַף | fury, wrath | 1x |
| qĕṣaf | | S7109 |

כָּל־דִּי מִן־טַעַם אֱלָהּ שְׁמַיָּא יִתְעֲבֵד **אַדְרַזְדָּא** לְבֵית אֱלָהּ שְׁמַיָּא דִּי־לְמָה לֶהֱוֵא **קְצַף** עַל־מַלְכוּת מַלְכָּא וּבְנוֹהִי:

Whatever the God of heaven has prescribed	כָּל־דִּי מִן־טַעַם אֱלָהּ שְׁמַיָּא
let it be done **with diligence**	יִתְעֲבֵד **אַדְרַזְדָּא**
for the temple of the God of heaven	לְבֵית אֱלָהּ שְׁמַיָּא
Why should his **wrath** fall [lit., be]	דִּי־לְמָה לֶהֱוֵא **קְצַף**
on the realm of the king and of his sons?	עַל־מַלְכוּת מַלְכָּא וּבְנוֹהִי

We also notify you that it shall not be lawful to impose tribute, custom, or toll on [lit., on them,] any of the priests, the Levites, the **singers** (זַמָּרַיָּא), the **doorkeepers** (תָרָעַיָּא), the **temple servants** (נְתִינַיָּא), or other servants of this house of God. (NRSV)

זַמָּר	*singer*	1x
zammār		S2171
נְתִין	*temple slave*	1x
nĕtîn		S5412
תָּרָע	*gatekeeper, doorkeeper*	1x
*tārā*ʿ		S8652

וּלְכֹם מְהוֹדְעִין דִּי כָל־כָּהֲנַיָּא וְלֵוָיֵא **זַמָּרַיָּא תָרָעַיָּא נְתִינַיָּא** וּפָלְחֵי בֵּית אֱלָהָא דְנָה מִנְדָּה בְלוֹ וַהֲלָךְ לָא שַׁלִּיט לְמִרְמֵא עֲלֵיהֹם׃

We also notify you that	וּלְכֹם מְהוֹדְעִין דִּי
it shall not be lawful to impose . . . on [lit., on them,]	לָא שַׁלִּיט לְמִרְמֵא עֲלֵיהֹם
tribute, custom, or toll	מִנְדָּה בְלוֹ וַהֲלָךְ
any of the priests, the Levites	כָל־כָּהֲנַיָּא וְלֵוָיֵא
the **singers**, the **doorkeepers**, the **temple servants**	**זַמָּרַיָּא תָרָעַיָּא נְתִינַיָּא**
or other servants of this house of God	וּפָלְחֵי בֵּית אֱלָהָא דְנָה

And you, Ezra, according to the wisdom of your God that is in your hand, appoint **magistrates** (שָׁפְטִין) and **judges** (דַּיָּנִין) who may **judge** (דָּאיְנִין) all the people in the province Beyond the River. (ESV)

דין *dîn*	*judge*	1x S1778
דַּיָּן *day**yān***	*judge*	1x S1782
שׁפט *šĕ**faṭ***	*judge*	1x S8200

וְאַנְתְּ עֶזְרָא כְּחָכְמַת אֱלָהָךְ דִּי־בִידָךְ מֶנִּי **שָׁפְטִין** **וְדַיָּנִין** דִּי־לֶהֱוֺן
דָּאיְנִין לְכָל־עַמָּה דִּי בַּעֲבַר נַהֲרָה

And you, Ezra	וְאַנְתְּ עֶזְרָא
according to the wisdom of your God that is in your hand	כְּחָכְמַת אֱלָהָךְ דִּי־בִידָךְ
appoint **magistrates** and **judges**	מֶנִּי **שָׁפְטִין** **וְדַיָּנִין**
who may **judge**	דִּי־לֶהֱוֺן **דָּאיְנִין**
all the people in the province Beyond the River	לְכָל־עַמָּה דִּי בַּעֲבַר נַהֲרָה

EZRA 7:26

DEC 31 ■ WEEK 52 ■ DAY 365

Let judgment be executed upon him strictly, whether for **death** (מוֹת) or for **banishment** (שְׁרֹשִׁי) or for **confiscation** (עֲנָשׁ) of goods or for imprisonment. (NASB)

מוֹת môt	death	1x S4193
עֲנָשׁ ʿănāš	confiscation	1x S6066
שְׁרֹשׁוּ šĕrōšû	rooting out (= banishment)	1x S8332

אָסְפַּרְנָא דִּינָה לֶהֱוֵא מִתְעֲבֵד מִנֵּהּ הֵן לְמוֹת הֵן לִשְׁרֹשִׁי הֵן־לַעֲנָשׁ נִכְסִין וְלֶאֱסוּרִין׃

Let judgment be executed upon him	דִּינָה לֶהֱוֵא מִתְעֲבֵד מִנֵּהּ
strictly	אָסְפַּרְנָא
whether for **death**	הֵן לְמוֹת
or for **banishment**	הֵן לִשְׁרֹשִׁי
or for **confiscation** of goods	הֵן־לַעֲנָשׁ נִכְסִין
or for imprisonment	וְלֶאֱסוּרִין

Index of Scripture References

Genesis
31:47   DAY 226

Jeremiah
10:11   DAY 227

Ezra
4:8   DAY 99, 151
4:9   DAY 325, 326
4:10   DAY 219, 327
4:12   DAY 182, 328
4:13   DAY 78, 83, 168, 170, 329
4:14   DAY 330
4:15   DAY 209, 331
4:16   DAY 108
4:17   DAY 157
4:18   DAY 332
4:19   DAY 27, 131, 333
4:22   DAY 334
4:23   DAY 175, 335
4:24   DAY 112
5:1   DAY 214, 336
5:2   DAY 337
5:3   DAY 1, 90, 163
5:4   DAY 338
5:6   DAY 178
5:11   DAY 74, 133
5:12   DAY 28, 339
5:14   DAY 47, 57, 96
5:15   DAY 340
5:16   DAY 110
5:17   DAY 216
6:1   DAY 158
6:2   DAY 68, 341
6:3   DAY 162, 342
6:4   DAY 213, 343
6:6   DAY 344
6:8   DAY 20, 35, 225
6:9   DAY 73, 185, 191, 345
6:10   DAY 224
6:11   DAY 17, 123, 346
6:12   DAY 16, 347
6:14   DAY 67, 138, 149, 348
6:15   DAY 82, 220, 349
6:16   DAY 350
6:17   DAY 351
6:18   DAY 352
7:12   DAY 154, 353
7:13   DAY 144
7:14   DAY 4
7:15   DAY 171, 354
7:16   DAY 53, 355
7:17   DAY 91, 356
7:18   DAY 357
7:19   DAY 358
7:20   DAY 359
7:21   DAY 360
7:22   DAY 211, 361
7:23   DAY 362
7:24   DAY 363
7:25   DAY 364
7:26   DAY 365

Daniel
2:4   DAY 23, 228
2:5   DAY 205
2:6   DAY 192
2:7   DAY 229
2:8   DAY 230
2:9   DAY 36, 231
2:10   DAY 232
2:11   DAY 155

2:12	DAY 233	3:19	DAY 118
2:13	DAY 94	3:20	DAY 258
2:14	DAY 234	3:21	DAY 221, 259
2:15	DAY 9	3:22	DAY 58, 215
2:16	DAY 39	3:23	DAY 50
2:17	DAY 235	3:24	DAY 46, 143, 260
2:18	DAY 236	3:25	DAY 79, 101, 169, 261
2:19	DAY 2	3:26	DAY 30
2:21	DAY 237	3:27	DAY 262
2:22	DAY 238	3:28	DAY 263
2:23	DAY 139	3:29	DAY 156, 193
2:24	DAY 34, 86	3:30	DAY 37
2:25	DAY 105, 152	3:32[4:2]	DAY 167
2:27	DAY 107	4:1[4]	DAY 264
2:28	DAY 38, 239	4:2[5]	DAY 265
2:29	DAY 64	4:4[7]	DAY 75
2:30	DAY 70	4:5[8]	DAY 266
2:31	DAY 184	4:6[9]	DAY 51, 267
2:32	DAY 240	4:7[10]	DAY 98
2:33	DAY 241	4:8[11]	DAY 76, 141
2:34	DAY 25	4:9[12]	DAY 222, 268
2:35	DAY 19, 188, 242	4:11[14]	DAY 150, 195, 269
2:37	DAY 243	4:12[15]	DAY 89, 121, 165, 203
2:39	DAY 244	4:14[17]	DAY 56, 117, 194, 270
2:40	DAY 140, 245	4:16[19]	DAY 111, 271
2:41	DAY 246	4:18[21]	DAY 180
2:42	DAY 247	4:19[22]	DAY 32
2:43	DAY 160, 248	4:20[23]	DAY 124
2:45	DAY 13, 65, 179	4:22[25]	DAY 153
2:46	DAY 206, 249	4:23[26]	DAY 196
2:49	DAY 114	4:24[27]	DAY 173, 208, 272, 273
3:1	DAY 127, 250	4:26[29]	DAY 199
3:2	DAY 190, 204, 212	4:27[30]	DAY 100, 187, 274
3:3	DAY 126	4:28[31]	DAY 3, 275
3:4	DAY 251	4:29[32]	DAY 55
3:5	DAY 145, 252	4:30[33]	DAY 120, 201, 217
3:7	DAY 49	4:31[34]	DAY 142, 186
3:8	DAY 21, 60	4:32[35]	DAY 81, 276
3:10	DAY 146, 176	4:33[36]	DAY 147, 277
3:12	DAY 253	4:34[37]	DAY 207, 278
3:13	DAY 254	5:1	DAY 77, 88, 279
3:14	DAY 255	5:2	DAY 14, 43, 174
3:15	DAY 41, 71, 128, 256	5:5	DAY 181, 280
3:16	DAY 257	5:6	DAY 281
3:17	DAY 26, 48	5:7	DAY 109, 166

5:9	DAY 44, 282	6:24[23]	DAY 5, 302
5:10	DAY 84, 113, 283	6:25[24]	DAY 54, 95, 303
5:11	DAY 200	6:26[25]	DAY 31, 93
5:12	DAY 72, 198, 284	6:27[26]	DAY 104, 135
5:15	DAY 52	6:29[28]	DAY 304
5:16	DAY 29	7:1	DAY 18
5:17	DAY 15	7:2	DAY 132, 305
5:20	DAY 106, 285	7:4	DAY 92, 306
5:21	DAY 24, 286	7:5	DAY 202, 307
5:23	DAY 61, 148, 287	7:6	DAY 7, 183, 308
5:24	DAY 40, 97	7:7	DAY 45, 80, 103, 161, 309
5:25	DAY 223	7:8	DAY 102, 119, 310
5:27	DAY 288	7:9	DAY 172, 311
5:28	DAY 134, 289	7:10	DAY 125, 136, 312
5:29	DAY 189, 290	7:11	DAY 313
6:1[5:31]	DAY 291	7:12	DAY 66
6:2[1]	DAY 63, 292	7:13	DAY 11, 314
6:3[2]	DAY 293	7:14	DAY 69
6:4[3]	DAY 8, 294	7:15	DAY 315
6:5[4]	DAY 137, 177	7:16	DAY 12
6:7[6]	DAY 130	7:17	DAY 316
6:8[7]	DAY 210	7:18	DAY 197
6:11[10]	DAY 10, 218, 295	7:19	DAY 317
6:13[12]	DAY 87	7:20	DAY 318
6:15[14]	DAY 296	7:21	DAY 319
6:16[15]	DAY 116	7:23	DAY 6, 22, 320
6:17[16]	DAY 59	7:24	DAY 33, 122, 164
6:18[17]	DAY 115, 297	7:25	DAY 42, 321
6:19[18]	DAY 298	7:26	DAY 85, 322
6:20[19]	DAY 299	7:27	DAY 129, 323
6:21[20]	DAY 62, 300	7:28	DAY 324
6:23[22]	DAY 159, 301		